"基于应用型人才培养的《精细化工工艺学》的教学改革与研究"项目

大学化学中热力学的设计研究

郭　萌　著

黄河水利出版社
·郑州·

图书在版编目(CIP)数据

大学化学中热力学的设计研究/郭萌著. -- 郑州:
黄河水利出版社,2024.7. --ISBN 978-7-5509-3943-1

Ⅰ.O642.1

中国国家版本馆 CIP 数据核字第 2024H0Z594 号

组稿编辑　贾会珍　电话:0371-66025553　E-mail:912810592@qq.com

责任编辑　景泽龙　　　　责任校对　杨秀英
封面设计　张心怡　　　　责任监制　常红昕
出版发行　黄河水利出版社
　　　　　地址:河南省郑州市顺河路 49 号　邮政编码:450003
　　　　　网址:www.yrcp.com　E-mail:hhslcbs@126.com
　　　　　发行部电话:0371-66020550
承印单位　河南新华印刷集团有限公司
开　　本　787 mm×1 092 mm　1/16
印　　张　10
字　　数　240 千字
版次印次　2024 年 7 月第 1 版　　2024 年 7 月第 1 次印刷

定　　价　96.00 元

前　言

随着社会经济的不断发展和科学技术的不断进步，我国高等教育的发展进入一个新的历史阶段，教育内容、教学方法等的研究在更广泛、更深入地展开，给大学化学教学提出了新的、更高的要求。化学热力学是大学化学的重要内容和难点部分，学生在学习该部分内容的过程中，对热力学的一些基本概念如焓(H)、熵(S)以及它们的使用经常难以理解和想象。为了适应教学发展要求，改善学生的学习状况，本书对大学化学中化学热力学的教学进行了设计研究。

本书共分5章，第一章介绍了大学化学的一些教学方法，如多维度教学、网络教学、混合式教学、翻转课堂教学等；第二章介绍了大学化学中化学热力学的一些基本知识，如热力学第一定律、热化学、热力学第二定律、吉布斯函数及其应用、化学平衡、化学平衡的移动等；第三章对大学化学中化学热力学教学进行了思考；第四章介绍了大学化学中化学热力学在教学中的应用，比如在元素化学教学中的应用；第五章介绍了大学化学中化学热力学的一些教学方法，其中涉及一些思想、软件等的运用。这些教学方法、设计不仅丰富了教学形式，而且加强了学生对相关理论知识的理解和掌握，从而为其实践能力及科学研究方法的培养奠定了良好的基础。

本书由南阳理工学院郭萌撰写。本书在撰写的过程中得到许多专家学者的指导和帮助，在此表达最真挚的谢意。由于作者水平有限，书中疏漏和不足在所难免，恳请读者批评指正，以待进一步修改。

作　者

2024年5月

目　录

第一章　大学化学教学方法概述

第一节　大学化学教学研究分析

一、国外大学化学教学研究分析

教学是大学的基本职能和中心工作。然而，目前我国对高等学校本科教学工作重视程度不够，不少教师没有把主要精力用于本科教学，致使高等学校本科教学的质量不高。从国际来看，2001年诺贝尔物理学奖获得者Carl Wieman指出，整个北美大多数研究型大学的本科科学教学方式比无效还要糟糕，而是不科学的；于是他从获得诺贝尔奖的物理学家变身为一个科学教育者，在过去的15年间致力于应用学习科学的理论改善大学本科科学课程的教学质量。想要有效地解决教育问题，就必须开展围绕教育实践问题的科学研究。美国国家研究理事会（NRC）于2012年发布《基于学科的教育研究：理解和改善本科科学与工程的学习》，其中指出：美国急迫地要提升大学本科科学和工程教育进行质量，以培养多样化的技术劳动力和具有科学素养的公民。这需要大学科学和工程教育的重大改革，需要依赖基于学科（物理、化学、生物、地球科学、工程、天文学等）的教育研究。基于学科的教育研究是一个至关重要的学术领域，是运用科学的研究方法收集定量和定性的证据来回答各学科的教与学的问题，具有改善大学科学和工程教育质量的巨大潜力，其目标主要包括：①理解人是如何学习科学和工程的概念、实践及思维方式的；②理解各学科专业知识的本质及发展历程；③帮助确定和调节各学科的最适当的学习目标和教学方法；④为基于学科的教育研究成果转化为课堂教学实践提供知识基础；⑤探索使科学和工程教育产生更宽广和更深远意义的方法和途径。

然而，一方面，长期以来我国学科教育研究限于基础教育和中小学教师教育，少有针对高等教育阶段学科教育问题的研究。另一方面，我国高等教育研究又往往限于高等教育基本原理、通识教育、素质教育、德育教育、大学治理及制度、高等教育信息化、高等学校转型、高等学校招生制度、高等学校教师发展等宏观层面的问题。但是，大学教育目标的落实、教学工作的开展、人才培养的实现都离不开具体的学科。大学各个学科的课程究竟该如何设置、教学内容该如何选取、怎样的教学方式才是最有效的、该如何才能满足学生的学习需求……如果没有基于学科的教育研究作为基础和依据，将难以看到高等教育改革的成效。因此，高等教育改革需要建立在基于学科教育研究的基础上。美国基于学科的教育研究的缘起就是建立在由于高等学校扩张而引发的对大学科学教学质量的关注之上的。

那么，又该如何开展针对大学教学的基于学科的教育研究呢？近年来，国际大学化学教育研究取得了显著的进展，张丹玮等对2004—2013年发表在*Chemistry Education Research and Practice*，*Journal of Chemical Education*，*Journal of Research in Science Teach-*

ing, *Science Education*, *International Journal of Science Education* 和 *Research in Science Education* 等 6 种 SSCI 期刊上发表的化学教育研究论文统计发现,在 650 篇实证研究论文中涉及高等教育的论文为 353 篇,占比为 54.3%,这是值得我们关注和借鉴的。

(一)研究样本

考虑到研究样本的代表性和权威性,选择国际上化学教育研究领域影响因子最高的期刊 *Chemistry Education Research and Practice*,汤姆森路透社 2014 年报告的影响因子为 1.309)作为文献来源。2015 年 1 月 22 日,在该期刊网站以标题中含有关键词 college chemistry 或 undergraduate chemistry 或 university chemistry 分别检索 2010—2014 年的文献,共得到论文 20 篇,以这 20 篇论文作为分析对象。论文作者的国别分布见表 1-1,可以看出来自欧美的研究占了很大的比重,尤其是美国占了 60%之多。

表 1-1 论文作者的国别分布

论文作者的国别	论文数量(百分比/%)	论文作者的平均数量
美国	12(60)	2.8
英国	2(10)	2
芬兰	1(5)	2
澳大利亚	1(5)	4
新加坡	1(5)	5
南非	1(5)	2
新西兰、澳大利亚、斐济	1(5)	7
英国、日本、加拿大	1(5)	4

(二)研究方法

采用内容分析法,以通读全文和精读部分内容的方式,对上述 20 篇论文的研究范式、研究主题、研究内容、理论基础、研究对象、研究方法、数据分析方法、研究基金来源、参考文献量、作者所属单位等信息进行编码和统计。分析对象的内容编码设计见表 1-2。

表 1-2 分析对象的内容编码设计

分析对象	编码
研究范式	实证研究、理论思辨、经验总结
研究主题	教学研究、学习研究、课程研究、教育技术
研究内容	根据文章回答的研究问题,采用自然编码
理论基础	根据文章相应内容的分析,采用自然编码
研究对象	教师、学生
研究方法	定性、定量、定性与定量混合
数据分析方法	根据文章相应内容的分析,采用自然编码
研究基金来源	根据文章相应内容的分析,采用自然编码
参考文献量	根据文章参考文献的实际数量,采用自然编码
作者所属单位	根据文章相应内容的分析,采用自然编码

需要说明的是，在文章内容分析的过程中，如果表 1-2 里编码不能满足要求，则通过增加编码类别来解决。为了更加全面地分析国外大学化学教育研究的状况，给我国大学化学（学科）教育研究提供更多有价值的信息，表 1-2 中分析对象的选择不仅涉及科学研究的内部结构要素，而且考虑到了科学研究活动的外部结构要素。其中的研究基金来源和作者所属单位是属于科学研究活动的外部结构要素，是否有权威的基金资助机构及足够的资助金额是判断一个研究领域的成熟度和被认可度的重要标准；作者所属单位则可以反映科学研究活动开展的学科背景、团队组织及条件保障等，而在我国的大学里，当前正存在着“学科教育研究者”是属于“学科院系”还是“教育学院”的困惑及争议。在科学研究的内部结构要素中，研究范式是研究传统的反映，研究主题反映了研究所关注的问题域，研究对象则体现了对教育活动主体的关注，研究理论基础、研究方法、数据分析方法则是科学研究过程自身逻辑的体现。

表 1-2 中研究主题编码参考了文献的分类，根据本研究的需要及大学教育的特点，将各自的内涵设定为：①教学研究，包括教学方法、教学策略、教师的教学信念、教师的 PCK（学科教学知识）等，以及相关测量工具的研究；②学习研究，包括对学生的学习经验、理解水平、相异构想、概念转变、学习方法、学习困难、学习差异等的研究，对学生的学习态度、动机、信念等情感因素的研究，以及对相关测量工具的研究；③课程研究，包括课程的开发、实施及评价研究，课程目标、内容及结构研究，以及对相关测量工具的研究；④教育技术，包括信息技术（计算机、视频、网络等）在教师教学及学生学习过程中的应用和整合研究，以及对相关测量工具的研究。

（三）研究结果及讨论

1. 研究范式

在研究范式方面，20 篇论文都是实证研究。可以看出，实证研究在国外大学化学教育研究中是很受欢迎和重视的。对 2001—2011 年发表的论文统计表明，在国外大学物理教育研究中也大都采用实证主义的范式，其中应用最多的是定量研究。这一点是值得我们关注、学习和借鉴的，尽管实证主义并不是完美的，也遭受着批评。长期以来，我国的教育研究注重理论思辨和经验总结，对实证研究的重视不够。例如，对 5 种综合类教育期刊 2001—2011 年发表的论文随机抽样 1 073 篇进行分析发现，其中 87. 7%为思辨研究，《教育研究》中思辨研究的比例更是高达 90. 4%。另外，对我国《化学教育》期刊 2008 年发表的 332 篇论文进行分析发现，82. 8%为定性与思辨研究，仅有 17. 2%为定量与实证研究。田慧生教授在谈到由传统教研转向现代教研时，特别指出：“研究方式、方法要向着更加科学、规范、理性的方向转变，由基于经验的教学研究向基于事实和数据的教学研究转变。”

2. 研究主题、研究内容及研究对象

研究主题、研究内容及研究对象见表 1-3。在研究主题方面，“学习研究”是最受关注的，占比达 55%，其次是课程研究（20%）、教学研究（15%）、教育技术（10%）。同时，更有高达 90%论文的研究对象里包括学生，从学生那里收集研究数据和证据，这说明国外大学化学教育研究非常注重从学生及其学习状况的角度出发提出问题、开展研究。统计表明，在国外大学物理教育研究中，文献量最多的研究主题也是学生学习研究。这足以看出,国外大学学科教育研究的重心在于从学生出发、以学生为主、关注学生学习,可以说体现了“生本理念”。学科教育研究的最根本目的就是指导学科教学实践,教学中实现以教为主向以学为主转变,教学研究同样需要从过去重视研究教、为教服务转向研究学、为学服务,我们必须给予高度重视。从表1-3中的研究内容可以看出,国外大学化学教育研究的主要内容包括:学生的学习态度及感受、知识理解与运用、学习方法与过程、学业成就与自我效能;课程评价、课程背景、课程问题开发;教师的PCK、教师言语行为、PBL(基于问题的学习)教学法;翻转课堂、视频技术等。其中基于翻转课堂和视频技术的实证研究值得借鉴,社交媒体和信息技术的发展对课堂内在结构、教学关系、教学形态、教学模式等产生了深刻影响,教学研究要及时地由传统教学研究向基于信息化的现代教学模式研究转变。

表1-3　研究主题、研究内容和研究对象

研究主题	论文数量(百分比/%)	研究内容	研究对象
教学研究	3(15)	(1)大学本科化学教师的PCK; (2)PBL在大学本科化学教学中的应用; (3)大学本科化学教学中教师的言语行为对小组合作学习的干预	20篇论文中,18篇(90%)的研究对象包括学生,4篇(20%)的研究对象包括教师或助教
学习研究	11(55)	(1)大学本科一年级的学生对学习化学的态度变化; (2)大学本科学生在化学推理中对规则和原理的运用; (3)大学本科学生的化学学业表现与化学概念知识基础、数学能力及对化学的态度之间的关系; (4)大学本科一年级学生对学习化学的态度; (5)大学本科一年级学生对学习化学实验的认知角度和意见; (6)大学本科学生对化学概念的理解; (7)大学本科学生学习化学的方法及改变专业的意愿; (8)大学本科学生的化学自我效能感; (9)大学本科学生化学课堂推理过程中的社会性规则的作用	
课程研究	4(20)	(1)大学教师和大学生对化学实验课程的认知和评价; (2)大学本科化学课程情景及语言的国际化; (3)生命的起源作为大学本科化学课程情景素材的评价; (4)大学本科化学课程问题的开发	
教育技术	2(10)	(1)翻转课堂教学如何支持大学本科生的化学实验学习; (2)视频报告在大学本科化学实验评价中的应用	

3. 研究方法、数据收集及分析方法

研究方法、数据收集及分析方法见表1-4。在研究方法方面，定性方法的运用是最多的(40%)，其次是定量方法(35%)，定性与定量混合方法的运用也达到25%；同时，定性研究方法越来越受青睐。在定量数据收集方法方面，主要运用了李克特量表、二段式诊断测验、标准化考试、前后测、控制组与实验组测试等；在定性数据收集方法方面，主要运用了开放性测试、访谈、课堂观察、课堂录像、开放性问卷调查、出声思维录音、学生的学习文本复制等。在定量数据分析方法方面，常用的统计分析方法基本都有涉及，例如描述性统计、频次统计、因素分析、结构方程模型、主成分分析、聚类分析、多级模型分析、相关性分析、协方差分析、卡方检验、非参数检验等；在定性数据分析方法方面，主要运用了录音(像)转录、文本分析、编码分类、编码频次统计、扎根理论编码分析等。

表1-4　研究方法、数据收集及分析方法

研究方法	论文数量(百分比/%)	数据收集方法	数据分析方法
定量	7(35)	问卷调查(李克特量表)、诊断测验(二段式诊断)、标准化考试[美国SAT(学术能力评估测试)考试、美国化学会考试]	描述性统计分析、确证性因素分析、结构方程模型、探索性因素分析、频次统计分析、协方差分析、相关性分析、主成分分析、聚类分析、多级模型分析。使用软件包括SPSS，SAS，Mplus
定性	8(40)	开放性测试、访谈、课堂观察、课堂录像、开放性问卷调查、出声思维录音、复制学生作业	录音(像)转录、文本分析、编码分类统计、编码频次统计、扎根理论编码分析、使用的软件为Atlas. ti
定量与定性混合	5(25)	定量数据(前后测对照、控制组与实验组测试对照、李克特式问卷调查)，定性数据(观察记录、访谈、学生反思文本、学生口头报告文本、学生论文、开放性问卷调查)	定量分析方法：卡方检验、让步比Wilcoxon signed rank test(符号秩检验)、正面和负面回应的比例统计、平均分比较；定性分析方法包括文本分析、编码分析

4. 理论基础及参考文献

科学研究就是要利用现有的理论、知识解决未知问题，从而发现规律和新的知识；理论对经验具有共时建构作用，观察、访谈和试验中都渗透着理论；理论对经验具有事后解释作用，理论审查经验的性质，解释经验的内容。对理论基础进行研究，有利于解决我国学科教育研究“学术层次低、理论内涵单薄、学术根基松软、学术底气不足”的局限性。

对20篇论文的理论基础进行自然编码，然后分类，结果见表1-5。可以看出，国外大学化学教育研究的主要理论基础是教育心理学，同时结合了科学哲学、教育技术和自身领域的理论。这说明，其不仅注重吸收和借鉴来自相关领域的理论，还发展出了基于化学学科特色的教育理论，例如“化学三重表征及其转换理论”已经成为化学教育的重要理论基础。

表1-5　理论基础自然编码及分类

理论基础自然编码	分类
学生的情感及心理体验对学习的影响；学业成就受认知因素和非认知因素的双重影响；态度的三重理论模型(情感的、认知的、行为的)；工作记忆理论；认知负荷理论；概念理解及相异构想的诊断理论；学习方法分类及其演变理论；学习动机理论；自我效能理论；有意义学习理论；问题解决理论；算法学习理论；学科教学知识(PCK)理论；基于问题的学习(problem-based learning,PBL)和基于情景和问题的学习(context and problem-based learning,CPBL)理论；社会建构主义；课堂生成理论；过程导向的探究学习和教学；基于情景的教学理论；布鲁姆的认知目标分类理论；基于问题解决的教学设计模型；合作学习理论；同伴引领小组学习；课堂言语行为分类理论；个人建构主义等	教育心理学
科学教育中实践教学的价值和目的；科学实验对科学学习的功能和影响；科学学习应该向真实的科学研究实践靠拢；图尔敏的论证模型理论等	科学哲学
翻转课堂；社交媒体和信息技术的发展对教育的影响；视频辅助教学(培训)、学习和自我反思等	教育技术
化学实验教学的价值和目的；化学三重表征及其转换理论；化学工业和经济的国际化等	化学教育

研究论文的参考文献量在一定程度上反映了其所属学术领域的发展水平。对20篇论文的参考文献的统计发现，最多的达到了71条，最少的也有14条，平均参考文献数量为39条/篇。这说明国外大学化学教育研究已经具有了相当的基础性、累积性和继承性，且比较注重参考相关的研究成果。其所累积的文献资源是值得我们进一步学习、研究和借鉴的。

5. 作者所属单位及研究基金来源

关于作者所属单位，化学系(学院)的作者参与完成的论文数量达到了17篇(占85%)；进一步查阅另外3篇论文的作者的专业背景发现，有1篇论文的作者的本科专业背景是化学，有1篇论文的作者是化学家，有1篇论文的作者是物理系教授。总体来看，几乎所有论文都需要有化学专业的作者参与，这充分说明要做好化学教育研究，化学知识是第一位的，同时作者处在化学系（学院）也是很必要的，因为大学化学教育研究的主要对象（学生和教师）在化学系（学院）。同时，也有大学化学系和教育学院的作者合作完成的论文，还有大学化学系与数学及统计学系的作者合作完成的论文，这样的合作是值得提倡的，教育学院的作者可以提供教育理论和教育研究方法等的支持，而数学及统计学系的作者可以提供数据统计及分析方法方面的支持。

研究基金对学术领域及其人才队伍的发展都具有重要的促进作用。从 20 篇论文所提供的有关研究基金资助的信息来看，有 11 篇（占 55%）没有研究基金资助；有 9 篇（占 45%）获得了研究基金的资助：有 5 篇（占 25%）获得了美国国家科学基金（National Science Foundation）资助，有 1 篇（占 5%）获得了新加坡南洋理工大学教育研究基金资助，有 1 篇（占 5%）获得了南非国家研究基金（National Research Foundation）资助，有 1 篇（占 5%）获得了澳大利亚政府的高等教育创新项目基金资助，有 1 篇（占 5%）获得了英国皇家化学会的项目基金资助。从中可以看出，大学化学教育研究在美国和南非已经得到了足够的认可和重视，可以获得最高层次的国家科学研究基金的资助，其中美国的资助力度是最大的。而我国国家自然科学基金根本没有资助科学教育研究的门类，而社会科学基金和教育科学基金也很少关注基于学科的教育研究，例如 2014 年社会科学基金和教育科学基金资助的所有项目标题里没有一项含有“化学”或“化学教育”。

（四）研究结论及启示

综合上述有关大学化学教育研究，可以得出如下结论：①美国国家科学基金给予了有力的支持，也产出了最多的研究成果；②从研究范式来看，国外主要是实证研究，与我国主要是思辨研究的格局形成了鲜明的对比；③国外比较重视学生的学习研究，注重从学生及其学习状况的角度出发来收集数据和证据，从而提出问题、开展研究；④从研究方法来看，国外有定性方法和定量方法的单独使用，也有定性方法和定量方法的混合使用，主要取决于研究问题的需要；⑤在研究数据收集及分析方法上，国外采用了非常丰富的定性数据和定量数据的处理手段，几乎涵盖了所有的文本分析和数量统计分析的方法；⑥从研究的理论基础和参考文献来看，国外很重视从教育心理学、科学哲学和教育技术等领域获得理论支持，并基于化学学科特点发展化学教育规律和理论；⑦从作者所属单位来看，大学化学教育研究的生力军还是在化学院（系），对其比较有利的研究生态（蕴涵着研究问题的现实的教学情境，主要的研究对象——学生和教师，有利于开展研究的社会关系——同事关系、师生关系等）也应该是在化学院（系）。

大学的学科和专业化的建制，决定了大学教育改革和人才培养的目标要想有效落实，离不开学科教育及教学这一环节。大学的基本职能之一——教学的价值及其重要性不仅需要得到回归，还需要重新定位，即要建立在基于学科的教育研究的基础上。也就是说，传统上将大学“教学”与“科研”简单分开来看的思想已经过时了，将大学教学简单看成“基于经验的工作”是不全面的。大学学科教学不仅包含着“基于经验的工作”的成分，也包含着“基于学科的教育研究”的成分，基于学科的教育研究——化学教育研究、物理教育研究、生物教育研究、地球科学教育研究等都已经逐渐发展成为独立的学术研究领域。在这一方面，我国原来的学科教育研究者无疑是具有一定优势的，不要只是关注中小学学生的学习及中小学教师的培养，还要针对大学学科教育教学中的问题，开展科学、严谨、规范的教育研究，尤其是实证研究，为提升我国大学学科教学和人才培养水平提供理论基础与证据支持。同时，我国的科学研究基金资助机构需要给予学科教育研究更有力的支持，我国高等院校需要对人才队伍的建设给予政策支持。我国部分师范院校将学科教育研究者从各学科院系分离出来，单独成立教师教育学院的做法是值得再思考的。

二、国内大学化学教学研究分析

大学是青年学生成长成才的关键阶段，大学教师承担着大学教育教学的重任，所以高校的教育教学研究对提高大学教育的培养质量尤为重要。

（一）理论课教学研究与改革

化学理论课教学在大学化学教学中具有非常重要的地位，其教学的效果直接影响学生的学习效果，同时也影响着化学专业人才的培养质量。

1. 对教学方法的改革探索

教学方法是在教学过程中为达到教学目标、完成预设的教学内容而采用的师生互动方式和措施。在理论课教学研究中，教学方法改革的研究约占 1/4，大部分教师通过改变传统的教学方法实现更好的教学效果。大学化学课堂引入的教学方法有问题教学、项目引领式教学法、案例教学法、启发式教学法、类比法等。如胡锴等（2016）在教学过程中综合实施应用问题教学和案例教学，取得了比较好的教学效果。再如黄四平等（2016）在化学教学中运用类比法达到温故知新、触类旁通的效果，培养学生的类比思维。这些教学方法的改革凸显了现代教育理论发展背景下“以学生为中心”的教育理念在大学课堂的体现和落实。

2. 对教学模式的改革与创新

教学模式是在一定教学思想或教学理论指导下建立起来的较为稳定的教学活动结构框架和活动程序，突出了从宏观上把握教学活动整体及各要素之间的内部关系和功能。教学模式的改革与创新研究约占理论课教学研究的 1/2，主要是课堂教学和针对课程特色进行的教学模式改革。所涉及的教学模式有混合式教学、翻转课堂教学、研究型教学、多元教学、SPOC（小规模限制性在线课程）教学等。如高峻等（2018）在教学中采用“SPOC+翻转课堂+传统课堂+全过程考核”的混合教学模式，有效地提升了教学质量。多样化教学模式的引入，充分体现了将新的教育理念引入大学课堂教学的探索，改变了传统的大学化学课堂教学模式，为学生创造了有意义的学习经历，让学生在学习过程中有效地获取了知识，培养了能力。

（二）实验实践教学改革研究

化学是一门实验性学科，实验教学在化学类专业人才培养过程中有着不可替代的作用，是培养学生动手能力、科学素养和可持续发展能力的重要依托。

实验教学模式创新以开放性和研究型模式为主，如翻转课堂模式、问题-研究型教学模式、综合实验模式、分层次教学模式等。例如，王彦沙和刘松艳（2016）在大学化学实验教学中为了有效提高学生的学习积极性和学习效率，运用翻转课堂教学模式，将学生放置于实验学习的中心位置，通过课前学习、课中实践与展示、课后反思与反馈，提高了学习效率，促进了学生实践能力的提高。实验内容创新的研究主要包括根据课程内容对原有实验内容的调整、对具体实验操作方式的改进等。如李爱峰等(2012)在实验教学中,在重视基础实验的前提下精心筛选与生产生活联系密切的实验,加强综合性、设计性、开放性和创新性实验,既提高学生的学习兴趣,又提高学生解决实际问题的实践能力。实验教学方式的改进主要集中在对一门实验课教学方式的改进和对某一个具体实验的教学方式方法的改进。例如赵新筠等(2018)在化学实验教学中借助现代信息技术在课前预习、课中实验、课后总结环节利用实验短视频辅助化学实验教学,提高了学生对化学实验的学习兴趣,改善了学生实验操作的熟练程度和规范性,提高了学生自主学习的能力。再如刘霞在化学实验中采用启发式教学法,引导学生深入思考和讨论,主动地探究问题、解决问题,以培养学生创造性学习的能力。

实验实践教学的改革,突出了以学为主体的学生发展观,将实验课教学作为学习发展的平台,通过知识综合、与信息技术的融合、多种教学模式相结合等,为学生提供了多样化的学习经历,充分发挥了化学实验立德树人、获取知识、发展能力等方面不可替代的作用。

大学化学教学研究与改革总体呈上升趋势,研究内容比较全面。值得思考的是作为化学学科和化学教学突出特点的实验教学研究所占比例最少,是大学化学教学研究的薄弱环节,这也是具有共性的,一方面可能是由于大学实验课改革涉及实验内容、空间、仪器等多方面因素的影响,另一方面与近些年学生数量较多也有一定的关系。因此,各高校可以结合自身条件适当加大实验和实践教学及教学研究的投入力度。

教学模式成为教学研究与改革的重点。这一方面与国家的政策导向有关,另一方面与互联网技术的发展分不开,同时适应了作为互联网背景下长大的当代大学生的学习心理和学习特点,提高了学习兴趣,有效地促进了学习效率的提升。

大学的重要职能就是培养人才,教学研究可以促进人才培养质量的提升。社会的变革对人才的培养要求也在不断变化,也要求教学方式、方法的变革。因此,无论哪一类高校,都应该积极主动地进行教学研究,与时俱进,通过教学研究促进高校教师的专业水平的提高,更重要的是促进高质量人才的培养。

教学研究多以合作研究为主。据统计结果来看,合作研究占总数的85.20%,且以多人研究居多,说明合作研究已经成为趋势,这与各高校近年来在加强教学研究、成立教学团队有密切关系。通过集体教研、同伴互学,在合作研究的过程中更能体现出不同研究者的智慧,从而能够更加有效地促进不同高校教师群体的发展需求和专业成长。

习近平总书记提出,当前和今后一个时期我国高等教育改革发展的核心任务是要形成高水平人才培养体系,所以积极有效地推进教学研究与改革,不仅是当前各高校面临的重大挑战,也是我国高等教育发展面临的重大挑战,需要高校教育工作者积极投身于教育教学研究中,高扬人才培养主旋律,全面提升高校教师人才培养的能力,造就堪当民族复兴大任的时代新人。

三、大学化学教学方法的探讨

大学化学已经成为化工相关专业和很多非化工专业的基础课程,近年来,人们生活面临的健康问题、资源能源问题、环境问题以及可持续发展问题等,在大学化学课程中都有所涉及。

(一)目前大学化学教学中存在的主要问题

1. 大学化学教材内容比较多,课时相对少

很多院校对高等教育中的基础化学课时有所减少,尤其是大学化学实验课程,一些实行学分制的院校偏重理论课时,比如一学期48课时中有40课时的理论课、8课时的实验课,理论课中讲课进度比较快,一些教师为了赶进度只是讲解教材的重点内容,理论知识很少结合现实问题,学生不能做到理论联系实际。

2. 大学化学教学方法陈旧

很多院校的化学理论课以讲教材为主,少部分学校采用实践和理论结合的教学方法,实验课采用"讲实验—做实验—写报告—批报告"模式,学生按照教师的思路和教材内容重复实验,很难做到创新实验,学生的学习兴趣和动手能力得不到提高。

(二)大学化学教学方法探讨

1. 由于大学化学教材内容比较多,教师可以采用先进的教学手段

例如多媒体教学、微课教学等,这样可以减少教师板书的时间,同时有更多的时间引入一些比较热门的化学问题,化学实验可以采用微型化实验,既节约了资源,又减少了实验污染。另外,大学生的自主学习能力比较强,教师可以引导学生做好预习和复习,这样教师在讲课过程中,学生学习效果更佳。

2. 采用先进的教学方法,进一步完善化学课程考核制度

很多院校的化学化工专业开展校企合作课程、产学研一体化课程都取得了很好的教学成果,这样实践与理论相结合,学生不再空洞地学习教材,直接去生产一线,在生产中遇到的问题通过查阅资料进行学习。这样不仅激发了学生的学习兴趣,学生的操作能力也大大提高。进一步完善大学化学考核制度,加大实验课的比例,鼓励学生多做创新性实验,同时鼓励学生多看文献,每学期布置小论文,学生可以根据自己的兴趣选择一个研究方向,通过查阅大量的文献,完成自己的研究论文,导师可以在每学期选出一些创新性的论文,给予加分或者鼓励表扬,这样不仅能提高学生的学术能力,而且学生能学到很多先进的化学思路。化工产品生产课程在教学中应突出它的岗位能力要求,从而使基于产教融合的课程教学模式得到了广泛应用。高校通过走出去、请进来策略,促使学生对化工生产实践拥有感性认识,而这将促进他们对其他专业课程的学习。为此,需要从企业价值实现、学生技能建构、学生素养养成等三个方面进行教学评价指标的构建。

四、大学化学教学效果思考

随着现代化学产业的迅猛发展,新技术、新产品不断涌现,而目前的"大学化学"教材多拘泥于基础理论知识,对部分前沿的科技成果极少涉及,将一些新的科技成果引入到大学化学教学中,不仅可以激发学生的兴趣、培养理论联系实际的能力,更是新时代专业技术人员之必需。此外,教育部印发的《高等学校课程思政建设指导纲要》中明确指出要全面推进高等学校"课程思政"建设,因此在大学化学教学中导入思政元素,能够培养学生的家国情怀,让课程由"干巴巴的说教"转向"热乎乎的教学",对于提升课堂效果非常必要。鉴于此,以国家教育教学改革方向为引领,结合教学情况,提出融入前沿科研成果、导入思政元素、植入开放式实验课、引入混合式教学等方面以提升大学化学课堂教学效果,

为培养应用型创新人才提供助力。

(一)融入前沿科研成果

传统化学教学以枯燥晦涩的理论知识为基础,学生普遍反映学与用脱节,为了让学生更贴切地了解化学知识在生活中的应用,可以在化学教学中融入前沿科学成果,激发学生探究未知领域的兴趣。随着产学研合作的深入,近年来化学前沿技术逐渐落地,并为人们的生产生活提供了便利。这种以学生为主、教师为辅的学习方式,激发了学生的探索精神,学生从思考、参与、协作、演示等途径全程参与到教学活动中,从"是什么"、"为什么"到"还能怎么做"的学习实践中激发了探究性思维,这也符合以问题为导向的教学模式。课后,考虑到课程的学习需要与专业课结合,可为学生提供课后阅读资料,了解最新研究进展,启发研究思路。

(二)导入思政元素

现代社会的发展要靠先进的科学技术,而科学技术的发展是大量现代化高素质人才的智慧结晶,我国的高校是培养现代化人才的摇篮,人才培养质量,特别是培养学生拥有积极向上的心态、健康的人生观和价值观,对推动社会发展进步有着积极作用。今天大学校园里主角是以"00"后为主的大学生们,同学们热情洋溢、思想前卫,自我意识和认知特别鲜明,大学阶段是学生走向社会的第一步,如何当好领路人,正确引导现代大学生在身体和思想上健康成长,做一个有益于社会和国家的人,是我们高校教师义不容辞的责任。

"课程思政"可以简单地理解为将"专业知识"与"思想道德"进行融合,是目前国内高校对课堂和课程的一次创新,是学校培养品学兼优人才的一次尝试。习近平总书记在全国高校思想政治工作会议上的指示为课程思政教学指明了方向,这是高等教育事业发展的新格局,让各领域的学科课程与思想政治理论课有机融合,形成协同效应,合力推动人才培养。立德树人是当今社会对高校人才输出的核心要求,教书育人不仅仅是知识和技能的传授,还应该教学生做人的道理,这样才能培养出知识能力和德行同样出众的人才,为其更好地实现社会主义核心价值观做铺垫。

大学中除有无机化学、分析化学、物理化学、有机化学四部分外,随着社会发展和科技的进步,产生了很多与化学交叉的新兴学科,比如材料化学、生物化学、环境化学等,与之相关的专业领域有化学化工、医药、生物能源、航空航天、食品、环境等,人们生活的方方面面都与之息息相关。因此,在这一方向培养品学兼优、德才兼备的人才,对社会进步、国家发展都意义重大。

1. 在大学化学教学中实施"课程思政"的重要意义

将大学化学与大学思政中的内容融合起来,用于教学并不是说单独形成一门课程,而是大学化学课堂的延伸,是将立德树人作为培养人才的出发点,复旦大学和上海师范大学早在2017年已经开始在这一领域方向开展了相关研究并取得了一定的成果。大学化学课堂包括理论和实践两部分教学,学生将所学的化学基本原理指导实践,而反过来实践又可以用来验证理论,这与思政课程中的"实践是检验真理的唯一标准"是不谋而合的,在这一过程中能让学生所学知识得到反复锤炼,最后学到过硬的本领;同时在各类基础化学实验中会涉及实验数据的记录、处理等烦琐的过程,可以锻炼学生们的细心、耐心和恒心,像春雨润无声一般,也是品格的一次升华。

2. 在大学化学教学中实施“课程思政”的思路

(1)提升化学类课程专任教师的思想政治素质。学生的思想政治教育,一般情况下被认为是高校辅导员和班主任的事情,与专任教师无关。对于这一点,首先要认识到大学化学专任教师是课程思政教学的重要参与者和组织者,不是旁观者,要明确“靠得住,留得下,用得上”的有用人才是培养人的目标,强调的是学生的价值取向,我们要有对国家和社会高度的责任感,去投身于教育高校事业中;同时要主动加强对自我专业能力和思想政治的学习,注意自己的言行,不管是课堂上,还是在生活中,都要表现当代优秀教师积极向上的精神风貌,表现出正能量,树立榜样的力量是无穷的,让学生在潜移默化的氛围中健康成长。

(2)将课程与思政有机融合,激发学习化学类课程的兴趣点。随着社会的发展,在各行各业都能找到与化学相关的影子,给人们的生活带来了极大的方便,但是也有一些负面影响,比如说食品添加剂类、三聚氰胺、塑化剂、人造鸡蛋、人造肉等,这个时候高校化学教师应该从专业角度出发,比如在说明食品添加剂时,教会学生从化学物质的化学式、性质、功能等,真正了解食品添加剂,在国家规定范围内是可以用的,给食品带来了不同的味道,也让人们的生活多姿多彩,作为一个化学人有义务和责任向其他的亲朋好友用自己通俗的语言去说明这一切,减少非专业人士对化学的误会,用自己所学培养学生的社会责任感和担当,使学生体会到学习的乐趣和社会的认同感。

(3)为贯彻落实全国教育大会精神,切实将思政教育落实到人才培养体系中。全面推进课程思政建设,发挥好大学化学课程的育人作用,建议将思政元素导入大学化学课程中,引导学生树立正确的人生观和价值观,教师真正做到教书育人。简单的课堂引导让学生从小事做起,从自我做起,有效践行了“思政课程”向“课程思政”的转化。

(三)植入开放式实验

化学是一门以实验为基础的科学,化学实验对加深理论知识理解、初步培养科研能力至关重要。与理论课相比,实验环节更直观、形象,是提升学生理论联系实际的重要环节。以前期几个化学实验为基础,学生基本掌握了实验操作,对化学中常用的仪器也有所了解。为了培养学生分析问题、解决问题的能力,可在最后一个实验中安排开放式实验。为了锻炼学生查阅文献、解决问题的能力,建议设置开放性实验。学生通过查阅国内外文献,选择方法,在课前与指导教师探讨确定实验方案,并提前准备实验所需仪器和化学试剂。同学们通过协作完成实验,查阅文献、制订实验方案、研讨方案的可行性、开展实验、结果分析与讨论等一系列过程,其实是研究生独立开展实验的简易环节,让本科生提前体验科学研究的过程能够锻炼其思考问题、解决问题的能力,充分发挥了学生的主体作用,对其今后从事工程实践具有深远的影响。

(四)引入混合式教学

混合式教学是将传统的课堂教学与课下的数字化学习相结合的一种新的教学模式,教师通过预先录制教学视频、提供辅导资料,学生在课前完成预习和自学,在课上进行提问、答疑、课堂讨论等环节。在这个过程中,教师不单是课堂教学的规划者、课堂素材的提供者,更是学生学习的引导者、信息化技术的捕捉者,学生在参与过程中提升了自主学习和实践创新的能力。此外,新课程改革后,高校录取学生的化学基础和起点不同,学生知识储备的较大差异为传统教学模式带来了新的挑战。

第二节　高校大学化学教学内容和教学方法的创新

现阶段我国高等教育正从传授基础知识向培养学生创新能力转变,那么如何在大学基础课程的教学上提高学生的参与度、激励学生主动学习和积极探索创新的能力,是高校教师亟待探讨的问题。在本书研究中,以对大学化学这一专业基础的讲授为例,分析和探索了一种更加完善的教学模式,以真正实现在课堂上培养学生创新能力的目的。

大学化学是大一新生最先接触的专业基础课程,主要涉及物质的物理、化学现象之间的相互关系,并探索化学的基本性质和基本运行规律。这门课程是学生进一步学习其他专业课程的基础,其涉及的知识范围非常广泛,既含有物理学学科和化学学科领域的基础知识,又需要应用到部分高等数学学科的内容来推导相关公式。这就要求学生在熟练运用各学科知识的基础上,进一步掌握大学化学的分析方法,并运用数理推导,以便更深刻地理解大学化学的相关知识。因此,大学化学这门课程对于理论性、系统性和逻辑性均有着较强的要求,其难度较大且应用广泛,是化工化学、材料化学、生物化学等相关专业必须开设的基础课程。为了帮助学生夯实自身的知识基础、顺利踏入所学专业的大门,并培养出他们针对本学科课程的学习兴趣,需要授课教师不断改进和探索教学方法与教学模式,更有针对性和适应性地讲解这门课程。

一、教学内容的改善

在教授大学化学这门课程时,首先要使学生明确三个目标:①何为大学化学,即大学化学是学习什么东西;②为何要学习大学化学,即大学化学这门课的学习目的和要求;③如何学习大学化学,即大学化学的学习方法是什么。以便带领学生理顺整个课程的逻辑、厘清知识框架和脉络,更好地帮助学生从整体上掌握这门课程。这就需要教师对大学化学的授课大纲进行重新设计和改善,然后再对教学内容进行精挑细选,充实课堂内容。

提高课堂讲授的适应性,以满足不同专业与方向间的差异化需求。以化学专业的学生为例,在授课时可以优化和压缩相关内容,以紧密结合其所学专业的知识要求。通过选择不同的教学内容,做到有所取舍、有所侧重。注重用大学化学原理来阐明化学专业的有关现象及实验规律,同时引导学生展开联想,利用课堂上所学的知识解释日常生活中的现象。在日常教学过程中,教师还应注意培养学生的创新思维和发现问题的能力。

二、教学方法的改善

由于大学化学是将物理方法与数学方法相结合,从宏观层面研究物质化学变化原理的科学,其研究方法比较复杂晦涩。而这些认知方法在学生的原有认知结构里又是全新的,这种新的认知方式如何与学生原有的认知结构相结合,如何使学生理解并掌握大学化学中的基本研究方法,必须通过教师适当的讲解和引导来实现。这就要求教师精心进行教学设计、不断改善教学方法,重点传授大学化学科学的基本研究方法,让学生把握大学化学的一般研究方法和重要的具体研究路线。目前,构建以学生为主体、学生自主学习为特征的新型教学模式有利于学生在有限的时间内掌握大学化学的基本研究方法。课堂授课应以“教师讲授重点、引导学生自学其余知识”为主线,充分发挥教师的主导作用和学生的主体作用。通过巧设问题和适时组织学生开展课堂讨论,促进师生间的互动与交流,引导学生由被动学习变为主动吸收。

三、课堂形式的创新

应用现在普遍使用的微信等社交平台进行课堂形式的创新,如创建微信群等,可以和学生进行良好的互动。在微信群中可以随时提问,师生可针对某个问题进行交流,实时性强,内容灵活多样。还可以利用微信群中的调查问卷、投票等功能,在课堂上随机测试教师讲授的效果,既能起到督促学生的作用,又便于考查学生对于知识的掌握情况。突破传统课堂上单调、刻板的教学形式,更能激发学生的学习兴趣。提高学生的参与度,从而提高课堂效率。联系身边的大学化学现象,提出问题,进而引导学生进行课外思考、查阅相关资料,并在课堂上分组学习和讨论,这样既能增强学生的研究能力,又能锻炼其小组合作能力。根据课堂上所讲解的内容,启发和引导学生就某些教材或论文中针对已学知识存在的不恰当之处展开讨论,以培养学生敢于质疑、勇于探究的创新精神,通过不断发现新问题、解决新问题来提高学生对大学化学课程的兴趣。另外,培养学生就自己感兴趣的知识点进行外延学习(如吉布斯自由能与动力学联系方程、信息熵等),通过查阅相关的文献和资料,撰写课程论文,并纳入教学考核中,让论文优秀的学生在课堂上分享自己的研究成果。能够为学生提供站上讲台来展示自我的机会,锻炼学生的心理素质和沟通能力。通过理论和实践相结合的方式,提高学生应用大学化学原理和方法来解决、分析实际问题的能力。

目前,很多学生受实用主义思想的影响,在学习过程中功利性比较强,只浅显地关注学习该课程对以后找工作是否有用,导致学生比较注重实用技能的课程,而忽视重要的基础课程和完善的知识体系的建构。其实,关注实用的课程,只能在短时间内帮助学生提高找工作的竞争力,而忽视基础课程的学习会使得学生工作后的发展后劲不足,教师必须让学生们认识到这一点,实用课程确实能帮助学生走得更快,但只有扎实的基础课程才能让学生走得更远、走得更好。

可以用科学家的奋斗史激励当代大学生积极进取,如德国物理学家和数学家、热力学的主要奠基人克劳修斯。他年轻时就决定研究热力学理论,希望通过热力学理论的突破来解决热机效率问题。为此,他勤奋学习、刻苦钻研,花费 10 年时间在学校里埋头苦读。正因为他在学生时期打下了坚实的数理基础,为他后来的成功做了充分的准备。这个事例告诉我们,基础知识和理论性较强的知识对学生今后的发展至关重要,是不断深入学习的基础,是在各个领域做出成绩的关键,我们需要的不是简单的技能和对于书本知识的死记硬背,而是在扎实的基础知识的背景下所培养出的创新思维能力。

心理学巨匠威廉·詹姆斯曾说过:播下一个行为,你将收获一种习惯;播下一个习惯,你将收获一种性格;播下一种性格,你将收获一种命运。良好的行为习惯并不是天生的,而是通过后天来培养的。习惯是一种多么顽强而伟大的力量啊!它可以主宰人的一生。因此,当代大学生更应该注重良好习惯的培养,通过自我学习和学校教育,做到持续学习,不断地提升自我,在前进的路上不断追求真理,直至我们终身受益。

四、培养学生自主学习能力

自主学习能力是创新人才必备的基本功,是个体终身发展的需要,现已成为21世纪人类生存的基本能力。培养自主学习能力既是课程改革的首要目标,也是社会发展的需要。

在现代社会,随着科学技术的发展,知识更新异常迅速,当代的大学生必须不断地学习,更新知识,学习技能,才能适应社会的发展。美国未来学家托夫勒说过:“未来的文盲不是目不识丁的人,而是不知道如何学习的人。”在课程改革中要改革课程教学中注重知识传授的传统教学模式,要勇于改变教学中过于注重知识传授的现象,教师要培养学生学会学习、学会生存和发展,形成正确的价值观。现在的学习已经不仅仅是对知识的获取,而是要终其一生去学习,构建一个不断更新的知识体系——学会生存和发展,活到老,学到老。人只有学会学习,不断学习,才能更好地适应不断发展的社会,为社会所用。而促进个体终身发展最好的学习方法就是自主学习。因此,自主学习能力的培养是社会发展和个体可持续发展的需要。2017年1月国家教育事业发展“十三五”规划发布,规划明确指出,教育改革的目标之一是使学生的创新精神和实践能力显著增强,学业水平和自主学习、终身学习能力全面提升。规划再次把自主学习能力的培养确立为教育的目标之一。因此,自主学习能力的培养已经成为当前课程改革的必然。大学化学是许多理科专业的专业基础课,因此在大学化学教学中培养学生的自主学习能力,对培养学生养成良好的学习习惯、促进后期专业课的学习以及终身发展具有非常重要的意义。

(一)自主学习能力概述

1. 自主学习

在国外,古罗马昆体良(Marcus Fabians Quintilian)提出“教是为了不教”的自主学习教育理念;著名哲学家苏格拉底(Socrates)提出产婆术的思想,被称为最早的有关自主学习的思想。以班杜拉为代表的社会学习理论则从个体、行为、环境交互作用的角度系统地探讨了自主学习的机制,他们认为自主学习的本质是学习者基于学习行为的预期、计划与行为现实之间的对比、评价来对学习过程进行调节和控制,把自主学习分成自我观察、自我判断、自我反应三个子过程,强调自我效能和榜样示范在自主学习中的作用;美国华盛顿城市大学的齐莫曼(Zimmermann)对自主学习进一步研究认为:学习者在元认知、动机、行动方面都积极参加,学习就被认为是自主的。

我国古代许多教育者都有自主学习的意识,在他们看来这种意识比知识的传递更重要,古代有很多体现自主学习思想的名言,如“君子深造之以道,欲其自得之也。自得之,则居之安;居之安,则资之深;资之深,则取之左右逢其源。故君子欲其自得之也”,“学而不思则罔,思而不学则殆”,“学然后知不足,教然后知困。知不足,然后能自反也;知困,然后能自强也”。随后,自主学习的研究不断地发展,蔡元培先生提出的“重启发学生,使能自动研究”;自主学习是学生自觉确定学习目标、选择学习方法、监控学习过程、评价学习结果的过程。在自主学习的过程中,学习的本质属性是自主性。新课程改革所倡导的主要学习方式就是以弘扬人的主体性、能动性、独立性为宗旨的自主学习。

2. 自主学习能力

1981年,Henri Holes出版了著作《自主性与外语学习》,著作中首次提出学习者自主性(Learner Autonomy)这一概念,他把"自主"定义为"负责自身学习的能力",即确定学习目标、决定学习内容和进度、选择学习方法和策略、监控学习过程、评估学习效果等。1991年,Little把进行客观的评判性反思能力、做出决策的能力,以及采取独立行动的能力确定为自主学习的能力。1999年,Arnold指出,自主学习能力由心理-社会支持和技术支持组成。心理-社会支持,指动机及其影响因素;技术支持,指培养学习者制定目标的能力,选择材料、方法、任务和执行任务的能力,自我监控的能力,选择评价标准以及自我评价的能力。

一般认为,自主学习能力是指学习者在已有知识与技能的基础上,自觉地、独立地、正确地运用一定的学习方法,获取知识、发现问题、解决问题的学习能力。自主学习能力的结构主要应包括学习者元认知能力,如计划、组织、自我指导、自我监控和自我评价能力;运用客观资源的能力及自主学习过程中动机、态度、自我效能感等心理特征。也有研究认为自主学习能力包括学生学会确定学习方向、学会如何选择,对于学习的评价、监控和自身如何发展等。

自主学习能力通过锻炼得到不断的发展,其发展过程中具有如下特点:首先,由他主走向自主。学生随着学习经验的不断积累,在学习过程中学会自己安排、控制、调节学习活动,教师的角色从教育者变成引导者。其次,由依赖走向独立。最初学习者受到环境的影响,学习需要教师和家长的安排。后期学习者的独立性增强,对环境的依赖减少,学会独立完成任务,独立解决问题。最后,由有意识走向自动化。随着学习能力的提高,学习者对自主学习的掌握由不熟练到娴熟最后达到自动化的程度。

(二)对自主学习能力形成影响的学生主体因素

1. 学习动机

动机产生于需要,当需要得不到满足时,个体内部就产生一种动力,使人导致需要的满足。动机是推进和指导个人参与各种活动的内部动因,其作用在于促进人们进行有目的的行为。学生如果具有积极的学习动机,就会对所学的知识产生兴趣,也会积极主动地进行学习,除了在课堂上认真听讲,课堂下也喜欢对涉及的理论主动思考与分析,进而逐渐地促进自主学习能力的形成。

2. 认知策略

美国心理学家、教育学家杰罗姆·布鲁纳(Jerome Bruner)于1956年首次提出"认知策略"这一概念,认为认知策略是获得、保持和利用达到一定目标的信息的决策模式。美国心理学家加涅(Gagne)提出认知策略是学习者用来指导自己的注意、学习、记忆和思维的过程的技能,是用以支配自己的心智过程的内部组织起来的一种技能。我国学者陈琦认为,认知策略是"加工信息的一些方法和技术";张春兴则把认知策略视为个人自主控制其内在心理活动历程从而获得新知识的一切方法。总之,关于认知策略的定义,至今尚无统一的说法。但是,只有拥有正确的认知策略,才能使学生能够快速从记忆中提取有效信息。所以,在学习过程中,让学生对认知策略有正确的认知,能正确地使用,在实践中才能有利于自主学习能力的提高。

3. 自我监测及归因

自我监测是学生在教育活动过程中,以完成活动为目标、提高活动的效率、优化活动过程,学生对学习活动不断地进行观察、评价、调整的过程。自我监测使学生保持正确的学习方向、积极的学习态度,保证学习活动有效进行,促进学生全面素质和自主学习能力的提高。

归因是对行为过程所进行的因果解释,学习归因就是很好的自我评价方式。归因的结果会影响到学习者的自我评价和学习质量及效率图。有的学生在取得好成绩时将成功归因于自己的努力,是自己辛辛苦苦奋斗出来的成果,像这种将成功归因于自己的能力,付出多就有收获的,会增强学习者的自信心、学习积极性与自我效能感。在教学过程中,指引学生正确地归因,能帮助学生知道自身的缺点和优点,做出正确的自我评价,提高自主学习能力。

4. 自我效能感

对于自我效能感的定义有不同的表述。有人认为自我效能感是学习者对自己具有成功完成某一特定任务的能力判断;有人认为自我效能感是对于任务完成的自信程度;有人认为自我效能感是主体对于某个行动的自我把握与感受。自我效能感对于学习目标、努力程度、学习速度和坚持的时间有极大影响。自我效能感代表着学生对学习的自信程度,面对学习,如果学习者本身没有自信,那么学习活动就难以进行。申克通过对模型的研究表明,自我效能感是提高自主学习能力、促进自主学习的重要指标。

(三)大学化学教学中学生的学习现状

1. 学习动机不明确

从高中进入大学后,在很长一段时间内,尤其是第一学年,学校开设的课程多为基础课和通识教育类课程,科目比较多。大学化学一般是在第一学年开设,课堂教学的内容也很多,专业类课程比较少。学生往往比较茫然,多数学生对所选择的专业认识不深,对未来的从业要求了解不够,学习大学化学的动机不明确,有的同学还经常逃课,上课听课不专心,课堂发言不积极,做实验时也经常是只看实验,懒于动手。

2. 学习方法不得当

学校的课堂教学多数采用的是“黑板+粉笔”或“多媒体”的讲授方式,学生仍是被动式学习,学生的主动性得不到发挥,很多学生是在课上听课,课下做作业,很少有学生能在课前提前预习,课后及时复习的也很少,也不会像高中时做大量的习题,多数学生在期末考试前一个月左右搞突击复习,没有养成良好的学习习惯,学习方法不得当。

3. 学习缺少计划性

由于学生的学习目标不明确,缺乏学习动机,学习的积极性不高,学习明显缺少计划性,不知道应该学什么、怎么学,基本上是老师教什么学生学什么,老师没讲的就不学,老师留作业就做,不留作业就不做,习题也不会主动做。

4. 信息获取及加工能力差

学生投入学习的精力少,不善于主动获取信息,对获取的化学信息不会分析、归纳和整理,对信息的加工与处理能力不足,尤其是大学化学的课堂信息量非常大,每一节课90分钟的信息量,如果教师要求学生自学,学生经常表现得束手无策。

5. 知识应用能力不强

应用所学知识解决实际问题是学习的主要目的,而往往由于学生投入的精力不足,即使课堂上听课、记笔记,但课后做题的主动性不够,做题也不多,所学的化学知识如何运用,在哪方面运用,应用化学知识解决实际问题的能力不强。

6. 主动学习意识淡漠

目前很多高校倡导慕课、翻转课堂等先进的教学方法,但地方普通高校受师资力量、教学经费的限制,资源还不够充分,相应的配套设施还不能满足慕课、翻转课堂等形式的教学要求。普通高校的课堂教学多是以教师传授知识为主的教学方式,一些学生的学习动机不明确,缺乏对知识的渴望,学习总是处于被动的状态,麻木地接受,学习的主动性严重降低。

(四)在大学化学教学中培养学生自主学习能力的策略

化学是一门实践性很强的学科,与人们的生活联系非常紧密,利用化学学科的这一特点,激发学生的学习兴趣,努力营造良好的自主学习氛围,进而培养学生的自主学习能力。

1. 激发学习兴趣,培养学习动机

学习动机是学习的原动力,激发学生学习动机最好的方法是培养学生对于化学的兴趣。化学是以实验为基础的学科,在化学教学中,利用化学学科的特点激发学生的学习兴趣,教师可以利用不同的化学实验现象吸引学生的注意力;改革传统的以教师为主体的课程讲授法教学模式,探索案例教学法、讨论法、小组合作学习法、换位教学法等多种教学方法,激发学生的学习兴趣,调动学生学习的积极性和主动性,进而培养学生的学习动机,促使学生自主学习,逐渐提高自主学习能力。

2. 引导正确的归因,激发学生的自我效能感

归因的结果影响学生在学习活动中的学习态度、学习效率和学习积极性,影响学生的自我效能感和学习动机。面对失败,有些学生认识不到自身的错误,会在失败的路上越走越远,所以化学教学过程中要指引学生正确地归因,帮助学生查找自身的优缺点,提高学生的自我效能感,更有效地自主学习。

3. 指导学习方法,形成学习能力

善于运用正确的学习方法,是自主学习能力形成的重要标志。一般学生觉得化学知识杂、乱、难,学习不知道从哪入手,知识也不容易记忆。在化学课程教学过程中,教师要指导学生运用正确的学习方法,运用正确的学习策略,对学过的知识进一步识记、巩固、总结和思考,特别是在化学实验课程教学中,指导学生掌握正确的实验操作步骤和方法,逐渐让学生由"学会知识"转变成"会学知识",逐步形成学生的自主学习意识,提高自主学习能力。

4. 培养思维能力,提高自主学习能力

思维能力是在日常生活和实践中,人们解决问题所需要能力的总称。自主学习能力的形成需要思维能力的参与,要提高自主学习能力,首先要培养思维能力。在大学化学理论课程教学中,教师通过提出富有启发性的问题,促进学生积极思考,并进行分析、归纳和总结;在化学实验教学中,让学生设计实验过程,培养学生对知识的理解和创造能力;让学生动手做实验,锻炼学生的动手能力;让学生记录实验并得出结论,锻炼学生的观察能力、

分析能力和概括能力等。通过对问题的思考和分析，锻炼学生的思维能力，进而培养和提高学生的自主学习能力。

关于自主学习能力培养的研究始终是教育者热于讨论的话题，随着终身学习理念的"深入人心"，人们对于自主学习能力培养的重视程度也不断提高。化学学科具有实践性强、与日常生活联系密切等特点，教师不仅要善于结合学科知识的特点，更要结合当前学生的认知水平和学习能力，不断创新，设计以学生为主体的大学化学教学模式，充分调动学生学习的积极性、主动性，发挥学生的主体地位，强化自主学习，使学生在自主学习过程中逐步形成自主学习意识。当然，促进学生自主学习，培养学生的自主学习能力，不仅需要在大学化学教学过程中，还应该贯穿于全部教学环节，同时还要与班集体、学校、社会、环境、条件等外部的影响因素紧密结合，才能更好地促使学生愿意学习、主动学习、学会学习，进而提高自主学习能力。

第三节 创新教育在大学化学教学中的实践

社会已经进入知识经济时代，创新是社会不断发展的动力源泉，因此需要培养一批具有创造素质的劳动者。化学专业是一门对理论和实践能力有着较高要求的专业，化学教学方式的创新对于人才的培养有着重要作用，创新教学是高校化学教育工作者面临的重要课题。

一、化学教育开展创新教育的意义

创新型人才需要具有较强的创新思维和创新能力，并且应具有将创新思维转化为创新成果的能力。当前高校教师对于学生的创新思维的开发并没有给予足够的重视。创新思维的培养应该从各个方面逐步培养，因此高校教师要将创新教育贯穿学生的整个学习过程中，在各个阶段和各个学科进行综合培养。大学化学开展的基础是实验，大学化学是一门理论与实践相结合的学科。对于大学教师而言，在实验活动中培养学生创新能力和创新思维具有重要意义。

二、大学化学教学中创新教育的探索

创新教育是通过教学过程鼓励学生运用多种方式开拓创新未知领域，积极引导学生通过联想、判断、推理等发现新现象，激发学生的自主创新意识和创新能力。创新意识的培养首先需要学生对学习产生一定的兴趣，在接触知识的同时，培养学生的创新能力。教师应该在教学过程中及时发现学生的学习障碍和问题，并且及时引导，积极开发学生的潜力，培养他们的创新能力。创新教育启蒙阶段是开展创新教育不可缺少的一个环节，通过科学合理的创新教育启蒙阶段的培养，使学生对化学产生兴趣，实现自主学习。因此，教师可以将教学的主要注意力集中在学生的学习问题和思维等方面，在教师的适当引导下，学生自身发现潜在的能力，对培养学生的创新能力具有非常重要的作用。

(一)创新能力的培养

1. 想象能力的培养

想象能力在学生创新过程中具有非常积极的作用。因此,在大学化学课程中,教师应该注意引导学生,将学过的知识联想到未知。通过教学中的引导和训练,在潜移默化中使学生享受到联想带来的快乐。

2. 培养创新观察能力和创新实践能力

学生在学习过程中的观察能力是学习的基础,通过周密、系统的观察才可能对知识有新的发现,并且通过实践求证。化学这一学科是理论和实验相结合的基础学科,化学实验能够培养学生的观察能力和创新能力。在化学实验过程中,通过实验现象、实验操作等方式,使学生形成良好的观察习惯,并且老师应该积极引导学生,在学习过程中进行总结。

(二)创新思维的培养

在学习过程中,教师应该有意培养学生的创新思维,在培养学生创新思维的过程中,首先应该使学生对学习有一个良好的心态,对于知识有求知欲和好奇心,这是学生一切创新的基础。因此,老师应该根据学生自身的心理特点,对学生提出一些问题,促进学生通过主动的方式对问题进行解疑。因此,问题的提出是学生有效扩展思维和发展思维的源泉。国外学者认为,质疑这一思维方式是未来人才必须具备的一种思维方式。因此,在我国高校教学过程中,应该让学生质疑,对学生提出的问题和建议进行鼓励,在激励学生学习的同时达到创新的目的。

三、创新化学教学方式方法

(一)大学化学教师应具备创新意识和创新精神

大学化学教师在培养学生中,应该注重培养学生的创新能力和创新精神中最为基础的价值取向。因此,大学化学教师自身应该具备一定的创新意识和创新精神,进而在教学过程中将创新的思维和观念不断向学生传递,这对学生的创新精神和创新能力的培养具有一定的效果。因此,高校应该对化学教师进行相应的教育、培训,提高教师对创新观念的认识,对教师的教学方式和方法进行提升,使得学生在学习过程中能够通过创新教育促进化学教学内容的开展。所以,高校应该从各个方面加强对教师的支持,为学校的化学教师提供相应的进修机会,使得教师能够对国外相关的创新理念和教育方法有一定的了解,使教师处于不断学习的状态,从而让教师的思想和专业保持在良好状态。高校应该结合自身情况,积极引进国内外优秀的人才,为高校中的教师队伍注入新的活力。对于高校的化学教师而言,应该时刻学习,接受新的教育观念和教育方法,依据学校学生的实际情况,对教学方式有所创新,实现对学生创新精神和创新能力的有效培养。

(二)落实开放性实验教学

在化学学习中,实验在化学教学过程中具有非常重要的地位。学生可以通过实验对理论知识进行检验,理论与实践才能够结合,使得学生的创新思维和创新能力得到一定的锻炼。通过创新教育,化学实验教学对于空间能够有效进行突破,通过新方式和新观点对实验模式和实验方法进行创新,进而实现教学目标。因此,高校化学教师在开展教学过程中,应该积极组织学生开展设计性实验,通过该类实验有效锻炼提高学生的学习能力和学生的创新思维能力,对学生的实验操作能力的提高具有非常重要的作用。因此,在组织设计性实验的过程中,教师应该给学生充足的思考时间与空间,让学生将理论知识与实践知识进行结合,通过手和脑相结合,实现创新精神和创新能力的培养。

(三)促进科研和教学的有机结合

大学化学教学应该将理论知识与实践知识相结合,将教材中的理论知识和相关的科研实验活动相结合,充分发挥实验的科研力量。通过理论知识与实践能力的结合,积极培养学生的创新精神和创新能力,为学生的后续发展打下良好的基础。在当前创新教育的环境下,大学教师应该将科研训练内容作为日常课程的扩展和补充,积极开展化学教学活动。因此,在日常化学教学过程中,教师应该积极引导与鼓励学生,使学生能够积极投入科研中,充分发挥学生的作用。相关实验表明,将科研作为课堂扩展的方式,能够促进学生保持严谨的学习态度和学习能力,促进学生的思维活跃性,对学生的创新精神和创新能力的培养具有促进作用。

(四)创新化学教学方式

实现大学化学创新教育应该以科学的方法作为保障,大学化学教育应该在了解自身教学情况的基础上开展创新教育,对于化学的教学方式应该采取积极的教学方法优化教学模式,从多方面促进学生的创新精神和创新能力。在大学教学中应该锻炼学生的逻辑思维和辩证思维,将教学内容适当引进思维方式,为教学模式的优化起到良好的铺垫作用。大学化学这一课程在教学过程中,教师应该和学生的地位保持一致,这一方式有利于学生交流学术,在化学课堂中形成良好的学习风气,对于学生创新思维的培养具有非常重要的作用。此外,在大学化学教学中应该合理运用信息技术、互联网等学习平台,为学生提供更丰富的学习资源,加强学生创新能力的培养。

21 世纪是知识创新的世纪,在我国大力发展素质教育的同时,创新能力应成为素质教育的核心。高校化学教育应该积极落实创新教育理念,完善高校化学教师队伍,对自身的教学方法和教学方式积极进行优化和总结,实现培养创新人才的目标。

第四节　大学化学多维度教学模式探索

针对传统大学化学教学模式存在的困境,从“以学生为中心”和“过程管理”理念出发,聚焦知识的“接受、运用、拓展”和能力的“提升”等四个维度,引入“课堂讲授—课堂练习—课堂问答—辅导答疑—课后作业—课堂演讲—课程短文—课外实践”等 8 个教学环节,开展了多维度教学模式探索,获得了初步成效,为学生知识拓展和能力提升提供了契机。

一、传统大学化学教学模式的困境

大学化学作为应用化学、材料、冶金、地质、环境、制药、食品、纺织、生物、医学等诸多近化学类专业的基础课,具有涉及面广、课程内容多、教学时数压缩严重等特点。在传统的大学化学教学模式中,教师以传授教材知识点为主要任务,学生学习以“听课—做题—

考试”方式进行，教与学的过程呈现单一模式，即以教师讲授为核心，学生被动接受，同时教师对学生学习过程的管理不足。因此，学生往往反映大学化学课程比较枯燥，没有学习兴趣，学习效率低下，从而使教与学两个方面都陷入了困境。

更大的困境还在于，传统的大学化学单一教学模式与基础阶段教学模式没有根本性的区别，即只注重了知识传授本身，对于学生知识拓展和能力提升帮助不大。在以往的教学实践中，大多数学生没有形成缜密的逻辑思维方式，没有掌握系统的科学学习方法，知识框架支离破碎，几乎不能用顺畅和简洁的口头语言或者书面语言总结概括知识体系，在知识的接受、运用、扩展和能力提升方面均存在缺陷。为了验证这一印象，针对大一学生进行了问卷调查，共收回有效问卷 269 份，旨在了解学生的自我评价。在问卷中，以“优秀”“良好”“一般”“很差”四个等级度量自我评价结果。结果得出，半数以上学生对这三方面的自我评价均为一般或很差。这种情况持续下去，必然不利于学生学习后续课程、参与创新性研究，甚至影响其终身的职业发展。因此，从学生综合能力提升的角度出发，单一的大学化学教学模式亟待改进，这一状况已经被广大同行所认识，并且正在采取多种教学改革措施加以改善。

二、大学化学多维度教学模式探索

（一）教学理念

明确了“授人以渔”的教学目标，将教学思路转换为“以学生为中心”的视角，重视教学“过程管理”，提炼出了知识的“接受、运用、拓展”和能力的“提升”等四个教学维度，将“课堂讲授—课堂练习—课堂问答—辅导答疑—课后作业—课堂演讲—课程短文—课外实践”等 8 个教学环节贯穿于课程教学中，以支撑四个教学维度，并且教学维度和教学环节相互交织，共同实现知识传授和能力提升（见图 1-1）。

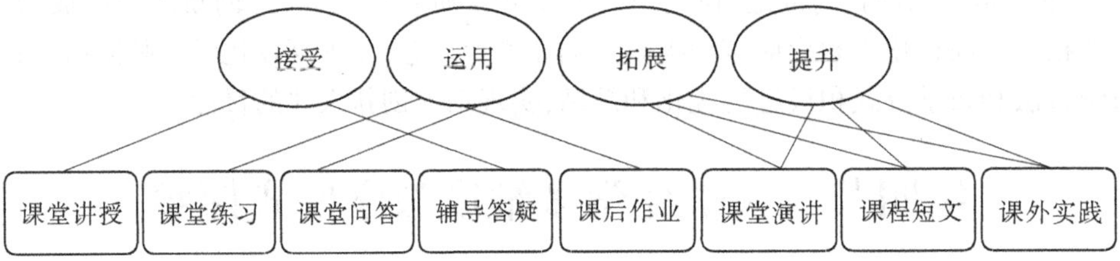

图 1-1　多维度教学模式示意图

（二）教学组织

教学组织形式包括课上教学、课下教学和课外教学等 3 种形式。其中，课上教学包含课堂讲授、课堂练习、课堂问答和课堂演讲等 4 个环节，课下教学包含辅导答疑、课后作业和课程短文等 3 个环节，课外教学包含课外实践 1 个环节。同时，3 种教学组织形式并不孤立，而是彼此渗透的。例如，课堂演讲的前期指导工作就属于课下教学。

（三）教学内容

课堂讲授仍然是学生接受知识的主要形式，但注意讲授内容中穿插学科前沿和课程思政，讲授方式上尽可能多地采用启发式教学。课堂练习用以帮助学生实现知识的运用，并巩固知识。课堂问答包括教师和学生的交错问答，加强学生的知识运用，并帮助其检验学习效果。辅导答疑通过教师解答学生自主学习中的疑难问题，加深其对知识的接受程度。课后作业进一步使学生巩固知识的运用。以上五个环节承载了基础性的知识接受和应用维度，另有下列三个环节支撑高阶的知识拓展和能力提升维度。课堂演讲要求学生采用多媒体形式，选择与课程相关的话题发表演讲，以此实现所学知识的运用、课内知识的拓展和口头学术表达能力的提升。课程短文要求学生撰写与课程相关的文章，以电子版文档形式提交，以此实现所学知识的运用、课内知识的拓展和书面学术表达能力的提升。课外实践包括校内和校外两个方面，校内以参观科研实验室为主，同时鼓励学生参加课题组讨论，进入实验室参与科研工作，并指导他们申报大学生科技创新项目，校外以参观兄弟高校、科研院所以及科技展会为主，努力为学生创造开阔眼界、丰富阅历的渠道和机会，以此实现学术视野的拓展和科研实践能力的提升。

需要强调的是，课堂演讲和课程短文必须坚持以学术性为导向，特别注重“学术规范”。具体地，会发布选题指南，之后在网络教学综合平台发布说明性文件作为“投稿须知”，强调作品的原创性、创新性和规范性，对引用的观点、文字和图片要求注明出处，并提供课程短文的“投稿模板”，对文章的字体、字号和行距等格式进行了严格规定。学生须事先通过电子邮件提交课堂演讲 PowerPoint 文件和课程短文 Word 文件，教师经过格式审查和内容（原创性和创新性）审查后给出修改意见，学生修改后再次提交，如此循环，最终通过的课堂演讲作品在课堂上发布，教师当场点评，最终通过的课程短文作品发布在网络教学平台上供全体学生参考，每学年结集印制一册纸质课程短文集，并发放给作者作为纪念。这一过程类似学术论文的投稿过程，意在引导学生熟悉学术交流过程和树立学术规范意识。同时是磨炼学生意志的过程，部分学生在多轮修改之后选择了放弃，而坚持下来的学生收获颇多，很多学生的第一次当众演讲、第一次制作 PowerPoint 和 Word 文档、第一次使用 Word 文档修订模式、第一次发送电子邮件、第一次查阅文献资料等都是在这两个环节中完成的。课堂演讲和课外短文的选题以教师指定的题目为主，围绕课程内容、学科前沿和时事热点展开，但又不局限于此，鼓励学生大胆想象、大力创新。例如，有学生针对课外阅读的文学作品，有感而发，结合当前的学习状态撰写了课程短文，引起了同学们的共鸣。此外，课堂演讲和课程短文环节还成为课程思政的重要渠道，扩大了课堂讲授中课程思政的深度和广度，实现了学生的自我教育，提升了教学品质。

（四）成绩评定

将总评成绩划分为考试成绩（80%）、平时成绩（20%）和激励成绩（自由选择）三个模块。考试成绩对应于期末考试卷面成绩的折算值，平时成绩由考勤、作业、课堂练习三部分成绩构成，激励成绩由课堂问答、课堂演讲和课程短文等三部分由学生选做项目的加分成绩构成。严格平时成绩评定程序，做到每一分都有依据，促使学生重视学习过程，实现教学质量“过程控制”。同时，本着因材施教、尊重学生意愿、个性化发展的原则，充分发挥激励成绩对学生学习积极性的调动作用。

（五）教学效果

为了评价上述多维度教学模式的效果，针对采用该模式教学的大一学生进行了问卷调查，共收回有效问卷 269 份。在问卷中，以“非常有效”“有效”“一般”“无效”四个等级度量学生主观评价结果，为帮助学生明确四个等级的差异，辅助以相应的百分制分数段表示。结果表明,60%以上的学生认为多维度教学模式对自身综合能力和视野拓宽“非常有效”和“有效”。此外,多维度教学模式的运用还有效地调动了学生学习的积极性,参与课堂演讲、课程短文和课外实践等选做环节的学生在各级各类评优、评奖、竞赛和科创活动中均表现出很强的竞争实力。以上述多维度教学模式为基础,组建了“综合学习能力提升教学团队”,开展了一系列“以学生为中心”的课外教学活动,获得了初步成效。

上述多维度教学模式围绕知识的“接受、运用、拓展”和能力的“提升”等四个教学维度展开八项教学措施,对于改善学生的学习效果发挥了积极的作用。此外,为了进一步提高多维度模式的教学效果,还应在教学形式和措施上有所创新,例如开展分层次教学、适当控制班级容量以提高参与度、与网络教学手段相结合以及开发更多新的知识拓展和能力提升环节等。值得一提的是,采用多维度教学模式,一方面需要教师投入更多的教学工作量,另一方面要求教师自身不断加强学习,对教师的教学能力和责任心是一种挑战,也是打造高水平“金课”的重要途径。

第五节　现代教育技术在大学化学教学中的应用

大学化学教学内容丰富多样,教育的主要目标不再是让学生掌握和拥有化学知识,而是培养化学观念和化学技能,培养化学信息的收集、筛选和应用能力,培养自主创新、终身学习的能力。随着科技进步,教育手段、教育技术愈趋向多元化和现代化,利用多媒体技术辅助教学在大学化学教学中已经被广泛应用。由于现代教育技术具备组织优秀教学资源、存储大容量教学信息和教学信息多样化的特点,能够实现教育信息资源的共享和自主选择,并且具有图、文、声、像并茂的优势,在大学化学教学过程中,只要确立了大学化学教学的目标,实现真正意义上现代教育技术与大学化学教学的整合,与时俱进,充分挖掘和利用现代教育技术所蕴藏的教学功能,就能打破传统教学模式,深化大学化学教学改革,突出以学生的发展为中心的教育理念,实现培养创新型人才的最终教育目标。

一、国内大学化学教学现状

随着各高校招生规模的扩大,大学化学作为面向非化学专业理工科本科生的公共基础课,学习人数大大增加,每个授课班级的人数普遍在100人以上。目前,在大学化学的大班教学中,传统的课堂讲授仍是最主要的教学方式,主要强调教师传授知识的主导性而忽视学生的积极主动性,学生只是被动参与,忙于记笔记,因此常常觉得学习大学化学单调枯燥,学习积极性不高。另外,传统的教学手段(黑板、粉笔、挂图、模型以及录音机、幻灯片、放映机等电化教育工具)存在一定的局限和适用范围,这些手段在信息传递中功能弱,个别化教学效果差,不利于学生对大学化学知识和体系的理解与构建。显然,这种旧的教学模式已经不再符合新时期大学化学教学的需要,在一定程度上会影响学生综合素质的提高,不利于创新型人才的培养。

化学是一门以实验为基础的学科,实验在化学教学和科研中的地位和作用是不言而喻的。综观当今大学化学教学状况,不难发现大学化学实验教学仍然需要进一步完善。由于实验教学运行经费和环保问题使实验教学内容更新慢,有些运行成本高或有环境负效应的实验无法开设;实验教学方法手段单调,学生的积极性不高,教学效果欠佳;如何加强大学化学实验教学的效果是摆在大学化学教学工作者面前的一个重要问题。

因此,大学化学教学模式改革势在必行,要重视理论与实验教学设计,改革陈旧的、落后的传统教育手段和方法,在发扬优良传统教育方法的基础上,实现现代教育技术与大学化学传统教学的优势互补,利用现代教育技术促进大学化学教学的现代化和最优化。

二、现代教育技术在大学化学教学中的应用

(一)多媒体课件的使用

1. 多媒体课件使抽象概念形象化

在大学化学教学中,对于吉布斯自由能、熵增加原理等,概念抽象繁杂,各个公式有自身的适用范围,这些单纯靠教师口头或者板书描绘难以表达清楚,而常规教学工具如挂图、投影、模型等缺乏直观的效果,也不利于学生理解。这些可由计算机软件制作成多媒体课件,集图、文、声、像于一体,从而能使学生从多方位、多角度进行观察,加深理解。

2. 多媒体教学手段使微观现象宏观化

大学化学是侧重在原子、分子基础上研究物质的组成、结构、性质、合成及其变化规律的一门课程,该课程的最大特征在于其思维方式是微观与宏观的联系。一般地说,多媒体课件可以让学生通过多种感官进行学习,使学生对课堂内容记忆深刻;可在一定程度上提高教学效率,达到常规教学难以达到的教学效果和教学质量。

(二)大学化学实验教学的革新

1. 实验预习系统

实验是大学化学教学的重要环节,一般包括实验预习、实验过程和实验总结(报告)3个过程。实验预习是一个重要而又易被忽视的过程,如何使学生真正达到预习的目的,学习到更多的背景知识和实验技能,并使教师了解学生预习的基本状况,这些是值得探讨的问题。澳大利亚悉尼大学的计算机化学实验在线预习系统(online chemistry pre-laboratory work,简称实验预习系统)较好地解决了这方面的问题。该实验预习系统的基本设计思想是使学生能够方便地在课前对实验日程安排、各实验的背景知识、基本原理、技能和参考资料进行了解和阅读。通过一组在线测试题目,使学生可以在课前自我检查对实验的预习情况;通过对每个学生及全班学生测试结果的统计报告,使教师能够及时了解学生个体及总体对实验的预习情况和掌握程度,便于发现问题,有的放矢地进行讲解。这样既加强了教师实验课讲解的针对性,又使教师能够把主要精力用于观察和指导学生掌握实验技能,使实验课时的利用更加合理有效。

2. 实物投影和实验录像

进行实验教学时,使用实物投影仪可使实验操作、反应现象和实验结果清晰可见。还可以结合实验录像设备与计算机联机,让学生反复观看实验过程,从而规范了学生实验操作技能,促进了教学。

3. 模拟化学实验过程

大学化学实验中有些相对来说危险性较高(有毒、有害或爆炸性)、实验过程冗长或

复杂，不适合进行演示或学生操作的实验；对于这些实验，可以采用计算机多媒体技术模拟实验过程，具有经济、无污染、不腐蚀、不燃烧、不爆炸、不需要实验环境等优点，学生同样可以获得感性认识和生动直观的教学效果。虽然这些实验比不上亲自动手实验那样印象深刻，但是比起只在口头上讲解该类危险实验，效果更好。

有些实验，由于存在一定危险性或是实验条件无法满足，无法提供齐全的实验室条件，而学生又有需要或是感兴趣，这时候，可以应用虚拟实验室软件——Corel Chem Lab进行模拟。该软件几乎完全仿真，模拟过程很逼真，甚至连烧瓶磕碰的声音都能听到。学生应用这个软件犹如身临其境，能大大提高学习化学的兴趣，对所进行的模拟实验也可获得较为深刻的印象。另外，也可以通过类似的化学实验软件组织学生进行实验训练和测试。

但是，多媒体技术模拟化学实验毕竟不能代替学生亲手实验获得的经验，学生在认知上会对实验结论、教师的操作能力产生怀疑，最重要的一点是学生的实验操作技能在电脑上是培养不出来的。因此，模拟实验是辅助教学的手段，必须明确它的从属地位，在实际的大学化学实验教学中，不能用其代替实际操作。

（三）数字化化学微格教学系统

在以计算机多媒体技术和网络技术为主要手段的现代教育技术支持下，数字化的化学微格教学系统构建得以轻松实现。

1. 规范的化学微格教学室

化学微格教学室包括实验准备室、微格教学室、总控室（监控室）三大部分，能进行化学演示实验和具有防止实验污染环境及教学设备的设施。

2. 数字化微格教学系统

数字化微格教学系统包括数字化的多媒体教学系统和微格教学录像系统。数字化微格教学系统主要包括多媒体教学设备（计算机、实物投影仪、数字化投影与播放设备及其他附属教学设施）、网络连接设备和相应的Internet文件，具备音视频及文字的播放、标本与模型及实验现象等的投影、网络资源的利用与传输等功能。微格教学录像系统主要包括摄像与录音设备。拍摄试讲学生和听课学生模拟课堂教学过程，以数字化格式录制微格教学的全部信息，包括试讲者的语言表达、肢体动作、实验演示和师生互动等教学过程以及听课学生的表现，从而提供微格教学示范录像作为范本，供观摩、交流学习和借鉴。

3. 数字化的微格教学录像编辑系统

录制化学微格教学录像的影像信号后，经总控室内的信息交互式中控系统，可实现影像信号的编辑、录制，并支持刻录功能与远程登录，同时也便于对微格教学效果的评价。

（四）基于Internet自主学习

1. 教师引导学生自主学习

教师应向学生提供探究课题，指导学生选择学习内容，确定研究方向，提供自主学习的准备知识，引导学生形成知识体系的关节脉络，要求学生自己通过网络查阅文献、资料、课件、习题等资源，进行自主学习。在网络环境中，学生能够较独立地参加学习活动，直接获得学习的经验。

2. 计算机辅助分组学习和自学

计算机视听阅览室以学生小组活动为中心。学生在学习过程中,除自己接收和处理信息外,还能与其他学生进行信息交流,使学习更加积极主动。另外,学生在多媒体计算机上可以进行独立的学习,与计算机进行人机对话。在这种学习模式中,计算机是教学的中心和组织者。同时,大量多样化的大学化学课后训练与考试、作业和答疑均可在多媒体计算机上进行,大大方便了教师及时快速地获得反馈信息。

3. 大学化学教学网站

大学化学教学网站包括基础平台和运行环境,融入了多媒体、网络和数据库技术,将教学和管理融为一体,在模块功能的设计上强调其实用性、综合性和智能性。网站的建立为广大教师和学生提供了一个内容丰富新颖、使用便利快捷的教学窗口,让答疑和考试走出了课堂,使课内课外的教学活动互为补充,相得益彰。网站具有方便快捷、交互性好,可实现远程教学,适应学生的自主学习环境,知识信息量大,教学方式生动活泼,声像辉映、图文并茂等特点,已受到教育界的普遍认可和欢迎。

4. 化学教育资源和软件

现代教育理念倡导创新思维的培养,现代教育技术使学生的学习空间更为宽广。Internet 上的化学信息容量大且更新迅速,例如:Internet 化学信息资源导航系统 ChIN 不仅链接了丰富的化学化工信息,而且链接了国内外许多与化学相关的教学资源,包括课程材料、在线课程、学习软件和实验教学软件、常用的数据库、化学知识介绍、*J. Chem. Edue*(化学教育)杂志目录、与教学有关的会议信息及中学化学教学资源等;同时也链接到中等教育化学资源、亚太化学教育网、中国基础教育网、教育世界等。另外,虚拟教育图书馆、英国皇家化学会、牛津大学化学系、实验室演示网站以及教育部批准的 68 所高等学校开展现代远程教育试点的站点,为大学化学学习者提供了广阔的学习天地。

三、做好现代教育技术与大学化学教学的整合

现代教育技术对大学化学教学的作用是不言而喻的。当前的关键问题是做好现代教育技术与大学化学教学的整合;整合的个体对象包括现代教育技术、教育思想、教学理念和大学化学教学过程中的知识内容、教学策略、学习活动等。整合的目的是充分发挥信息技术的工具性功能,使现代教育技术融入到大学化学教学中,从而提高大学化学教学质量,营造新型的实验教学环境,不断深化教学改革。因此,在现代教育技术与大学化学教学的整合过程中,需特别注意以下几点:①不能不切实际地追求电子教学,用课件替代直观的实验教学。实际上,现代教育技术是不能完全取代传统教学模式的,应当融合传统教学模式与现代教育技术,做到优势互补。②不能过分强调人机交流,忽视师生间面对面的交流。事实上,教师与学生面对面的交流是任何现代教育媒体所无法替代的。③不能扭曲现代教育技术与大学化学整合的意义。整合的目标是力求使教师的教学方式朝着既能发挥教师主导作用又能体现学生主体地位的方向发展,朝着以自主、合作、探究为特征的教学方式转变,而不是追求短期的轰动效应。这是一个需要长期坚持的过程。

第六节　大学化学教学中网络教学模式的应用分析

由于化学课程具有很强的抽象性，传统的教育方式以及教学手段已经不能满足当代大学生的学习需求，随着教育的改革与升级，电子信息技术也被广泛地运用在教学领域。网络教学模式也逐渐成为我国大学化学课程最主要的教学方式之一，用以弥补化学教学中的弊端，并且也受到了广大教师与学生的青睐与好评。

一、大学化学教学中网络教学模式的应用意义

在传统的应试教育时代，化学教师往往采用传统的教学方式以及教学方法，将具有抽象性以及复杂性的化学理论知识直接传授给学生，而学生作为接受者往往在课堂上被动地接受着教师所传授的化学知识、课程中的难点知识，从而使得学生失去了对化学课程的学习兴趣与学习积极性，所以这种传统的化学课程教学方式已经不能满足当代大学生化学课程的学习需求与学习发展。随着经济的发展与社会的进步，电子信息技术被广泛地应用在人们的生产生活当中，并且给人们提供了许多的便利，使得人们能够实现跨时空的交流与活动，随着教育的改革以及新课程标准的发展和升级，电子信息技术也被广泛地应用在我国的教育领域，这种网络教学模式弥补了传统化学课程教学的弊端，并且对大学生化学课程的发展与升级有着积极的导向作用，化学教师可以利用网络教学平台进行跨时空的化学课程教育，并且也可以运用网络教学平台为学生进行在线的教学以及化学资料的查询，为学生制作电子课件、化学课程的课后作业实现在线答疑等。

电子信息技术应用所带来的网络教学由于具有图片、动画、音乐、视频、文字的优势，可以帮助学生营造出一个良好直观的化学课程学习氛围，调动学生化学课程学习的积极性，培养学生化学课程的学习兴趣，促进学生化学课程学习的良性循环以及良性发展。除此之外，这种先进的网络教学技术也可以帮助教师拓展知识面及眼界，从而提高教学水平，丰富教师的精神世界。教师可以运用多媒体技术进行教育教学的培训和学习，实现化学课程教学的专业性、有效性，从而为学生化学知识的学习提供了有效的保障与平台。

二、大学化学教学中网络教学模式应用的途径

（一）树立网络教学理念科学构建网络系统平台

教师在传授大学生化学知识内容的过程中，应该改变传统的教学观念与教学策略，并且在电子信息网络平台这个大背景下，对教育方式以及教学手段进行创新与升级，培养学生树立正确的化学课程学习的观念与意识，尊重学生的学习意见以及学习理念，将网络教学平台进行优化与升级，从而提高化学课程教学环节的专业性与规范性。化学教师在运用网络平台进行化学课程教学的过程中，可以利用 QQ、微信等为学生建立一个网络的交流平台，使得学生在这个网络平台上交流与沟通，提高学生的学习兴趣和学习积极性。学生如果在完成课后作业的过程中遇到一些难题，只能将问题留置到第二天再进行提问，延误了学生学习的时效，从而阻碍了学生学习化学课程的积极性与热情。而这种网络教学

平台突破了传统的教学理念,使得学生能够及时地对自己学习过程中所产生的问题向教师进行反馈,大大提高了学生的学习效率与学习质量,而且教师也可以通过网络平台随时随地监管学生对化学课程的学习情况,在线与学生之间进行互动,拉近了教师与学生之间的距离。教师可以通过网络平台为学生录制一些微课,使得学生在观看微课后可以更好地解决课堂中所没有解决的疑惑,加深对学生化学课程知识内容的深入学习及深入了解,从而能够更有效地提高学生化学课程的学习质量与学习效率,为学生以后化学课程的学习搭建了良好的平台,并且奠定了良好的基础。

(二)合理构建化学课程网络体系丰富化学课程教学内容

在传统的高校化学课程教学的过程中,由于化学课程教学所面临的学生专业较为广泛,其中包含工学、理学、医学类等专业的学生,所以化学课程的教学方向也分为无机化学、分析化学、有机化学等化学种类,然而,传统的化学课程教学方式不能满足当代不同专业大学生的不同需求,而网络教学则可以弥补传统教学手段中的弊端,实现人才的有效培养。教师可以通过网络平台科学合理地将化学课程进行有效的划分,并且将各个板块的专业课程进行网络平台的教学,有效地发挥学生的主体地位以及提高学生化学课程学习的积极性与热情,以网络平台作为教学的基础点,利用网络平台的高效性以及丰富性创新化学课程的教学模式和化学课程的知识内容。

教师在传授学生化学知识内容的过程中,可以利用网络平台将抽象性的化学知识内容变得更加直观立体,加大学生的主观认识力度,使得学生的学习由被动转化为主动,发挥了学生化学课程学习的主体地位,弥补了传统化学课程教学的操作弊端,激发了学生对化学知识的探究欲望,以及探究积极性。

(三)强调多种教学模式应用发挥学生思维能力

由于每个大学生所处的生活环境与社会环境都具有很大的差异性,所以每个学生的学习能力、性格特点以及理解能力都有很大的不同,教师在应试教育的大背景下,往往采用“一刀切”的教学模式以及教学方法,不能很好地保障每个学生都能积极地参与到化学课程的教学活动中来,使得学生往往对化学课程失去了兴趣与积极性,从而阻碍了学生对化学课程知识的学习。然而在电子信息这个时代大背景下,教师在传授学生化学课程知识内容的过程中,将电子信息技术应用到化学课程的教学过程中来,调动了学生的积极性与热情,也创新了教师的教学方式以及教学手段,使得教师可以通过网络平台的运用来满足学生的不同需求,也解决了学生之间学习的差异性,实现了学生的自主性学习。

教师可以将提前录制好的视频传入到慕课(MOOC,规模在线开放课程)以及微课中来,学生通过观看慕课有效地进行化学课程知识的学习,也加深了学生对化学课程内容的印象,使得学生能够及时了解自身存在的不足。教师也可以通过慕课以及微课的教学,实时地对学生课程内容知识进行有效了解,并且教师可以利用网络平台进行化学课程的模拟考试,实现了快速阅卷,大大提高了教师的工作效率。学生也可以通过网络平台对知识内容反复观看,深入巩固课堂的知识内容,使得学生能够在发现问题与解决问题的过程中提高化学的实践能力以及实践水平,帮助学生更好地进行化学课程的学习与发展。

（四）强调化学理论与实践结合提高学生化学学科素养

荀子《劝学篇》曾提到，“不积跬步，无以至千里。不积小流，无以成江海。”所以，学生在化学知识学习的过程中也要注重实践的意义，从而加强学生对化学课程知识内容的学习，教师在开展化学实验的教学环节过程中，可以将网络平台作为实践教学的核心，教师可以利用多媒体技术展示化学实验的操作步骤以及操作内容，然后让学生进行进一步的化学实验，这种教学方式突破了传统的教学模式，使得化学实验的操作变得更加具有专业性、科学性与准确性。教师在化学实践教学的过程中，也要注重学生的差异性，并且利用网络平台作为教学的媒介，为不同层次的学生进行不同难度的化学教学操作的展示，集中了学生的注意力，保证了每个学生都能积极地参与到化学实验的过程中来，为学生营造出一个良好的化学课程学习氛围，尊重了学生之间的差异性，提高了学生对化学课程的积极性和热情。除此之外，教师也可以根据学生的学习能力、性格特点、理解能力以及兴趣爱好将全班分成若干个小组，并且利用网络平台进行科学的实践操作，使得学生在互相沟通与互相交流的过程中提高对化学课程知识内容的理解，提高学生的化学素质，促进学生化学课程学习的持续发展。

总体来说，由于化学课程具有非常强的抽象性与复杂性，在我国传统的大学化学教学课程中，教师往往运用传统的教学方式以及传统的教学理念来进行化学课程的传授，这种传统单一的化学课程教学方式枯燥无趣，使得大学生往往失去对化学课程的学习兴趣，从而阻碍了大学生化学课程学习的良性循环及良性发展。因此，针对这一情况，教师将网络教学模式引入到大学化学的教学过程中来，这种教学模式的引入集中了学生的注意力，提高了学生对化学课程的学习热情与积极性，大大提高了学生化学课程的学习效率与学习质量，促进了学生化学课程学习的可持续发展。

第七节　大学化学课程的混合式教学实施与探索

一、开展混合式教学的背景

随着互联网技术的发展，越来越多的精品视频公开课、精品资源共享课、慕课等在线教育模式对传统高等教育形成了巨大冲击。混合式学习是一种传统课堂师生面对面教学与数字化学习相结合的教与学的新方式。开展大学化学混合式教学的最初想法是在2012年底。我们尝试预先录制完成大学化学课程中的部分内容，作为学生课下观看的教学视频，而在课上进行提问、答疑、讨论作业等环节，即传统课堂教育与在线教育相结合的混合式教学，旨在为未来推广大学化学课程的在线教育奠定基础，积累经验。

大学化学课程具有优良的教学传统，在多年的课程建设过程中，授课教师都非常注重结合新的教学理念，强调在课堂讲授过程中提高教学的互动性和学生的自主学习。通过不断的教学方法和考试方法的改革，教学效果得到学生和专家的认可。但目前教学总学时大幅削减，部分高校的大学化学课程目前只有30学时，在课程容量和课时安排之间存在很大的矛盾。同时，由于知识容量较大，授课教师不可能像中学教师那样细致教授和透彻阐述,使部分学生不适应大学讲课的快节奏和学习方式,教学效果受到影响。

如何更好地适应新时期的教学模式,顺利将大学化学由传统教学过渡到在线教育,开展精品资源共享课程;如何解决授课内容多与学时减少之间的矛盾;如何关注学生知识层次的差异,使每一个学生都能有所收获,这些是保证大学化学教学效果的3个关键问题。混合式教学的优势在于:学习方式更为灵活,对师生必须出现在同一时间、同一地点的要求减少了,对学生保持同一学习进度的要求也降低了。只要学生有计算机,无论何时何地都可以按照自己的安排进行选择性学习,能够实现以空间换时间。

二、混合式教学的实施

将一种先进的教学模式引入课堂,要结合学生的特点以及办学过程中的具体条件,从以下几方面开展大学化学课程的混合式教学。

(1)教学对象:大学二年级化学化工专业工科本科生,班额130人。

(2)授课内容:在大学化学专业课中尝试了混合式教学。

(3)教学资源和教学手段:在师生不见面的数字化学习中,教学手段非常关键,教师可以通过有效的教学手段对学生的学习提供指导。为此,预先录制好教学视频,内容是教学大纲要求掌握的基本理论,准备好教学设计,提出教学要求,明确评价标准。

(4)布置学习任务:为了更好地引导学生开展自主学习,在课前向学生布置学习任务,告知学生观看视频的具体网址、方法及时间要求,课程知识点与考核点、重点难点、作业和练习题,要求学生根据"任务单"在课后通过视频自主学习,并记录疑难问题。

(5)课堂授课内容:由于学生已经在课下观看了教学视频,应能够掌握大部分教学内容,因此教师在课堂上不再做系统的知识讲授。而是根据以往的教学经验,总结出部分重点和难点以及应用问题,进行选择性讲解,对知识点做适当的延伸,也要求学生带着各自的难点问题开展讨论,引导学生借助所学理论知识,深入思考和分析问题。最后布置安排下次课的学习任务。

在整个教学环节中,教师由知识的传授者转换成为课堂的管理者和学习的指导者,从而体现了以学生为中心的教育理念。

三、混合式教学效果评价

混合式教学使课堂的面授减少,学生自主学习的时间增多。为了考查学生是否能够良好地自我管理,进行有效的自主学习以及对未来开展大学化学在线教育的认可程度,在课后设计了130份课程调查问卷,问题主要包括以下4方面:参与课程学习的感受、观看教学视频次数、学习效率和对课程的总体评价。各组问题均为单选,调查结果如表1-6所示。

表 1-6　课程学习情况调查

调查因素	选项	人数	百分比/%
学习感受	课程基础差,课程难度大	10	8
	课堂外学习容易受干扰,易产生厌倦情绪	18	14
	更习惯教师课堂教授,不适应观看录像,不能准确掌握知识点	55	42
	课程信息量大,跟不上进度	0	0
	没有困难	47	36
观看视频次数	没能坚持看完	26	20
	1 遍	87	67
	2 遍及以上	17	13
学习效率	通过视频学会了全部内容	23	18
	通过视频学会了 90%以上的内容,其余课堂上学习	23	18
	通过视频学会了 60%~80%的内容,其余课堂上学习	32	24
	通过视频学会了 60%以下的内容,其余课堂上学习	52	40
对教学方式评价	全部视频授课效果好	18	14
	传统课堂教学效果好	61	47
	混合方式更好	51	39

从调查结果可以看出:

(1)13%的学生选择观看视频 2 遍或以上。我们分析这些应该是化学基础相对薄弱的学生。但由于不同层次的学生可以根据自己的实际情况反复多次在教学视频里选择自己需要学习的内容,因此不再有学生由于课程信息量大而跟不上进度,说明这种混合式教学的新方式使学生的学习更有针对性,同时也有效地解决了教师难以选择教学进度的问题。

(2)80%的学生能够按照教师要求去观看教学视频自主学习;但也有少部分学生(20%)承认自主学习能力弱,自律性差,课下不能主动观看课程视频或由于受到外界环境干扰而中途放弃。

(3)39%的学生喜欢这种自由的学习方式,认可视频教学和课堂相结合的混合式教学方式。但也有相当部分的学生(40%)通过视频只能学会不到 60%的课程内容,需要老师在课堂上进一步讲解。有 47%的学生不看好通过视频学习的方式,他们更倾向于传统的课堂教学,认为在课堂上与教师进行实时互动的学习效果更好。

四、存在的问题

通过混合式教学的实践和对学生的问卷调查发现，混合式教学能够实现因材施教和分层次教学，但要更大范围推广并有效实施这种混合教学方式，尚存在一些需要解决的问题。

首先是提高课堂互动性。在教学实践中发现，虽然只有60%的学生通过视频学会了60%以上的教学内容，但在面授课上，学生却提不出问题，没有形成预想的有效讨论和师生互动，学生仍然习惯于教师提问、总结归纳、记笔记的方式。对教师来说，要花更多的时间去思考研究课堂的对话和讨论，提供更高质量的学习指南，才能更好地发挥新教学方式的作用。

其次是提高学生学习自主性。约有20%的学生不能够在规定时间内完成课程视频的观看，这样就降低了混合式教学的效率。对学生来说，在课下观看教学视频、总结问题，然后在课堂中与教师及同学进行讨论，这需要建立在学生具有良好自主学习能力的基础上。学生只有具备较高的自主学习能力，才能够通过教学视频进行课程内容的学习，在练习中找到自己的疑问，并合理安排学习时间。因此，在实施混合式教学的进程中，首先需要加强对学生自主学习能力的培养。教师也应该考虑课程对学生时间和精力的合理要求，不能有太大的任务量和过高的难度，否则学生会陷入焦虑，造成挫折感，中断学习。

再次是加强学生对在线教育的认识。由于学生可能不了解教师教学设计的意图，意识不到在线学习的潜力，有近一半的学生依然选择传统教学。这揭示了目前大学生的学习现状。他们会利用网络搜索各类信息，但很少愿意使用在线教育课程学习。若要大范围开展大学化学的混合教学等新型在线教学模式，需要更多地考虑如何与传统的课堂教学模式相结合，才能实现教学效果最大化。尤其是在大范围实施上，更需要经过长时间的尝试探索，更多学生的参与，拿出更多的数据和成功案例加以证明，让学生逐渐适应并接纳。

尽管各类在线教学有着诸多传统课堂无法比拟的优势，但是缺乏师生之间面对面的语言交流和情感沟通。显然，优秀教师日常的言传身教在实体教学环境中能更好地展现。因此，对于传统教学，在线教学终究只是知识学习的一种补充手段和一种辅助型的学习方式，不能完全否定并替代传统的课堂教学模式。最理想的状态是二者的有机结合而不是“一边倒”。总之，无论采用何种模式，以学生为中心的教学理念不能丢。

第八节　翻转课堂教学模式在大学化学课程中的研究与实践

基于当前信息化的快速发展以及在翻转课堂理念的视野下，通过分析传统大学化学教学中存在的问题，提出基于翻转课堂的大学化学教学模式，旨在提高学生的自主学习能力、相互交流沟通能力和创新能力，并给出该教学模式实施的具体方案和实践过程，以期为高校教师在实施翻转课堂教学时提供借鉴。

大学化学是化学类相关专业学生进入大学后的第一门基础化学课，也是培养学生化学基础知识和实验基本技能的一门课程。通过学习，学生从整体上掌握化学基本理论知识，理解基本知识，学会使用化学基本理论知识来分析和解决一些化学与社会、化学与生产、化学与生活等实际问题。初步培养学生探究性学习能力，培养学生的创新意识和实践能力，为学生终身发展奠定基础。学生对该课程的掌握程度直接影响后续课程的学习。然而，大学化学的理论部分内容比较抽象，仅仅利用课堂时间很难掌握，甚至听不懂。部分内容繁杂，需学生记忆的多，学生学起来也感到枯燥乏味。目前该课程教学模式单一，课堂上的教学活动以教师为主，学生处于被动地位，导致学生缺乏对学习的主动性和兴趣。因此，为了提高大学化学的教学质量和效果，高校化学教师一直努力探索其课程教学方法的新模式，其中翻转课堂教学模式在大学化学课程教学中的运用取得了较好成效。

一、翻转课堂的基本内涵

翻转课堂教学模式是近年来美国兴起的一种全新课程教学模式，它将传统教学模式中“课堂上听教师讲授，课后做习题巩固”的教学方式进行“颠倒”或“翻转”，变成课前教师创设教学情境，提出问题，制作教学视频，给出项目，让学生先自主学习，回到课堂上，师生一起完成作业答疑，使学生在课前自主学到的知识在课堂上内化吸收与掌握，师生协作探究和互动交流。翻转课堂的核心是基于以学生为主体的思考，是对传统教学过程的颠倒，即学生在课下进行知识传输，在课堂上教师点拨、同学互相交流的方式来巩固知识。这种教学模式能最大程度地挖掘学生的学习潜力，增强师生之间以及学生之间的互动和交流，从而提升学生的学习效率和教师的教学效果。在教学中实施翻转课堂应注意以下三个方面的变化：①在教师与学生方面；②在教学形式方面；③在课程内容与知识应用方面。因此，在大学化学课程的教学中植入翻转课堂的教学模式可以激发学生思考问题的意识，在促进理论基础知识的学习中提高其实践能力，还可以解决传统大学化学教学过程中存在的内容多、课时少的问题。目前，已有许多翻转课堂教学模式应用于理论及实验的教学中，如张金磊等提出的翻转课堂教学模型以及钟晓流等提出的太极环式翻转课堂模型。这些翻转课堂教学模式除注重以学生为中心和“先学后教”的教学理念外，还注重多元化评价即对学生的多元化评价和对教师的多元化评价，对学生的多元化评价方式包括基本知识、主要技能以及学习态度等的综合评价。因此，把翻转课堂教学模式应用于大学化学课程教学中，从学生反馈结果来看，采用这种方式教学新颖有趣，激发了学生学习的主动性，取得了较好的教学效果。

二、翻转课堂教学模式应用于大学化学课程教学中的必要性

淮北师范大学大学化学课程是化学类相关专业学生的大一必修基础课，受众学生1 000余人，涉及化学师范、化学工程与工艺、材料化学、应用化学、生物、环境、生命科学等十余个专业。大学化学课程的目标是使学生掌握基本理论，使大一学生能够初步应用这些理论从宏观和微观的角度去了解学习性质及其变化规律，培养学生解决化学问题和自学化学书籍文献的能力，激发学生学习化学的兴趣，提高学生的综合素质。大学化学课程中涉及的基本原理，在中学教材中均有涉及，难度不大。部分内容庞杂、缺乏逻辑性、易学好忘。近年来，由于教学改革，大学化学课程学时数被大幅度压缩，在有限的教学时间内要达到理想的教学目标和效果，很显然传统的大学化学教学模式不能满足需求。根据

淮北师范大学的现实情况、大学化学课程特点以及学生的实际情况，尝试改变传统的教学模式，利用现代教学平台建立大学化学课程资源并对其开展翻转课堂，实践表明，通过教学平台建立的翻转课堂教学模式比较适合大学化学课程教学，取得了显著的教学效果。

三、翻转课堂教学模式实施于大学化学教学中的设计思路

通过网络教学平台推送甚至开发一些教学 App，让学生可以随时随地自主学习。大学化学翻转课堂教学模式将教学过程分为三大模块：课前知识传递模块、课堂知识内化模块、课后总结评价模块。

（一）课前知识传递模块

课前知识传递模块细分为课程准备、视频和音频的制作以及互动平台。首先，教师根据教学计划以及本单元的教学目标和重难点，设计其教学内容，再根据学生所掌握知识的差异，把内容知识分类：哪些适合课前知识传递，哪些适合以问题的方式抛给学生引导学生思考，哪些必须使用视频的方式详细讲授。其次，教师自制视频或搜集网络资源等，把相应的课程资料信息上传到教学平台相应的模块中。学生随时可以自主探究学习，如果遇到疑难问题，可以通过课前在线答疑平台咨询，然后总结归纳本节知识。

（二）课堂知识内化模块

课堂知识内化模块主要包括教师要点剖析、师生问答和讨论、学生互评和交流以及教师总结性评价。首先，教师在课堂上针对学生提出的疑难问题进行讲解，并对重难点知识进行剖析和强化知识性问题的记忆；其次，让学生分组讨论课前任务完成情况以及对知识的掌握情况，让学生以口头报告或小组活动的形式进行知识交流；最后，教师对学生交流讨论出现的问题进行点评和纠错，实现知识的内化和建构，同时小组间相互点评和纠错，丰富了课堂活动，提高了学生的学习兴趣。

（三）课后总结评价模块

在课后总结评价模块里，教师借用网络平台更能发挥指导和监督的作用。教师可要求学生将修改后的答案上传至网络平台，同时择优展示供其他学生学习借鉴。教师应结合课前学生通过教学平台自主学习情况、课堂交流讨论情况以及课后问题修改和知识应用情况给出综合性评价，以便激励学生更加积极地参与后续学习活动。课后学生要根据教师要点解析、教师评价和学生互评情况，全面总结归纳知识要点及应用，以便构建自己的知识体系，提高学生的总结归纳能力。

三大模块具体设计思路如图 1-2 所示。

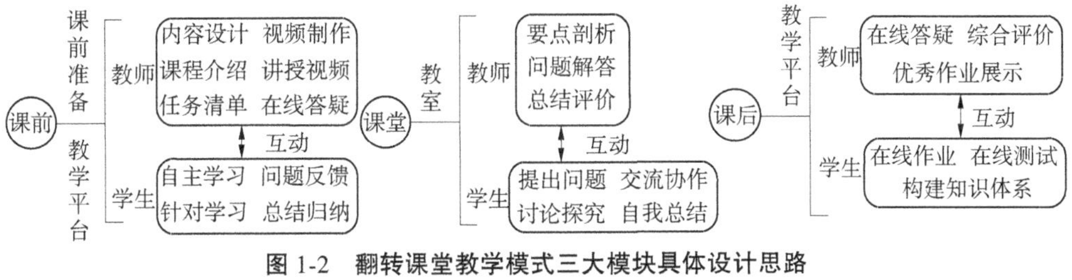

图 1-2　翻转课堂教学模式三大模块具体设计思路

四、翻转课堂教学模式在大学化学课程实践中的实例

在实施具体策略时,为了满足学生不同的学习习惯以及不同专业水平的需求,把学生分为不同的小组,每个小组 10~15 人。每个小组的教学内容、教学方法以及教学目的要求略有不同,这种分层次的教学模式有助于满足每位同学的需求。主要通过“课前准备(建立网络教学平台—纸质教材—网络资源—讲授视频)—课堂活动—课后活动”三个环节开展翻转课堂的教学研究。

(一)课前准备

(1)建立方便师生使用的教学平台,一方面有助于教师发布学习资源和在线答疑,另一方面有利于学生随时随地自主学习和提交疑难问题,同时方便教师与学生或学生与学生的相互交流。

(2)教学内容设计包括教学重点难点、需要掌握和了解的知识以及任务清单。

(3)教师制作教学视频。每段视频 20 分钟左右。视频制作是翻转课堂实施的关键,因此教师在录制视频之前一定要先精练教学的重点难点,以问题导入式讲解,培养学生的探究能力,还要注意视频的时长以及幽默感,同时注意知识间的联系及补充,提高学生的理解能力和自主钻研能力。一套优异、合适的翻转课堂的课前环节,不仅能把知识高效地传递给学生,而且能达到较好的教学效果。

(二)课堂活动

虽然学生在课前已进行了有效的学习,但是要想使所学知识能够达到最大程度的内化,课堂教学环节至关重要。因此,教师必须以有针对性和能充分发挥学生主观能动性为依据来精心设计和组织课堂活动。首先,教师要梳理重点难点知识、解答学生课前自主学习中遇到的困惑,这里的重点难点知识的梳理,要与课前有所不同,课前注重单个知识点的传授,然而课堂中注重知识之间的联系、区别以及系统性。其次,学生分组进行自主学习和讨论,讨论结束后,要求学生以小组为单位把讨论的内容、结果或疑难问题汇报给全班同学,汇报后小组间相互提问和回答,教师也可以随机提问汇报的同学,并且学生提问和回答的成绩作为平时成绩的参考之一,提高学生参与的积极性。最后,无论在学生讨论环节还是小组汇报环节,教师都需要对学生的表现进行即时点评,并引导学生构建自己的知识体系,激发学生对学习的内驱力,发挥学生的主体作用。

(三)课后活动

课后活动要与课前准备和课堂活动一脉相承、互相补充,使整个教学模式完整。教师根据课堂教学内容可以布置线上或线下作业,作业可分为必做作业和选做作业。必做作业主要涉及本节内容必须掌握的重点难点知识及应用;选做作业具有针对性,不同层次的学生所做的题目不同,这些题目主要来源于课堂上学生所暴露出的问题以及对一些问题的加深。可以采取让学生先互相批改并给出评语,然后教师再对学生的作业以及评语作出合理的评价,把优秀的作业展示给全班同学查阅,也可以采取在线课后测试的方式,巩固学生对知识的掌握和应用能力。采取多样化的补救措施帮助学生补缺补差,提高课后学习效率。翻转课堂教学模式的最后一个环节也是非常重要的一个环节,就是教学评价,教师从教学评价结果获得的信息可以及时调整教学活动,学生也可以调整其学习方法。

评价内容要全面,评价体系要多元化。教师和学生都要参与教学评价,提高评价结果的认可度。评价要贯穿整个教学过程,从课堂延伸到课外、课前和课后。因为在翻转课堂教学模式下,学生的学习效果不仅取决于在课堂上的表现,还包括课前学生通过网络教学平台自主学习的情况以及课后作业完成的情况、测试的情况以及自己知识体系构建的情况。评价体系要包括教师对学生的评价、学生间互评和学生对教师的评价。教师对学生的评价包括学生对知识的反馈、小组内的讨论、汇报展示、作业情况、在线测试情况以及知识体系构建情况。学生互评的主要目的是监督和激励学生课前和课后自主学习活动,主要包括能否合理安排学习任务、是否积极参与小组内讨论并提出建设性意见和能否尊重别人的学习成果以及能否帮助别人。学生对教师进行客观的评价不仅可以提高学生的学习积极性,而且教师可以从评价意见中得知自己应该怎样教以及存在的不足,促使教师不断建设、更新和完善教学资源。具体的评价方式为调查问卷形式,调查项目包括对教学平台设立的意见、对翻转课堂的认识以及对教学方法、教学视频、教学难度和对教师的评价等。

将“网络教学平台”和“翻转课堂”两种信息化社会的新生物植入到大学化学课程教学中,颠覆了传统大学化学课程中知识的传授与内化的次序,增强了教师与学生和学生与学生间的互动性,解决了当前教学中存在的课时少的问题以及学生基础知识良莠不齐的问题。体现了学生的主体作用,在教师的引导下,学生进行着循序渐进的学习和讨论,不断吸取知识,开阔视野,提高了学生自主学习的领悟能力、灵活使用时间的能力和创新能力。同时也促进了教师逐步完善教学内容,不断更新教学理念和教学模式,实现教学相长。在大学化学教学中实施翻转课堂教学模式,极大地改善了学生的学习效果。

第九节　基于慕课教育的大学化学教学改进研究

化学课是提升学生综合素质和专业素养的基础课程,能够有效地培养和发展学生的专业能力。然而由于化学课程的特点,教学质量和效果不尽如人意。慕课作为全新的在线教育平台,能够充分整合网络资源,提升信息化教学效率,改变传统大学化学教学的模式和内容,使大学化学教学更契合学生的发展需求,推动学生的全面发展。结合慕课的起源和特点,探析化学教学问题,提出相应的改进策略。

在新时代背景下,高校应积极推动数据环境下教学观念、教学理念、教学方法、教育内容、教师评价的变革,要实现人才培养和立德树人的教育目标,要结合信息技术在课程教学中的功能,让现代信息技术逐渐成为高校专业教育和课程教学的“抓手”。而慕课教育是种规模性、开放性、在线性的泛在化教学模式。自诞生之日起,便掀起了一场轰轰烈烈的教学革命,推动了现代教育内容、模式及理念的变革。而结合高校化学教学所存在的问题,化学教师应将慕课模式应用到大学化学教学过程中,实现化学教学体系、模式、理念及方法的重构,从根本上实现推动学生全面发展的目标。

一、慕课模式的起源和特点

慕课理论最早起源于20世纪70年代,其理念核心是如何实现世界性、规模性、开放性的数据分享目标。但由于当时技术有限,该理论一直难以得到落实和发展。然而到

2011 年,美国斯坦福大学通过创设 2 门网络课程的方式,创下 17 万人同时在线的奇迹。以此掀起了世界范围内的“慕课教育革命”。在此之后,世界各研究机构和知名大学便开始研究慕课的理论机制和实践框架,分析慕课的作用机制和影响意义,进而在信息技术的支持下,架构出体系庞大、系统成熟、科学合理的慕课学习模式。在概念界定层面上,慕课教育主要指开放性的网络课程体系,是“互联网+教育”的现实表征,拥有大规模、开放性、共享性的特征和特点。首先是开放性。慕课教育是对网络用户所开放的教学场域,能够通过信息共享的方式,为学习者提供免费课程、资源及考试评价,可以有效地弥补传统教育模式所存在的问题。其次是共享性。慕课的教学理念之一是实现课程资源的有效共享。能够帮助学生在共享和互动的过程中,交流想法和经验,增加课程教学的灵活性和互动性。最后是规模性。由于慕课平台是架构在互联网平台上的教学场域,因此能够容纳数十万的学习者,可以根据学习资源和课程资源的类别及特征,划分出不同的课程体系,能够使学习者根据自身需求,筛选出合适的课程资源,推动自身的全面发展。在课程结构上,慕课划分为若干的、简短的、独立而又相互联系的微课单元,使知识难点和重点得以凸显,帮助学习者更好地选择课程资源,提升慕课学习的质量和效率,从而弥补慕课教学针对性不足的问题,提升了慕课教学与课堂教学的融合质量和效率。

二、大学化学教学中存在的问题

(一)忽视学生的“主体意识”

根据相关调查显示,我国高校化学课程教学存在内容单调、刻板单一、方法陈旧等问题,普遍以灌输式和填鸭式的教学方式,传授并阐释化学概念、定义及公式等知识,难以激发学生的学习兴趣,导致学生在大学化学教学活动中缺乏获得感和兴趣,出现厌学、缺课及逃课等现象。究其原因,在于大学教师在课程教育中,缺乏人本理念,忽视学生的主体意识,没有从学生的角度出发,优化并改进课程体系,导致化学教学质量和效率受到影响与制约。虽然化学课程的性质决定了化学教学的内容和方法,然而忽视学生的主体意识、认知规律和情感动态,将导致大学化学教学氛围受到冲击、影响,难以形成良好的大学化学教学情景,无法帮助学生理解和应用化学知识。

(二)教学资源不够全面

大学是培养高等人才的重要阵地,是衔接学校教育与社会发展的关键枢纽,所以大学化学在课程设置上要更深、更广,所覆盖的内容也要更丰富、更全面。应紧密结合时代发展的潮流及需求,更新教学内容、体系及理念。然而由于高校化学课程注重知识的专业性和全面性,导致知识特性、更新速度及针对性相对不足,严重影响到学生对专业理论知识的学习和理解。影响化学教学开展深入化、有序化、模块化的教学活动。此外,在教学资源层面上,高校化学教师所整合的教学资源普遍以教材为主,难以深入到社会生活和学生职业发展中,将最前沿、最先进的化学知识融入课堂教学的过程中,难以满足现代教育对化学课程针对性、科学性的发展需求。

(三)化学实验课程实效性不高

大学化学是门实验性较强的学科体系,理论知识、概念定义无不是通过实验课程来阐释和论述的。因此,实验课程教学和设计在化学教学中拥有难以替代的功能和作用,其能够有效地调动学生参与大学化学教学活动的积极性和主动性，培养学生的创新思维。然而，由于高校实验课是以实验教材、实验材料为基础的，所以部分实验课内容、知识过于陈旧、传统，缺乏创新性，且实验课程的课时比例难以得到有效提升，致使实验课的授课质量和效果不尽如人意，难以从根本上发挥实验课的育人价值，无法帮助学生在实践操作中巩固和理解化学知识，影响化学教学的质量。

三、基于慕课的大学化学教学改进策略

（一）积极开发慕课教育资源

大学化学教学资源陈旧，教学理念落后，严重弱化了学生的学习动力和学习兴趣。因此，在信息数字技术的支持下，高校化学教师应切实发挥慕课教育的规模性、共享性及开放性的优势，将课程资源根据素质教育的要求，划分为若干的教学模块，形成微课资源体系，通过短小精悍的微课资源，构建慕课教学系统，随后通过课前预习活动、课中观看学习资源的方式，优化高校化学教学模式，提升化学教学质量。而在资源开发的过程中，高校化学教师应结合前沿性、科学性的化学技术、知识，丰富和拓展教材内容，利用创新性的教学实验，帮助学生更好地认识和理解化学知识。但由于慕课教育的结构单元是微课视频，因此在资源开发和视频制作的过程中，教师必须尊重学生的主体意识，明确学生的发展需求，确定学生行为特征和思想特点，以形象生动、趣味横生的教学视频激发学生的学习兴趣。而这就要求化学教师在挖掘、整合及利用教学资源的同时，注重化学问题的设定，关注化学知识的新颖性和生动性，进而使“学生本位”的思想贯穿到整个资源开发的过程中，提升资源的时效性、针对性及全面性。

（二）嵌入慕课教育资源和理念

大规模、交互性、共享性及开放性是慕课教育的核心理念和基本特征。根据高校化学教育所存在的教学方法刻板单一的问题，高校教师需要将慕课的互动性、共享性、开放性的教育理念融入课堂教学的过程中，以全新的化学教学理念，重构课堂生态，增进师生的情感关系，活化教学氛围，激发学生参与课堂活动的积极性和主观能动性。譬如在开放性理念的影响下，教师可提出各类化学问题，引入历史、现实及理论中的化学知识，帮助学生在知识探索的过程中获得成长。而在具体的应用中，教师应引导学生根据自身的不足和疑惑，观看和学习慕课知识，使慕课教学和课堂教学有机地结合起来，帮助学生更好地理解并运用化学知识。例如，教师可通过课堂考试或教学活动的方式，检验学生的知识结构，随后帮助学生明确自身的学习问题，引导学生利用慕课平台解决现实问题。在此背景下，教师还要引导学生树立独立学习的意识，使其在明确化学学习目标的过程中，以慕课平台为依托，开展自我学习活动。

（三）优化的化学实验教学体系

化学实验是大学化学教学的基础，是培养学生实践能力和操作能力的抓手。然而，传统实验教学所存在的弊端导致化学实验教学难以发挥应有的功能和作用，如实验课程被压缩、实验仪器匮乏、有毒有害物质增加安全风险等，而将慕课平台融入实验教学的全过程中，能够有效提升化学实验教学的实效性和科学性。教师可通过“仿真软件”的方式将整个实验过程展示出来，或者结合其他慕课资源，将高校难以实现的、危险性大的、耗费严

重的化学实验呈现出来。而在创新性层面,教师可引导学生提出各种想法,并在慕课资源的帮助下,验证学生的猜想或想法。此外,由于慕课教学的开放性、共享性及规模性的特点,教师可打破时间和空间的限制,在任何时间、任何地点、任何情景中开展实验教学活动,确保实验教学的时效性,满足学生的发展需求。当然,在具体的实验教学中,化学教师可将慕课资源应用到化学教学的准备阶段,通过课前分发慕课视频(5~10 分钟的微课单元)的方式,帮助学生更充分地、详细地了解化学实验的步骤、方法、原理及所涉及的注意事项。

慕课教育是全新的教育模式和学习方式,能够切实地优化并改进传统化学教学体系,培养学生的自主学习能力。然而根据化学教学所存在的问题,教师应注重对前沿性的教学资源、实验资源的整合,树立以学生为主的教学理念,解构并重组教学体系,从信息技术应用的角度出发,提升化学教学的实效性和科学性,推动学生的全面发展。

第十节　基于超星学习通的大学化学混合式教学模式探索

传统“注入式”“满堂灌”的教学方式已不能适应培养高素质创造性人才的现代化教育教学的需要。建立基于超星学习通平台的混合式教学模式,这种新颖的混合式教学模式可以提高学生对大学化学学习的兴趣和主观能动性,获得了良好的教学效果。

一、现状分析

(一)大学化学的教学现状

大学化学是高校开设的一门必修专业基础课。这门课程可以开阔学生的视野、活跃学生的思维、培养学生的创新能力,使学生对涉及化学的一些实际问题可以做出初步的分析和判断。大学化学知识体系庞杂、知识点分散、内容抽象、理论知识深奥枯燥难以理解,不同公式之间存在不同的适用条件。这些内容单纯靠教师口头讲解很难讲清楚。学生学习时比较吃力,把握不住学习的重点,对这门课的学习热情较低,学习效果也大打折扣。而且传统的教学方式以教师的单一授课为主,学生始终处于被动接受的状态。教师和学生很少有互动,学生遇到问题很难有向老师提问的机会。加之一部分学生的化学基础较差,对大学化学的学习兴趣不高,对大学化学课程重要性的认识不够,课程参与度低、学习效果较差。这些都导致大学化学的教学目标难以实现。如何充分调动学生对大学化学课程的学习积极性、提高课程的学习效率,是现阶段教育领域学者非常关心的热点问题。

(二)超星学习通平台介绍

在当代大数据背景下,学生开始越来越倾向于使用智能手机在网络上获取教学资源。这种资源获取方式具有方便、高效的特点。为满足学生个性化学习的需求,超星尔雅教育科技有限公司推出超星学习通教育平台。依托于泛雅“一平三端”信息化网络教学平台的超星学习通智慧课堂教学,是建立在传统教学与信息化网络教学基础之上的。该平台为任课教师构建了一个集课程资源管理、教学模式改革于一体的网络信息交流平台。超星学习通功能强大,有效地集成了教师教学资源设计、学生课前在线预习、课上师生课堂互动、学生课后复习及课外学习等功能。教师不仅可以使用授课 PPT、精选的视频、

Flash、图片等资源将讲授的知识点可视化、形象化,还可以利用学生现场签到、课堂上讨论重点难点知识、提问等强大功能辅助教学,活跃教学气氛,提高学生对课程的学习兴趣,提高学生自主学习的积极性。学生通过超星学习通 App 完成各项学习任务。超星学习通平台还可以实现师生的高效互动及学习数据的实时反馈。

(三)超星学习通在大学化学教学中的应用

在大学化学课程中使用超星学习通,可以将原本抽象化的概念进行具象化表现,使学生在学习过程中能充分理解相关教学内容,提高学习效率。学生在观察整个过程中,能更深入地了解相关理论知识。多媒体教学技术能够结合学生的眼、耳、口、手、脑多个感觉器官进行化学内容的学习,使学生深刻记忆课堂教学内容,有利于提高教师的教学质量。

二、超星学习通在大学化学教学中的应用步骤

在教学过程中,教师将超星学习通与大学化学课堂讲授有机地结合起来,将授课分为课前师生互动、课中引导和课后复习三个阶段。

(一)课前师生互动,开展有效的预习

教师将与课堂知识点相关的教学资源上传到超星学习通。教学资源可以包括授课PPT、教师优选的视频、Flash、思考题和其他优质教学资源。学生根据超星学习通的提示对知识点进行预习,还可以跟教师互动,向教师请教自己难以理解的知识点或通过超星学习通反馈。教师根据对学生预习情况的掌握,适当地调整课程教学的侧重点和教学进度,从而提高教师的教学效果和学生的学习效率。例如,在学习前,学生通过在线观看教师所发的视频或 Flash,对这部分抽象的内容有一些初步的了解。然后再通过学生自愿分组的形式对内容进行分组讨论。讨论后各小组将问题收集起来反馈给教师,教师根据收集到的问题,了解学生对新知识的掌握情况,同时进行重点难点提炼,准备课堂备课的内容和调整授课的进度。另外,学生还可以查阅教师推送的一些与知识点相关的链接,扩展自己的知识面,提高学习的能动性。

(二)课中引导,提高教学效率

教师可以在课堂中通过网络教学平台的在线签到功能完成快速考勤。为调动学生签到的兴趣,平台提供的签到方式也是多样化的,如普通签到、位置签到、手势签到和二维码签到等。教师在 App 后台就能掌握学生到课情况,从而节约课堂时间。教师在课堂讲授的教学内容以学生在预习时出现的问题和重点难点为主。教师在讲授的过程中,要将单一的讲授转变到引导学生学习和提出问题、解决问题上来。在课堂教学过程中,教师可以开展互动问答,通过投票、抢答、随机选人的功能请学生回答问题,在调动课堂气氛、增强学习趣味性的同时及时检验学生的学习效果。对于积极参与课堂互动的学生还可以给予适当的“红包”奖励,增强课堂学习的趣味性。同时,教师可以利用平台发起主题讨论,检验学生对所学知识的理解程度,通过发起主题讨论,促进学生在掌握书本上相关知识的同时,对生产实践的内容进行有效的拓展,培养学生归纳总结和创新的思维能力。教师对学生的讨论结果进行点评、对学生没有掌握好的知识点进行深入讲解,以此培养学生自主学习的能力。

(三)课后复习,巩固教学成果

为巩固课堂上的教学成果,课后教师可以利用超星学习通平台的"新建作业/测验"功能在线发布课后作业,并设置好合理的完成作业截止时间,通过"批阅"功能进行批改,超星学习通平台就可以统计学生答题和完成作业的情况。教师可针对出现较多的共性问题,结合具体情况在超星学习通平台上对学生进行指导,也可以针对某个学生提出的单个问题进行一对一的辅导。对于没有按时提交课后作业的学生,要请班干部及时督促。同时,教师可以在超星学习通平台上推送学生对课堂满意度的调查问卷,对出现的问题进行汇总和分析,反思自己的教学内容、教学方法和教学过程中存在的问题并且进行改正,从而加强和改进教学工作,提升教学质量。

三、基于超星学习通平台的大学化学混合式教学模式教学效果分析

基于超星学习通平台的大学化学混合式课堂教学模式与传统教学模式最大的区别在于,课堂从单纯的教师传授知识转变为教师成为学习的组织者和引导者,为教师的教学和学生的学习提供了更为广阔的空间。在课堂学习过程中,学生能够作为学习主角充分发挥主观能动性,从而大大提高学习效率。

将大学化学与超星学习通平台结合起来的授课模式能有效提升实际的授课效果,同时提高学生的自我学习、自我管理等能力,通过灵活多样的课前师生互动、课中引导和课后复习,使学生更加深刻地理解和掌握大学化学课程的理论知识,不断提升学生的综合专业素养。

第十一节　基于雨课堂的大学化学混合式教学模式的探索

雨课堂是一个智慧教学工具,大学化学是高校开设的一门重要的基础必修课程,针对大学化学在传统教学模式下所遇到的困难,探索了雨课堂与传统教学模式的融合,对传统课堂进行了有益的补充,通过基于雨课堂的大学化学课程教学实践,提出了混合式教学的实施方法和设计,提高了教学效果,希望能为本科院校基于在线教学辅助工具的混合式教学的课程改革提供一些参考。

大学化学是高校开设的一门重要的基础必修课程,目的是优化学生的知识和能力结构,培养有利于由专业对口转向适应社会需求、知识面宽、能力强、素质高的人才。在大学教学实践中发现大一学生的化学基础参差不齐,除学生个人学习和理解能力差异外,更主要的原因是学生高考时选择了不同的高考模式,导致学生高中的化学学习内容的深度和广度区别较大。以往的大学化学教学大多采用课堂讲解、板书与多媒体相结合的方式,作为一门重要的基础学科,大学化学涉及面广、教学内容繁多,学时有限,一般以中等学生的接受程度为标准进行讲授,那些基础相对弱的同学往往会在学习过程中因为耗时长、效果差而丧失兴趣。因此,根据新时代学生的个性,探索更好的教学模式和方法,调动学生学习的积极性,使不同层次的学生都能"吃得饱""消化得好",是目前大学化学教学中一个重要任务。

雨课堂是由清华大学研发的一款免费使用的智慧教学工具,通过雨课堂可以使教师

教学所用的PPT及相关资料和微信融合,通过虚拟课堂和实体课堂结合,使教师和学生在课前预习、课堂教学、课后复习中进行有效互动。教师可在整个教学过程中及时掌握课堂教学情况,修正教学进度和教学难易度。把年轻人喜欢的指尖上的学习方式引入教学中,会极大地吸引学生的兴趣,创新教学方法和提升教学质量。

一、大学化学教学中雨课堂的使用流程

雨课堂在大学化学教学中的主要使用流程如下:教师课前布置预习任务,指出重点难点,发布相关资料,在学生进入教室时使用扫描屏幕动态二维码的方式进行考勤统计,课上对重要内容进行课堂测验并对课堂测试题的正确率进行快速统计,课后进行作业布置及完成率统计。

二、大学化学教学中雨课堂的应用

大学化学课程每章节知识点繁多,相比无机化学课程,所用学时较少,教师在备课时需将教学内容系统化,而且要重点突出、详略得当。有些教学内容涉及复杂的抽象的空间想象、内容枯燥、体系庞杂等特点,多数学生不易接受,而且这部分内容在高中阶段是选修内容,所以学生们的知识基础差异非常大。以往的教学效果也不理想。因此,必须采取新的教学方法来进行教学,采用雨课堂后,明显地提高了教学效果。

在课前预习时,进行任务推送,可以先提出一些问题,通过一系列的问题引导学生思考。比如请学生用学过的理论解释,当学生发现解释不通时会思考为什么?怎样解决?学生对此会产生求知欲,会认真思考、讨论或者寻找答案,课上讲解这些知识时,学生会非常认真地听课,在此基础上,再进一步讲解。课前资料推送可以有多种形式,包括文字、语音、视频、图片、文章等,可以把文字编辑后直接推送,各种语音、视频、图片或文章需要通过附件的形式上传发送。可以发一些图片,介绍该领域的国内外研究进展,对于科研兴趣浓厚、基础较好的学生,教师也可推送相关学术论文,培养学生的科研兴趣和思维能力。另外,也可以将化学专业的软件Chemdraw推荐给学生,不仅有助于学生更容易感知物质的微观世界,而且有助于培养学生的学科基本技能。

在通常情况下,课堂教学中的提问,由于时间有限,只能通过点名让少数学生来回答,教师无法及时地掌握全班学生的情况。采用雨课堂后,学生可以即时将课堂提问的答案发在屏幕上,老师可以快速掌握课堂教学情况,提升了课堂效率。教师可以将课堂知识点设置成单选题或多选题形式的专项练习,而且所有学生的答题情况可以实时统计,并反馈到课件上,习题练习的效果会更好。

三、大学化学教学中雨课堂的使用的教学效果

使用雨课堂教学,极大地调动了课堂气氛,学生也普遍反映这种新的教学模式使大学化学的学习不再枯燥难懂,提高了学生的学习兴趣。任课教师都可以及时调整教学进度、掌握教学情况、评估教学效果。

通过线上、线下的师生互动,可将教学过程中的问题及时反馈给授课教师,融洽了师生关系。在有限的学时限定下,既保证了所有同学掌握教学大纲要求的内容,也实现了不

同层次的学生的差异化教学,使同学们既能“吃得饱”,也能“消化得了”。在学生的问卷调查中,79%的同学表示愿意使用雨课堂的混合式教学,8%的同学表示还是喜欢传统的课堂教学,13%的同学认为都可以。

雨课堂作为一种新型的智慧教学工具,突破了传统教学手段的局限,为大学化学传统教学提供了课前、课中、课后全方位的有益补充,有利于课堂平均教学进度的良好推进,同时又促进学生的个性化发展。

第十二节 基于智慧教育理念大学化学教学模式探索实践

基于智慧教学理念,借助智慧教学平台进行教学模式改革是实践智慧教育的重要研究内容。以大学化学为例,针对其中学生学习的主动性差和教学过程信息不对称两个问题,利用微助教教学平台对传统直接讲授教学模式进行改革探索,为大学智慧课堂建设总结实践经验以及提供有价值的应用案例。

智慧教育无疑是当前备受关注的教育理念之一,但关于智慧教育的研究大部分主要集中在理论层面。一方面学者们积极探讨智慧教育概念起源、内涵与特征;另一方面当前的研究则不断构建智慧教育研究的理论体系与组织框架。实际上,目前关于智慧教育并没有一个明确的概念,在文献中关于智慧教育的起源有两种说法。其一是将智慧教育追溯至 1997 年钱学森提出的“大成智慧学”。另一种说法是起源于 2008 年 IBM 公司提出的“智慧地球”的概念,并将智慧地球的理念融入各个行业,衍生出一系列智能化的解决方案,其中就包括智慧教育。其实从 IBM 的智慧教育框架中可以看出,其智慧教育更侧重于利用当下不断涌现的新技术来分析利用信息从而做出更佳的决定、预判问题和提前解决以及协调资源高效运作,进而推动教育质量的持续改进。因此,大部分学者更倾向于接受黄荣怀、祝智庭等从教育信息化认识智慧教育的观点。黄荣怀教授认为智慧教育是教育信息化的高端形态;而祝智庭教授从教育信息化角度提出智慧教育是指运用物联网、云计算、移动网络等新一代信息技术,通过构建智慧学习环境,运用智慧教学法,促进学习者进行智慧学习,从而提升成才期望,即培养具有高智能和创造力的人。

然而正如郭红霞在做相关文献研究综述时指出的那样,当前关于智慧教育理论研究方面相对丰富,技术方面研究较少。在有限的智慧教育理念实践研究中,大多数集中在中小学智慧课堂、电子书包的建设,相关研究属于黄怀荣教授提出的智慧教育第一境界“智慧教育环境”。在大学课堂中关于智慧教育新型教学模式实践研究相对较少,一线教师实际操作缺乏相应指导原则和可借鉴的案例。以大学化学课程为例,基于大学化学课堂特殊的学情分析,从教学问题分析-利用智慧教育理念与方法解决问题的逻辑,总结智慧教育在一线课堂的实践经验。

一、大学化学教学中智慧教育理念的实现途径

对于一线教师而言,单纯地对智慧教育坐而论道是远远不够的,关键需要在教学实践中利用智慧教学的理念与平台去分析和解决教学中的问题,即智慧教育的实现途径。

(一)大学化学课堂教学存在的问题分析

以大学化学课程为例,这是一门基础课程。课程本身涉及较多的概念理解以及公式应用,旨在教授学生一些基本的化学知识,能够用这些知识去理解分析一些化学现象,进一步地用化学学科知识、思维和方法迁移应用解决未来在工作和生活中与化学相关的问题,从而提升化学素养。然而对于绝大部分学生而言,他们在以后的学习工作中不会接触化学的系统学习,因此学生的学习效率不高,教学效果欠佳。

另外,在本门课程的传统教学模式中主要采用直接讲授的模式,对于知识点基本遵循PPT呈现内容、情境问题(新知识点引入)、解释以及举例说明每个重点、反复强调重点、最后概括总结的步骤和逻辑讲述(知识构建)。这样的教学模式优点非常明显,教师对于课堂和教学节奏的控制程度高,对于精心设计的课堂教学组织条理性好。然而弊端也突出,学生在整个教学过程中基本属于被动接受,主动参与程度低。另外,在这样的教学模式中,学生对于学习缺乏有效且及时的反馈途径。基于这样的分析,这门课程主要存在以下两方面的问题:

(1)学生对课程学习的主动性差。学习缺乏主动性主要表现在两点:一方面,学生在课后很少或者几乎不会花时间在这门课程的学习上,所谓的慕课、微课等先进教学模式在学生缺乏学习主动性的情况下都会变成存储的数据而已;另一方面,学生课堂内参与程度也不高,听课注意力不集中,课堂提问只有少数几位学生响应,课堂例题练习时大部分学生都不动笔。

(2)教与学之间的信息不对称。这个教与学的信息不对称对于教师而言至少体现在两个层次:第一,对于所教的知识点教师不知道学生掌握了哪些以及还有哪些不清楚,第二,对于一个教学班的学生教师不知道哪些学生掌握了、哪些学生还没有掌握。

(二)问题解决方案拟定

其实这两个问题在大学化学课堂长期且广泛存在,然而受各方因素制约一直缺乏有效且高效的解决方案,一些学者尝试从教学模式、教学方法到试题形式等不同角度推动大学化学课程的改革。随着移动设备的普及,互联网科技、云存储以及数据分析技术的发展,针对课堂互动和教学信息统计分析的智慧教学平台如雨课堂、微助教、蓝慕云等应运而生,为课堂革新提供了技术支撑和解决方案。

在课程中,基于智慧教学理念,利用智慧教学平台,尝试对传统的直接讲授模式从两个方面进行改进。一方面是尽可能增加学生在课堂教学过程中的参与程度,根据建构主义理论,知识不是通过教师传授得到的,而是学习者在一定的情境即社会文化背景下,借助其他人(包括教师和学习伙伴)的帮助,利用必要的学习资料,通过意义建构的方式而获得的。这就要求教学中讲台不再成为教师一个人的舞台,争取做到每位参与者都有可能成为课堂的主角,教师至少兼任导演与演员的双重身份。另一方面是提高对课堂学情的掌控度,利用智慧教学平台及时了解已有知识和新知识的构建程度,有哪些地方没有明白,有哪些学生没有明白,然后针对课堂中的学习反馈情况调整教学节奏和重点。这样即使同样的教学内容在不同的教学班由于其学习情况的差异,课堂的教学节奏、不同重点难点讲述的时间都是不同的,整个课堂的教学具有一定的适配性。

（三）课堂教学模式改革

出于以上目的，在大学化学的课堂教学中，利用微助教智慧教学平台对传统直接教授模式具体做了以下四个方面的设计（见图 1-3）：

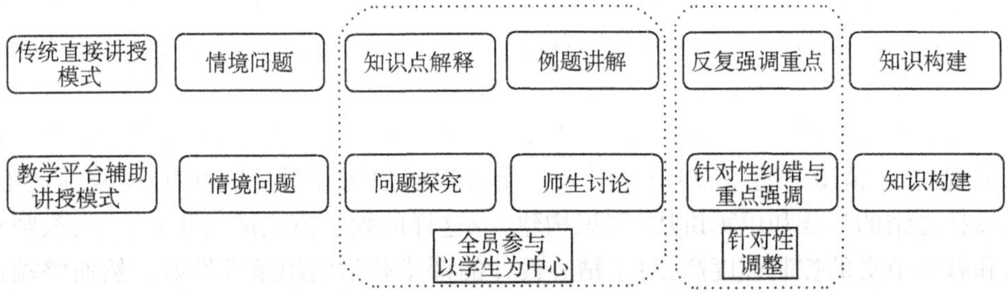

图 1-3　传统教授模式与智慧教学平台辅助课堂教学模式对比

（1）将传统直接讲授教学模式中的例题讲解改为全员参与的随堂练习。以前在讲授例题的时候，通过提问的方式来促使师生间互动，然而效果不佳，一道判断题一大半的学生既不选对也不选错。至于稍微复杂的计算题或者应用题，学生们有的看 PPT 内容的切换，有的看教师在黑板上的推导，极少数学生会拿出笔和纸跟着演练。遇到课堂积极性稍微高点的班级，也总是少数几个积极分子的表演。通过将例题改为习题后，一方面通过手机答题的方式增加了新鲜感，学生不会那么排斥；另一方面应用平台可以记录每位学生的答题情况，可以将此作为课堂参与的考核，对学生有一定的鞭策督促作用，因此随堂练习大大提高了学生的课堂参与度。

（2）通过课堂习题和师生互动合理调控教师在课堂内一个教学节段讲述的时间长度。一般情况下，一堂 45 分钟的课会讲述 1～2 个知识点，而根据传统的直接讲授模式，也就是说，学生会连续不断地听教师从旧知识回顾、新知识引入、例题讲解、重点归纳唠叨至少 20 分钟甚至更长乃至贯穿整个 45 分钟。实际上让学生在这么长时间段一直保持较高的注意力是相对比较困难的，而 5～15 分钟是一个相对合理的时间长度。这也是为什么目前微课的时间长度一般都控制在 5～7 分钟，因为时间过长后面的时间内学习者的注意力不会那么集中。这实际上为我们在什么时候切换师生在课堂的角色提供了一个借鉴，在课堂中，将一个知识点的教师独立讲述时间一般控制在 10 分钟以内，在一堂课中教师每个独立讲述时间之间我们会穿插课堂习题和师生互动。以上两方面主要都是利用智慧教学平台来提高学生在课堂上的主动性。

（3）提供有针对性的师生讨论。在学生通过手机 App 做完习题以后，接下来并不是直接讲题，一般会让部分学生站起来讲述他是怎么思考的。学生们戏谑地将课堂上的“针对性点名”总结成了一句流行广告语“哪里不会点哪里”，也就是说，做错的学生要把他们错误的思路暴露出来，让全班同学引以为鉴。当然，这样的操作还主要得益于智慧教学平台能够及时便捷地反馈学生的答题情况，让课堂的教学信息更加透明。另外，像计算题这样的题型在以前的课堂最多只能抽一位学生起来代表全班同学作答，教师根本无法了解学生的学习情况，但是通过微助教平台可以让每位学生都在练习本上完成，然后拍照上传，教师可以在 1～2 分钟的等待时间内通过电脑检查 30～40 名学生的完成情况，总结出学生的典型错误思路。

(4)有针对性地对知识点进行强调、阐释与归纳总结。在传统讲授模式中,对于一个知识点的解释几乎是固定的,也就是拿着一本教案,不管哪个教学班级,教师都会按部就班说完该说的话。当采用了智慧教学平台后,在引入知识点之后,没有立马就解释,而是让学生完成精选的习题,而习题中一般都包含了对该知识点不同层次的理解。当学生完成习题后,根据学生的答题情况,发现不同的学生在不同的层次理解会发生偏颇,这样我们会将学生犯错最多的地方着重强调和解释。在实践过程中,我们也发现不同的教学班实际上学习情况是不一样的,如在四个教学班学习"物质的标准摩尔生成焓"这个概念后,完成了一道相应习题,除正确答案外,另外三个选项都是针对概念中不同定义理解的考查,如图 1-4 所示,不同班级不仅学习效果(正确率)差异大,就连认知难点也是不同的。因此,在随堂练习后的讨论以及针对性地讲解与强调我们都会根据不同教学班具体的学习情况随时调整讲述重点。这实际上是利用智慧教学平台解决我们设定的教学难点和学生真实的学习难点可能不一致的问题。

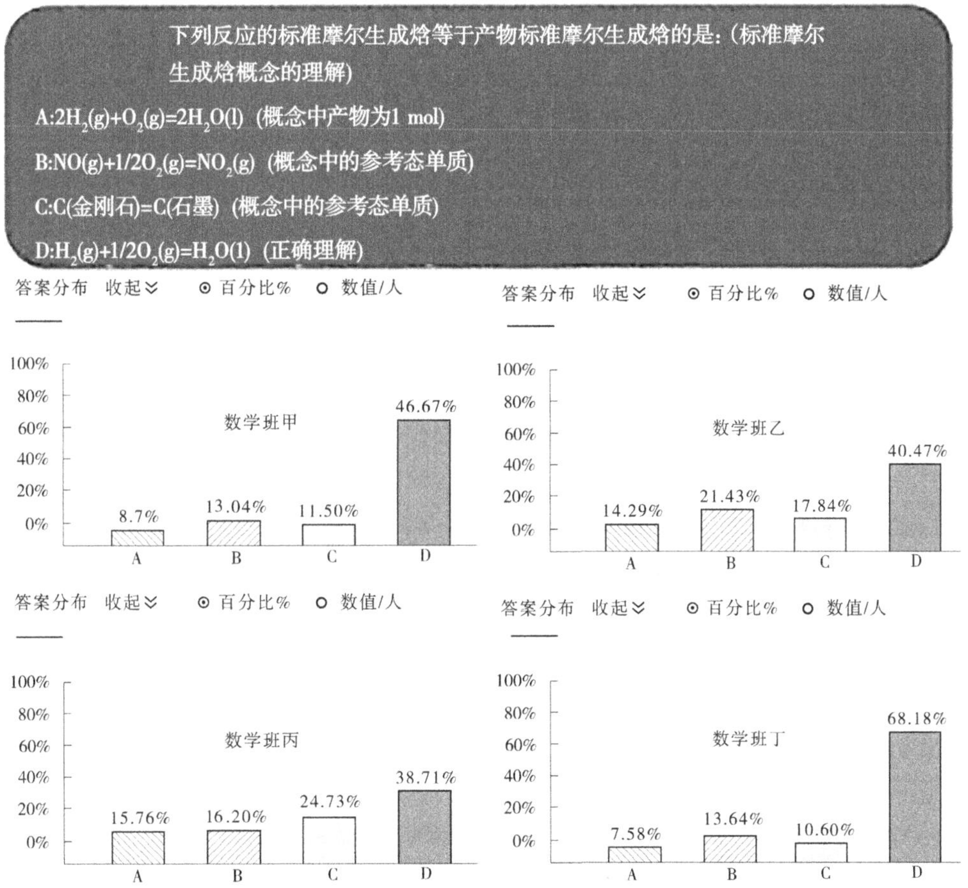

图 1-4　某一知识点不同教学班级学习情况差异分布

（四）教学评价与反馈

对于本次教学模式改革实践，我们从两个层次进行了评价与反馈，第一就是是否解决或者改善了我们起初提出来的学生学习积极性差和教学过程信息不对称的问题；第二就是通过这样的改革是否能最终提高教学质量。

第一个问题我们主要通过微助教平台提供的分析数据和课程结束后对学生的调查采访来评估。从微助教平台的数据可以看出，几个教学班级的出勤率都达到98%以上，课堂习题的参与率基本都在85%以上，具体参与率与相关习题难度和习题形式有一定关系，但是上传的课件学生的查阅率只有4%左右。对学生最后的调查显示，有90%的学生直接反馈感觉改革后的课堂更加有趣，自己上课更投入了。由此我们认为借助微助教平台进行教学模式改革后大大提高了学生在课堂上的参与度，但是对于课后的学习积极性影响不大。至于课堂教学信息对称性方面，从图1-4中已经可以看出信息处理与反馈是这类教学工具的优势。因此，本次改革对于我们最初分析提出的问题有较大的改善。

我们还对比了教学改革的班级与传统课堂班级最终的期末考试成绩，虽然不及格的学生少了一两个，使用智慧教学的班级平均成绩也只提高了一两分，然而期末考试成绩受多方面因素影响，因此在有限的教学班级内暂时没有发现教学改革后对最终考试成绩有显著提升。

二、智慧教育实践总结

通过在大学化学课程中践行智慧教育理念的探索与改革，我们总结出分析问题、拟定解决思路、革新教学模式、教学评价反馈这样4个实践步骤，同时也相应地总结出4点实践经验：

（1）教学问题分析。智慧教育除了是一种理念，更是一套科学的问题解决方案，因此在实践前一定要分析目前教育中是否存在明显问题，如果存在问题，分析当前能够提供的工具与技术是否能够解决这样的问题。不以解决问题为导向的对任何教育理念和教学模式的探索都是盲目的。

（2）根据问题选用合适的智慧教学平台。宏观上讲，大部分教学问题都源自资源匹配不合理、教学信息不对称以及学生学习积极性差等因素。因此，当前的智慧教学平台重点突出了资源共享、数据信息处理、趣味性强等特点。但不同的智慧教学平台在开发的时候对不同的功能有所侧重，有的长于资源库建设，有的长于教学过程中的数据分析，有的则突出互动功能及趣味性，在拟定解决方案的时候，一定要根据分析的问题有所侧重，选择合适的智慧教学平台来拟定解决方案。

（3）教学模式改革具有特定的适配性。虽然对于智慧教育的理念与特征需要相对统一的认识，然而实践模式却需要呈现出丰富性。如小学教育、大学教育以及面向全民的大众教育，所面临的问题不同，需要的解决方案和技术也不一样。再如，即使在大学课堂中，不同的学科其所需要解决的问题也不一样，因而智慧教育的实践模式也会存在差异。

（4）通过教学评价设定教学改革反馈调整机制。当前大部分教育改革在实践过程中都缺乏相应的反馈调整机制，仿佛改革就一定会变得更好。然而实践是检验成效的唯一标准，因而我们认为在智慧教育实践过程中也应该通过教学评价建立反馈调整机制。在本案例中，我们的教学模式改革后尽管可以提高学生学习的愉悦程度，但是学生的学习情况实际上和传统教学模式相比没有显著差异，因此还有必要进一步改进当前的智慧教育模式。

第十三节　大学化学实验数字化建设的研究与实践

大学化学实验提高了学生综合运用化学基础知识和化学实验的基本技能，既调动了学生的主观能动性，又培养了学生的科研素质、创新能力和动手能力。

一、大学化学实验网络教学资源现状及问题

为配合教学，近年来已建设并更新了很多网络大学化学实验教学资源，以帮助学生网上自主学习。

在教学过程中发现：对于"00"后学生，他们更习惯于通过手机等电子产品进行课程学习。但对于视频文件较大的网络大学化学实验教学资源，学生在学习时，需要消耗较多的下载流量，或需要过长的下载时间，从而造成很多同学在手机下载的等待过程中就失去了继续学习的兴趣。

如能借鉴 MOOC 课程流行的知识碎片化特点，切割大学化学实验教学资源，将较大的视频文件分割制成多个 5~7 分钟的小视频，能够更好地适合于"00"后学生通过手机学习大学化学实验课程。

在教学过程中也发现，并不是所有大学化学实验的教学内容均需要通过视频方式进行展示。仅需通过小流量短视频展示最重要的难点及关键点，其他部分辅以图片，对实验原理及过程等配合画外音介绍即可。这样既可以起到实验教学视频的作用，又能够减小文件体积，从而减少下载流量及时间，方便学生随时学习。

此外，还需选择一个稳定、在线播放速度快、下载时间短、学生使用较多的手机平台或手机 App 发布实验教学视频。这样既可让大学化学实验课程的学习内容与手机载体接轨，又可让学生能够快速下载到自己的手机端，方便学生随时学习，才能提高学生的学习兴趣。

基于此，我们在开发小体积大学化学实验教学视频文件及手机平台建设方面做了一些探索实践。

二、小流量视频的开发

（一）实验教学视频的开发

为减小视频文件体积，在实验教学有声视频的开发过程中遵循在部分实验最重要的实验难点及关键点等引入少量小流量短视频展示的原则，其他部分辅以图片，对实验原理

及过程等配合画外音介绍的制作思路。

1. 素材选取

开发实验有声视频，首先是实验难点及关键点取材。在教学过程中，将部分实验最重要的实验操作过程关键点、难点及典型实验现象进行动态影像的拍摄。

为减小视频文件体积，通过实验静态照片强调大部分实验难点及关键点。通过实验的静态照片，引发学生进行更加深入的思考，从而对实验原理的认识更加深刻。

2. 小流量短视频制作

在实验课上，我们拍摄了包含实验关键点的视频。课后对视频文件进行后期剪辑、格式调整，力求做到文件体积最小化、清晰度不降低、减少对流量的占用。

3. PPT 制作

将小流量短视频、包含实验关键点的图片与实验原理及过程文字内容有机融合在PPT 中。

4. 有声短视频制作

通过录屏软件，对 PPT 进行后期配音，生成体积较小的有声短视频文件。为减小视频文件体积，可将帧数设置为 10 或 15。当视频参数如图 1-5 所示时，所生成的视频文件大小为 16. 3 M。

视频	
时长	00:10:12
帧宽度	1920
帧高度	1080
数据速率	574 kbps
总比特率	622 kbps
帧速率	10.00帧/秒
音频	
比特率	48 kbps
频道	2(立体声)
音频采样频率	44.100 kHz

图 1-5 视频文件参数(一)

(二)课堂演示实验视频的开发

大学化学课程的课堂演示实验，作为教学过程的重要组成形式，它既满足了学生对化学的好奇心，向学生揭示了一个有趣的化学世界，又在培养学生活跃的创新意识、理论联系实际等方面具有其他课程不可替代的作用。

但是，并不是所有的演示实验都能进行随堂演示。如有些演示实验仪器过于庞杂或容易损坏，不方便带进教室，某些实验过程比较费时或操作繁杂不适合在课堂上演示等。

同样，对于现场操作存在局限性、具有一定危险性的演示实验，也不宜进行随堂演示。

对一些在课堂上进行演示效果突出，但易产生有毒、有害产物且不易控制安全性的实验，可以采用录制实验视频的方式进行，实验视频方便教师携带，并在课堂上演示，效果一样突出。

三、大化（大学化学简称）实验公众号的建设

大学化学实验受众面广。据统计，近 5 年，某高校大学化学实验每年服务约 70 个班级（约 1 700 人），累计学时数达到 40 800 人/次。让大学化学实验课程学习内容与手机载体接轨，让学生能够快速下载到自己的手机端，方便学生随时学习，需要选取一个稳定、学生使用较多的手机平台或手机 App 发布实验教学有声视频等文件。

我们在微信公众平台上开发了大化实验的公众号，供上课同学访问。学生只需扫描大化实验公众号的二维码，即可进入公众号。

目前，在大化实验公众号中包括有声实验视频和安全考题，后续还要不断更新和完善。学生能够通过手机快速在线播放，或将文件下载到自己的手机端，随时学习大学化学实验的相关内容。

大化实验公众号稳定，手机在线播放速度快、下载时间短。经过测试发现，当视频文件参数如图 1-6 所示时，所下载的视频文件大小为 13. 4 M。大化实验公众号有效保障了实验教学的正常运行。

视频	
时长	00:10:12
帧宽度	854
帧高度	480
数据速率	143 kbps
总比特率	175 kbps
帧速率	30.00帧/秒
音频	
比特率	32 kbps
频道	2(立体声)
音频采样频率	44.100 kHz

图 1-6　视频文件参数（二）

微信公众平台的后台数据较丰富。在教学过程中，通过微信公众平台的相关后台数据，可以分析学生参与实验的情况。依据后台数据，我们对学生通过大化实验公众号学习的情况进行了分析。由图 1-7 可知，截至 2021 年 4 月 21 日，共有 166 人关注大化实验公众号。由图 1-8 可知，在 2021 年 4 月 7 日学生对公众号内容的阅读次数达到 80 次。学生

前期对安全考题关注点击较多,对实验视频 1~5 点击学习多于实验视频 6~8。通过后台数据,我们既了解了学生参与实验的情况,也给我们提供了内容更新、完善的方向。

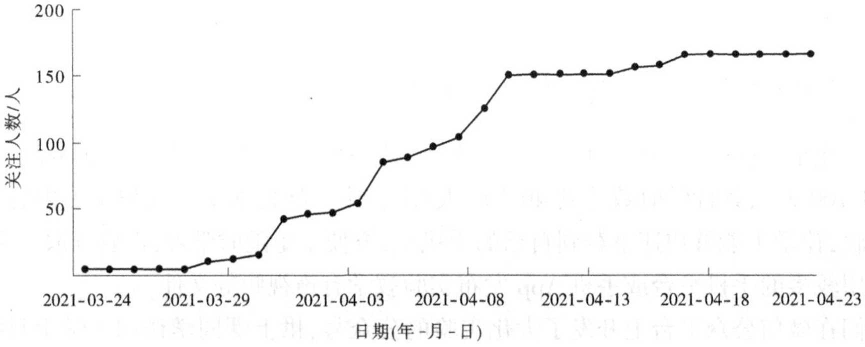

图 1-7　大化实验公众号累计关注人数

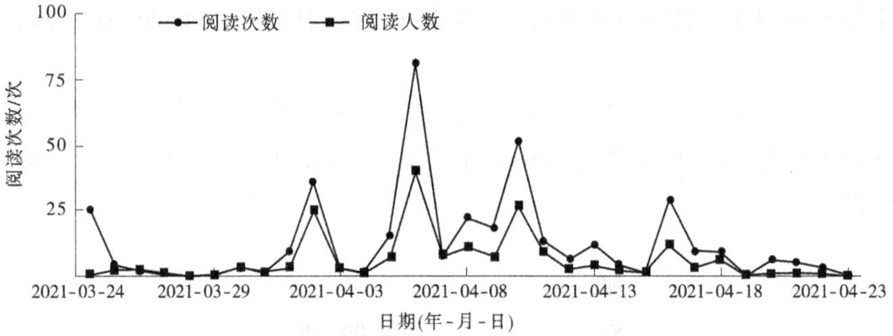

图 1-8　阅读次数

在化学实验过程中,危险因素较多。因此,我们通过问卷星平台,制作了 5 套实验安全考题。5 套实验安全考题也绑定到大化实验公众号。学生只有通过安全考题测试后,才能进入化学实验室开始实验。

通过问卷星后台数据,可分析学生答题情况。我们对学生通过大化实验公众号答题的情况进行了分析。所有学生的实验安全考题 1 成绩分布见图 1-9。由图 1-9 可见,成绩主要集中在 80 分以上区域。后台数据也可给出每题的正确率。通过这些后台数据,我们能够了解学生对知识掌握的薄弱点,从而可进行针对性的教学。

上述举措顺利完成了 200 余名同学的大学化学实验的网上预习,通过学生上交的实验报告及部分学生反馈来看,学习效果良好。

针对"00"后学生对电子产品使用习惯和自主学习需求等背景,围绕大学化学实验教学进行了部分数字化和信息化改革尝试,收到了初步的教改成效,也为后续的教研和教改积累了有效的素材和教学资源。

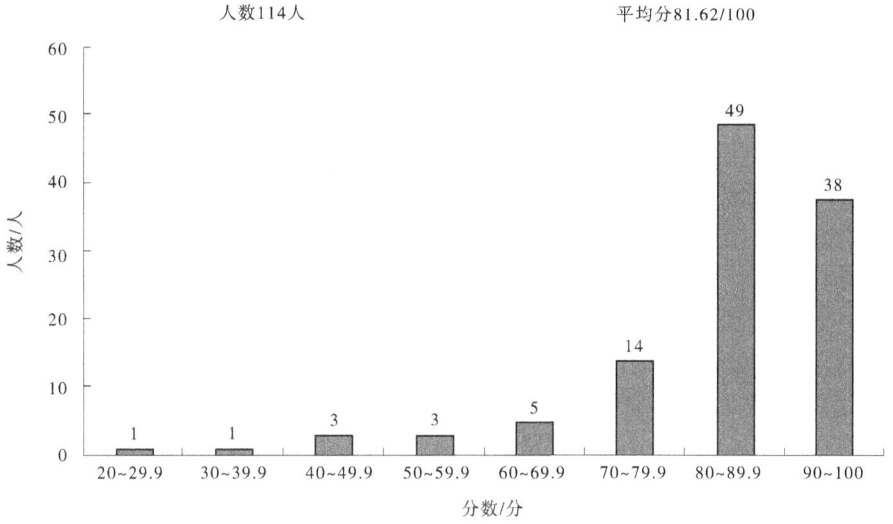

图 1-9　考题 1 成绩分布

第十四节　基于课立方系统的大学化学实验教学模式改革实践

在传统的大学化学实验教学中，学生以被动接受为主，学习交互性差，自主思考不足，不利于学生综合素质的培养和创新能力的提高。随着互联网技术的飞速发展，基于各种信息化手段的教学模式应运而生。课立方系统可集预习系统、微信公众平台、翻转课堂等多种教学模式于一体，形成以学生为中心的全周期智能化教学模式，实现学生的实验课前练习测试、课堂数据记录、课后作业互评讨论等多种功能。实践表明，课立方系统应用于大学化学实验课程教学，能够有效地提高化学实验课的教学效率，并且大大促进学生的自主学习，为互动式大学化学实验教学注入新的活力。

化学实验课是实施全面化学教育的重要环节。化学实验类课程不同于理论课，更加注重培养学生的动手能力及思维方式。随着高等教育的发展和网络环境的优化，吉林大学、浙江大学、南京大学等高校先后开展了翻转课堂、微信公众平台、预习系统等多种教学模式的改革，以促进学生的自主学习及培养学生的创新思维能力。如果将多种教学模式有效地融合为一体，应该可以更好地辅助化学实验教学。我们也开展了这方面的研究，并取得了一些经验。

一、大学化学实验教学存在的问题

传统的大学化学实验教学方法较为单一，遵循“学生预习—教师讲解—学生做实验—交实验报告”的模式。该方法重点强调实验过程到位，导致学生接受实验理论知识和操作技能的被动化程度高、自主学习程度低，严重影响和阻碍学生分析问题和解决问题的能力培养。综合学生的建议，目前的实验教学存在以下问题：

（1）实验报告耗时多、篇幅长。大学化学实验平均每学年约开设实验 26 个。绝大多数学生平均（每个实验）耗时约 1 小时书写实验报告，每份实验报告短则 3～4 页，长至 7～8 页；学生学习负担较重，无法进行更有效的学习。同时，部分学生认为报告写得越多、越细，得分越高，而忽略对实验原理等内容的深层次学习。

（2）缺乏检测学生预习效果及学习情况的有效手段。部分学生课前"机械"预习，预习效果差，上课时"照方抓药"。通常，大学化学实验每节课在开始时会播放课程录像 10～15 分钟，长则 30 分钟，加上约 30 分钟的教师讲解，导致实验课期间部分学生注意力不集中，学习效果不佳。

（3）学生无法及时了解实验报告批改结果。教师批改实验报告完成后，一般于下次课上发放批改后的报告，时效性差，导致学生不能及时了解自己对现象解释的合理性及误差分析的正确性等信息，不利于提高学生分析问题、解决问题的能力。

（4）师生互动困难。部分学生性格内向，不愿在实验中提问；同时学生在课下学习所遇到的问题，无法得到及时有效的解决。

二、课立方系统的优势

课立方是由南京大学电子学院王自强团队自主研发的面向高校课堂的智能化教学互动及管理系统，可借助于手机端的微信公众号进行辅助教学，学生和教师各自拥有不同界面的 PC 端后台系统。通过课立方平台和内嵌工具，可以顺利实现教师和学生在课堂中以及课堂前后的全方位教学互动，提升学生的学习参与度，建立过程性评价机制。目前系统涵盖了签到、课前练习、课堂小测、抢答、众答、实时反馈、课堂评价等多种师生互动功能（见图 1-10），成功实现在大学化学理论课程方面的应用，实现了理论教学与实体课堂的有效融合。

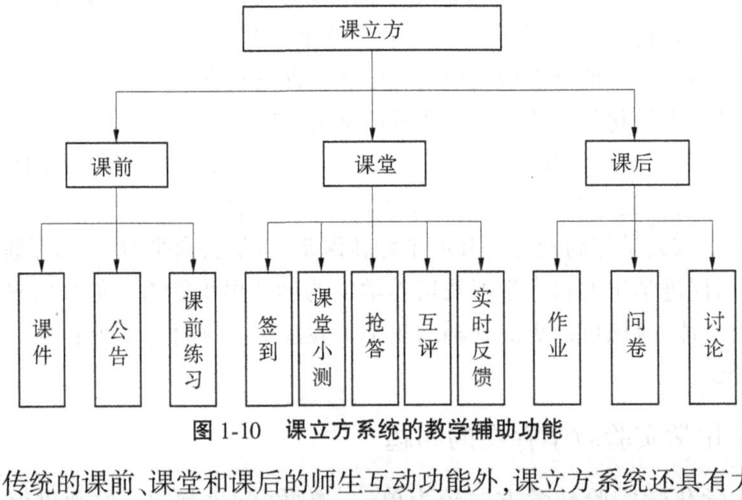

图 1-10　课立方系统的教学辅助功能

除拥有传统的课前、课堂和课后的师生互动功能外，课立方系统还具有大数据统计分析功能，教师可根据在后台看到的学生标记的难点及提出的问题，有选择地备课；针对小班化化学实验教学，教师可设置助教模式，并将学生分组，同时掌握多个班级的学习动态，了解学生需求；对于作业未完成的学生，教师可给该学生发私信；教师可通过课立方更有效地掌控整个教学过程,包括学生成绩、课前报告、教学分析等。

三、课立方系统应用于大学化学实验

(一)课前自主化预习

在传统实验教学模式下,学生在课前需要耗费大量时间撰写实验预习报告,其关注重点首先在于报告格式和内容的抄写,但是因为无暇深入理解实验原理和步骤特点而不知其所以然,条理混乱,导致部分学生虽已预习,但达不到理想的预习效果;同时,教师缺乏有效手段来检测预习效果。在实验课堂讲解期间,部分学生不能深入理解实验设计思路和方法,造成随后的实验操作效果不佳。

在课立方系统的辅助下,教师在实验课开始前即可提前上传相关课件及资料,并发公告提示、布置课前练习等;学生可在手机端微信公众号上收到提示消息,并及时进行课前自主化预习。

教师课前将实验报告模板、本次实验课涉及的危险化学品安全技术说明书(MSDS)、微课等发放至"课件"菜单,学生可选择下载或在线浏览。教师可提前发布公告,写明实验中用到的鉴定方法,以便学生定向精准预习。

实验预习报告可以加深学生对实验的理解,课前学生仍须书写简易的预习报告并拍照上传至课立方系统,教师收到后进行审阅并及时反馈给学生,预习报告合格方能进入教室进行实验。自主化预习的关键在于检测学生的预习效果,这一步骤可通过学生完成课前练习来实现。课前练习共有10道题,每道题有3次回答机会;如果最终仍回答错误,系统会给出题目解析,引导学生思考。所有题目回答完毕后,系统自动显示得分及答案解析,加深学生对题目知识点的掌握。在这种模式下,学生可以发现预习过程中未掌握的知识点或者能力项,从而在上课时有针对性地提高听课效率。

在课立方系统的数据分析支持下,教师可在后台接收到学生答题易错点及回答次数分析。

(二)实验课堂数据记录及反馈

在实验课程中,可以通过课立方系统手机端的课堂小测试提交实验数据,教师可获得所有原始数据并汇总到Excel表进行统计分析。

针对结果,教师可对学生进行提问,共同讨论分析。

虽然双向互动教学系统可以突破传统实验教学的束缚,实现优质资源共享和教学质量监控,但在利用南京大学化学国家级实验教学示范中心双向互动系统教学时,教师面向的讲解对象较多(100人以上),不能满足所有学生与教师进行及时有效沟通的要求。课立方系统则提供给学生及时反馈的功能,学生可点赞或提出疑问,教师在收到提示后,可以根据学生提出的问题再做详细讲解。在此功能辅助下,学生的问题能得到及时解决,有利于激发学习兴趣,增强学习动力。

(三)课后作业互评讨论

在传统的大学化学实验课程中,实验报告须在课上完成,而学生完成时间长短不一,易造成教学实验拖沓,占用课后时间。利用课立方系统将问题布置成课后作业,合并课前练习、课堂数据共同计分,可以减轻学生当场上交实验报告的压力,也有利于其课后对实验进行回顾与思考。作业完成后，教师设置“学生互评”模式，学生按小组互评课后作业。这种方式既能加深学生对问题的理解，也能让学生借鉴彼此的思考方式。学生互评完毕后，教师可在系统上对学生互评结果进行审阅，如答案有异议，教师可后台评论、与学生沟通，并在下次课堂上再次讲解。

讨论区有助于一些性格内向的学生大胆发表自己的看法，也可以让教师关注到更多人的需求；同时，学有余力的学生也可对其他学生的问题发表自己的看法和见解，从师生教学模式扩展为“师生互动、生生互动”，促进教学更为高效有序。

（四）翻转课堂功能的实现

课立方集成了促进学生课前、课中以及课后的全方位自主学习的功能模块，使得其在翻转课堂的实现方面有着更大的优势。在综合性、设计性实验中，教师在课前将实验相关的微课及其他资料发布到课立方，通过视频等资料引导学生的自主思考与实验设计；其后，学生的预习报告可以通过拍照上传的方式提交，教师可在课立方后台提前了解学生的预习及对设计实验的认识和安排情况。在课堂上，学生分组针对实验疑惑点进行讨论，并在实验中进行验证；同时，学生提供实时反馈后，教师可以引导其他学生共同思考并答疑解惑。实验完成后，学生须思考总结实验的收获、注意事项等，最后在课立方作业中以文档形式提交小论文（论文提交没有时间局限和空间限制），教师也可及时收到并批改。与此同时，学生可针对设计实验在讨论区内发帖，可在任意自主学习时段将个人想法和意见发布在帖子中与其他学生交流，达到共同思考和提高的目的。

在课立方系统的支持下，教学过程中的交流互动显著加强，学生的学习兴趣和自主学习程度大大提高；教师也可提高教学效率，实现半人工智能化报告批改。这表明在综合预习系统、微信公众平台和翻转课堂等多种教学手段的情况下，课立方系统辅助大学化学实验教学模式成效显著，可在化学实验教学的改革中进行推广。

第十五节　“互联网+”时代大学化学教学面临的机遇挑战及对策

互联网的迅猛发展，给高等教育带来了前所未有的变革，结合大学化学课程的教学实践，分析了互联网时代大学化学课程教学面临的机遇和挑战，在此基础上，为提高大学化学课程教学质量，从教学内容、教学方式和教学管理等方面，提出了要加强教学资源融合、提升学生自主学习能力、创新教学管理理念等具体对策。

“互联网+”的迅猛发展，以及其与大学课堂的融合，给高等院校大学课堂带来了前所未有的变革，催生了雨课堂、慕课、翻转课堂等一系列新型教育理念、教学资源、教学方式，给高等院校课堂教学改革带来了难得的机遇和严峻的挑战。如何抓住机遇、应对挑战，进行课堂教学的有效改革，努力提高教学质量，实现高等院校人才培养目标，是每一名高校教育工作者和教师必须面临的时代热点问题。结合大学化学课程的教学实践，在对互联网时代大学化学课程教学面临的机遇和挑战分析的基础上，提出了要更新大学化学课教师教学理念、提升学生自主学习能力、加强教学资源整合等具体对策。

一、"互联网+"的提出及发展

在我国,"互联网+"首次由易观国际集团董事长于扬于2012年第五届移动互联网博览会上提出。2013年11月马化腾在众安保险开业仪式上的发言中提到:"互联网加一个传统行业,意味着什么?其实是代表了一种能力,或者是一种外在资源和环境,是对这个行业的提升。"2015年全国两会上,马化腾提交的一份议案中,呼吁将"互联网+"上升为国家战略。同年3月,时任国务院总理李克强在十二届全国人大三次会议的政府工作报告中,首次提出"互联网+"行动计划,7月,国务院正式颁布的《关于积极推进"互联网+"行动的指导意见》明确指出:"'互联网+'是把互联网的创新成果与经济社会各领域深度融合,推动技术进步、效率提升、组织变革,提升实体经济创新力和生产力,形成更广泛的以互联网为基础设施和创新要素的经济社会发展新形态。"此后,人们不断地研究和实践"互联网+"与经济社会各领域的融合,形成"互联网+"迅猛发展的浪潮,"互联网+"成为一种国家战略,成为一种引领创新驱动发展的新常态,我国进入了"互联网+"时代。

二、"互联网+"时代大学化学教学改革的机遇

(一)教学内容方面

在"互联网+"时代,互联网上拥有海量大学化学的知识信息、丰富的视频素材和生动的案例,将大学化学课本中枯燥、抽象的知识或技能的文字表达,以直观、具体、形象的图片、PPT、视频、音频等形式呈现,为大学化学教学提供了多姿多彩、风采各异的知识信息资源。通过网络足不出户,教师就可以筛选相关的优质资源和参考资料,进行大学化学教学设计;学生可以根据需要,自主选择学习各种大学化学相关资源知识,而不囿于课本知识。"互联网+"为教师的教学和学生的学习提供了便利,为学生大学化学知识与技能的拓展提供了资源。"互联网+"从教学内容上为大学化学教学改革提供了良好的机遇。

(二)教学方式方面

首先,"互联网+"为交流与沟通提供了更加便利和快捷的条件,互联网上丰富优秀的大学化学教学视频资源,不但可以开阔教师视野,提升教师自身业务能力水平,而且可供教师开展慕课、雨课堂、翻转课堂等教学,创新大学化学教学方法。其次,"互联网+"无处不在的移动网络、智能终端和微信公众平台等,打破了时空限制,可为学生方便及时、随时随地、利用碎片化时间,以及反复学习提供条件,利于激发学生学习兴趣和积极性,助力学生有效学习。最后,"互联网+"提供的大数据技术、课程教学数据化、智能化平台等,有利于教师了解每个学生的学习信息,进行个性化教学,及时调整教学进程和方法,有利于教师教学方法的不断完善。"互联网+"从教学方式上为大学化学教学改革提供了难得的机遇。

(三)教学管理方面

"互联网+"时代通过网络和移动终端就能实现教和学,使高等院校大学化学跨区域教学成为可能。"互联网+"改变了教育的开放性,改变了教育的透明性,改变了教育资源的共享性,促进优质教育资源的流动性,缩短了教育水平的差距,促进了教育的公平性。"互联网+"与教学管理的高度融合,为教学资源的优化配置提供了可能,为教学管理模式

由传统教学的结果管理向教学过程管理转变,为教学效果评价考核方式由传统的粗放型结果评价方式向精细化过程评价方式转变,为教学管理水平和效果的提高提供了条件。“互联网+”从教学管理上为大学化学教学改革提供了可贵的机遇。

三、“互联网+”时代大学化学教学面临的挑战

(一)教学内容方面

传统大学化学教学,学生对知识获取在形式上主要依靠课堂,在本质上主要依靠教师和教材。课堂是教学的主阵地,教师是教学的主体,学生获得知识受时间、空间和主体限制。然而,在“互联网+”时代,大学化学既有教材知识,又有互联网上无限拓展的海量知识,为学生们提供了丰富的学习资源,可拓展学生知识面。互联网将大学化学课堂教学内容在时间、空间上进行了无限延展,让知识获取变得十分便捷。学生可以利用互联网随时随地搜索感兴趣的问题及答案,可以突破时空限制选择国内外顶级教师的优秀课程。然而互联网对大学化学教学内容的影响是复杂的,大学化学教材知识与互联网知识错综复杂地交织,如何从海量信息中筛选出适合大学化学课堂教学内容的资料,如何将互联网知识与教材内容有机融合,以实现大学化学课程的有效教学,达成大学化学教学目标,是对大学化学任课教师的一大挑战。

(二)教学方式方面

教学方式涉及的核心问题是如何促成教师教与学生学的有机融合,使得教师和学生各司其职,又相互配合,让知识和信息在教学系统中高效运转,提高大学化学课程的教学质量,实现大学化学课程的人才培养的目标。传统意义上的大学化学课程教学,是局限于特定时间、特定场所的一种教学活动。“互联网+”时代下,大学化学课程教学一方面可使课堂的时空界限被打破,时空的限制大大减弱,另一方面可使传统的师生角色发生转变,由教师为主体转变成学生为主体,学生从被动的知识接受者变为主动的知识建构者。此外,也可转变课堂的教学功能,由课堂知识学习、课后知识内化变成课前知识学习、课堂知识内化。因此,充分利用“互联网+”的教学功能,实现大学化学课程教学方式的根本变革,提高该课程教学质量,实现该课程的有效教学,既是对大学化学任课教师的基本要求,又是大学化学任课教师面临的一大挑战。

(三)教学管理方面

在“互联网+”背景下,大学化学教学方式与学习方式的变革,对高校教学管理提出了新的挑战。首先,由于互联网上大学化学相关知识信息参差不齐,质量良莠不一,在筛选教学内容的时候就存在标准规范的难题。如何规范教学内容,保持教学内容的思想性和先进性?互联网知识信息的融入导致大学化学课程教学开放性的增加,使教学管理的难度增加。这都是需要高校教学管理解决的问题和难题。其次,转变长期养成的课堂讲授教学习惯需要较多的时间和精力,如何从理念到行为上加以引导?如何从外部政策和制度上予以支持?如何引导教师学习新型的教学方式?也是高校教学管理需要解决的问题和难题。最后,互联网下大学化学课堂教学组织方式需要新的评价手段,如何评价任课教师的作用?如何评价与评估大学化学课堂教学质量?也是教学管理部门应该思考和解决的问题。这些都是大学化学教学管理中需应对的挑战。

四、“互联网+”时代大学化学教学改革的对策

(一)教学内容方面

要优化教学资源,充分考虑互联网上大学化学相关知识的思想性、系统性,通过合理地筛选互联网上大学化学相关知识,使互联网上大学化学相关信息知识与大学化学课本知识有机融合。首先,要考虑互联网上大学化学相关知识的思想性。大学课堂不仅承担传播知识技能的功能,更加重要的是培养学生树立正确的世界观、人生观、价值观。互联网是一把双刃剑,其中的大学化学相关知识信息尽管丰富多彩,但内容参差不齐,良莠共存,需要仔细加以甄别,确保学生在互联网上大学化学相关信息知识使用的质量和效率。其次,要考虑互联网上大学化学相关知识的系统性。尽管互联网上大学化学相关信息知识极为丰富,但“多”不是“好”,碎片化杂乱无章的知识信息会造成学生学习的困难。这就需要教师在教学设计中和指导学生在学习中正确地选择,便于学生形成条理系统的知识体系。

(二)教学方式方面

大学化学课程的教学目标确定后,教学方式就是成败的决定因素。在“互联网+”时代,教师要转变教学理念,创新教学方法,充分利用互联网上教学资源获取便利的优势,采用雨课堂、慕课或翻转课堂等进行大学化学课教学,以实现大学化学教学的有效性。另外,采用雨课堂、慕课或翻转课堂等新型方式进行大学化学课教学,需要学生充分发挥主体作用,学会自主学习。可以说,“互联网+”使学生真正成为教学的主体,为学生自主学习提供了更广阔的空间与平台。在互联网背景下,大学化学课教学对学生的学习能力、归纳总结能力等都提出了更高的要求,教师需重视在教学实践中培养提升学生的自主学习能力。大学化学部分章节教学的实践表明,翻转课堂可很好地实现师生角色的转变,激发学生学习的积极性,突出学生的主体地位,提升学生的自主学习能力。

(三)教学管理方面

首先,学校要创新教学管理理念。依据“互联网+”时代对人才的需求,积极引进新思维、新理念,为教学管理注入活力和生机,促进教学管理人员、教师与学生多交流互动,提升师生沟通的有效性,了解学生的情况和需求,推动学生的个性化发展。其次,高校要创新管理制度,充分利用互联网优势,制定人性化的管理制度,对大学化学课程进行质量和教学过程的管理和监督,制定科学可行的课程考核评价和学分制度,通过制度激发学生主动学习的热情。最后,要提升“互联网+”时代教学管理人员、教师的素质。通过思想政治教育、定期专业技能培训等各种有效途径,使教学管理人员、教师认识教学管理的重要性和积极意义,提升其政治觉悟、管理水平,适应“互联网+”时代对大学课程教学管理的要求,实现对大学课程教学的有效管理。

在“互联网+”时代,高等院校大学化学课程教学改革面临新的机遇和挑战,需要我们认真甄别、选择互联网知识,达到互联网与大学化学课本知识的有机融合,抓住机遇、迎接挑战,采取积极的应对策略,提高大学化学课程的教学质量,实现大学化学的有效教学,完成大学化学的设课目的和人才培养目标。

第二章　大学化学中化学热力学基础

第一节　化学热力学的建立与发展

化学热力学是物理化学中最早发展起来的一个分支学科，主要应用热力学原理研究物质系统在各种物理和化学变化中所伴随的能量变化、化学现象和规律，依据系统的宏观可测性质和热力学函数关系判断系统的稳定性、变化的方向和限度。热力学的历史始于热力学第一定律。100 多年来，化学热力学有了很大的发展和广阔的应用。

一、经典化学热力学

化学热力学的主要理论基础是经典热力学。19 世纪上半叶，作为物理学的巨大成果——“能”的概念出现了；人们逐渐认识到热只是能的多种可互相转换的形式之一，科学家意识到了统治科学界百年之久的“热质说”是错误的，于是热力学应运而生。19 世纪中叶，人们在研究热和功转换的基础上，总结出热力学第一定律和热力学第二定律，解决了热能和机械能转换中在量上的守恒和质上的差异。1873—1878 年，吉布斯（Josiah Willard Gibbs，1839—1903）进一步总结出描述物质系统平衡的热力学函数间的关系，并提出了相律。20 世纪初，能斯特（Walther Hermann Nernst，1864—1941）提出了热定理，使“绝对熵”的测定成为可能。为了运用热力学函数处理实际非理想系统，1907 年，路易斯（Gilbert Newton Lewis，1875—1946）提出了逸度和活度的概念。至此，经典热力学建立起完整的体系。

（一）Hess 定律

俄国的赫斯（Germain Henri Hess，1802—1850）很早就从化学研究中领悟了一些能量守恒的思想。1836 年，赫斯向彼得堡科学院报告：“经过连续的研究，我确信，不管用什么方式完成化合，由此发出的热总是恒定的，这个原理是如此之明显，以至于如果我不认为已经被证明，也可以不假思索就认为它是一条公理。”此后，赫斯从各方面对上述原理进行了实验验证，并于 1840 年提出了著名的 Hess 定律：“当组成任何一种化学化合物时，往往会同时放出热量，这热量不取决于化合是直接进行还是经过几步反应间接进行。”

（二）热力学第一定律

1850 年，科学界已经公认能量守恒是自然界的普遍规律。对能量守恒与转化定律做出明确叙述的、贡献突出的科学家主要有德国的梅耶尔（Julis Robert Mayer，1814—1878）、赫姆霍兹（Hermann VonHelmholtz，1821—1894）和英国的焦耳（James Perscott Joule，1818—1889）。梅耶尔是第一个完整提出能量守恒与转化原理的人，他在 1842 年发表的题为《热的力学的几点说明》一文中，宣布了热和机械能的相当性和可转化性。但在论文发表的最初几年，他的著作不仅没有得到科学界的重视，反而受到一些著名物理学家的反对。德国的赫姆霍兹是第一个从多方面论证能量守恒与转化定律的科学家；1847

年,他完成了著名的论文《力的守恒》,在文中他充分论述了能量转化与守恒这一命题。不过他的这篇论文被认为是思辨性的,缺乏实验依据。焦耳是英国著名的实验物理学家,他从 1843 年开始以磁电机为对象测量热功当量,直到 1878 年最后一次发表实验结果,先后做实验不下 400 余次,采用了原理不同的各种方法,他所获得的日益精确的实验数据,为热和功的相当性提供了可靠的证据,使能量守恒与转化定律建立在牢固的实验基础之上。1850 年,德国的克劳修斯(Rudoff Julius Emanuel Clausius,1822—1888)首先提出了完整的热力学第一定律的数学形式。他全面分析了热量 Q 、功 W 和气体状态的某一特定函数 u 之间的联系,考虑一无限小的过程,列出全微分方程为 $\delta Q = \mathrm{d}u + A\delta W$ 。这里的 u 后来被人们称作内能或热力学能, A 为热功当量, W 为外功。克劳修斯虽然没有使用"能量"一词,但实际上已经为热力学第一定律奠定了基础。热力学第一定律是能量守恒与转化定律在热现象领域所具有的特殊形式。

(三)Carnot 定理

蒸汽机于 18 世纪被发明,1765 年和 1782 年经过瓦特(James Watt,1736—1819)的两次改进,蒸汽机的应用得到了很大的发展,但其效率仍然不高。如何进一步提高蒸汽机的效率以及效率的极限值成为当时工程师和科学家共同关心的问题。法国数学家和工程学家卡诺(Sadi Carnot,1796—1832)研究了这类问题。1824 年,卡诺发表了著名的论文《关于火的动力及适于发展这一动力的机器的思考》,提出了在热机理论中有重要地位的卡诺定理,这个定理实际上是热力学第二定律的先导。卡诺取一个理想循环(又称卡诺循环),由此建立了热量与其转移过程中所做功的理论联系,得到了一个普遍的结论:"热的动力与用于实现动力的工作物质无关;动力的量唯一地取决于热质在其间转移的两物体的温度。"该结论被称为卡诺定理。由卡诺定理可以算出热机能够达到的最高效率。

(四)热力学第二定律

卡诺定理被提出后,许多科学家都开始对其进行研究。1850 年,克劳修斯在《物理学与化学年鉴》上率先发表了题为《论热的动力及由此推出的关于热本性的定律》的论文,对卡诺定理做了详尽的分析。在这篇论文中,克劳修斯正确地对卡诺定理作了扬弃。1854 年,克劳修斯发表了另一篇题为《热的机械论中第二个基本理论的另一形式》的论文。在这篇论文中,克劳修斯更加明确地阐明:"如果没有与之联系的、同时发生的其他变化的话,热永远不能从冷的物体传向热的物体。关于两个不同温度的物体间热交换的种种已知事实证明了这一点;因为热处处都显示企图使温度的差别均衡之趋势,所以只能沿相反的方向,即从热的物体传向冷的物体。因此,不必再作解释,这一原理的正确性也是不证自明的。"与此同时,开尔文(Lord Kelvins,即 William Thomson,1824—1907)也在这方面进行研究。1851 年,他在《爱丁堡皇家学会会刊》上发表了 3 篇论文,题目都是《热的动力理论》。在文中,他提出了一条公理:"利用无生命的物质结构,把物质的任何部分冷到比周围最冷的物体还要低的温度以产生机械效应,是不可能的。"其实,克劳修斯所用的公理和开尔文所提出的公理是相通的,克劳修斯的说法和开尔文的说法是等价的。至此,热力学第二定律与热力学第一定律一起,组成了热力学的理论基础。

(五)熵

在研究卡诺循环时,克劳修斯特别注意到"不可逆性",这是化学热力学发展中的一个重要里程碑。1854 年,克劳修斯在《热的机械论中第二个基本理论的另一形式》一文中,区分了可逆循环和不可逆循环,定义"温度 t 时功转变成热量 Q 的变化等价值"为 $Q \cdot f(t)$,$f(t)$ 为温度 t 的一个函数,规定功转变为热和热从高温转移到低温为正的变化,定义 $f(t) = \frac{1}{T}$,T 为"温度的未知函数",由此得到变化的等价值为 $\frac{Q}{T}$ 。克劳修斯用符号 N 代表一个循环中变换的总值,得到 $N = \frac{Q_1}{T_1} + \frac{Q_2}{T_2} + \cdots = \sum \frac{Q}{T}$ 。如果温度的变化是连续的,则 $N = \oint \frac{\delta Q}{T}$ 。于是,克劳修斯找到了一种数学方法来表达可逆循环过程,即用 $N = 0$ 表示一个可逆循环过程。现在我们可以看出来,符号 N 就是熵 S 的前身。当然,克劳修斯在该篇论文中所说的"变化的等价值 N"是不严格的,因为他没有采用绝对温标,不过这个函数 N 已经具备了熵的基本特性。到了 1865 年,克劳修斯发表了《热的动力理论的基本方程的几种方便形式》一文,在该文中,克劳修斯明确用 T 表示绝对温标。这样,根据热力学第二定律,可以得出 $\oint \frac{\delta Q}{T} = 0$。这就是说,每当物体的变化从任意一个始态开始,连续地经过任意其他状态又回到始态时,循环积分 $\oint \frac{\delta Q}{T} = 0$,则积分式中的 $\frac{\delta Q}{T}$ 是某个量的全微分,它只与物体的状态有关,而与物体到达这个状态的途径无关。于是,克劳修斯用 S 来表示这个量,规定 $\Delta S = \oint \frac{\delta Q}{T}$ 。从热功转换角度来看,熵可作为不可用能的量度;1877 年,奥地利物理学家玻兹曼(Ludwig Boltzmann,1844—1906)从微观的角度,用统计的观点对熵函数的本质进行了描述,提出了著名的玻兹曼公式,即 $S = k\ln\Omega$ 。其中,Ω 是微观状态数或热力学概率,即熵是系统混乱度的量度。

(六)热力学函数

随着化学热力学研究的不断深入,更多的物理学家定义了一些热力学函数来促进化学热力学的研究。荷兰物理学家昂尼斯(Heike Kamerlingh Onnes,1853—1926)定义了热力学函数焓:$H = U + pV$;赫姆霍兹定义了 Helmholtz 自由能:$A = U - TS$;吉布斯定义了 Gibbs 自由能:$G = H - TS$;麦克斯韦(James Clerk Maxwell,1831—1873)则建立了用于描述热力学函数之间关系的 Maxwell 关系式。

(七)热力学第三定律

人们根据大量的低温研究实验总结出了热力学第三定律。早在 1848 年,开尔文在确定绝对温标的时候,就对绝对零度作了说明。1902 年,美国人理查兹(Theodore William Richards,1868—1926)在研究几种原电池的电动势与温度的关系时,发现温度越低,同一电池反应的 $\Delta_r G_m$ 与 $\Delta_r H_m$ 之值越接近,但他未能认识到此结果的重要性。1906 年,德国物理学家能斯特系统地研究了低温下凝聚系统的化学反应,提出了一个假设和相应的理论,称为能斯特热定理,并据此得出推论:"在低温下,任何物质的比热都要趋向某个很小的确定值,这个值与凝聚态的性质无关。"后来,能斯特通过实验证明这个很小的确定值就是零,这与爱因斯坦的量子热容理论一致。1912 年,普朗克(Max Planck,1858—1947)把能斯特热定理推进了一步,他假定在 0 K 时,纯凝聚态的熵值等于 0,即 $\lim_{T\to 0\ K} S = 0$。1923 年,路易斯和兰道尔(M. Randall)给出了令人满意的热力学第三定律的表述:"若将绝对零度时完美晶体中的每种元素的熵值取为 0,则一切物质均具有一定的正熵值;但是,在绝对零度时,完美晶体物质的熵值为 0。"1927 年,西蒙(F. Simon,1893—1956)对热力学第三定律做了改进和推广:在 0 K 下,对于内部已达到热力学平衡的系统,其所有状态间的熵差都等于 0。热力学第三定律"架设了从经典理论通向量子理论的桥梁"。

(八)化学势和相律

1873—1878 年间,吉布斯在美国《康涅狄格州学院报》上发表了 3 篇具有划时代意义的论文,提出了 Gibbs 自由能函数和化学势的概念以及多相平衡的规律,对经典化学热力学规律进行了系统总结,从理论上全面解决了热力学系统的平衡问题,奠定了他在物理化学中的地位。其中,《多相系统的平衡》一文最令物理化学家感兴趣。吉布斯在论文中阐述了两种或几种物质组成的多相系统平衡的基本定律,即 Gibbs 相律。而化学势的引入则是热力学通向化学科学的一座桥梁,借此可以判别相变和化学变化的方向和限度,是研究相平衡和化学平衡的关键。物质总是由化学势大的向化学势小的方向转移,就像热总是由高温物体向低温物体传导,活塞总是由压力大的向压力小的方向移动一样。因此,如果说温度是热传导的推动力,压力是机械运动的推动力,那么化学势就是物质转移的推动力,这就是化学势的物理意义。

(九)活度和逸度

在发展化学热力学并使之实用化方面,美国化学家路易斯起了巨大的作用。1901 年,他证实质量作用定律只适用于理想气体和理想溶液,电解质的均相平衡则不遵守这一定律。1907 年,为了处理有关实际气体和实际溶液的平衡,路易斯引进了逸度 f 和活度 a 的概念,两者互相联系。逸度和活度的提出既修正了实际系统对理想系统的偏差,又从形式上使实际系统具有了与理想系统完全相同的热力学关系式。

(十)化学平衡移动

1884 年,荷兰化学家范霍夫(Jacobus Henricus van't Hoff,1852—1911)出版了《化学动力学研究》一书,不仅阐明了反应速率等化学动力学问题,而且首次提出了在等容条件下,温度上升将导致化学平衡向吸热方向移动的规律,并给出了联系温度、反应热和平衡常数的数学关系式。1888 年,法国化学家勒夏特列(Le Chatelier,Henri Louis,1850—1936)宣布了一条定律:"在一个平衡系统中,若改变影响平衡的一个条件,平衡总是要向能够减弱这种改变的方向移动。"这就是勒夏特列原理。

二、非平衡态化学热力学

经典热力学主要研究平衡态和可逆过程的性质,因此又称平衡态或可逆过程热力学。但是,自然界中的实际系统是开放的、处于非平衡状态,所涉及的物理化学过程也是不可逆的。非平衡态热力学是有关宏观系统的非平衡态和不可逆过程性质的热力学理论。

(一)线性非平衡态热力学

追溯历史,有关非平衡态热力学的研究始于 19 世纪开尔文关于热电现象的研究。

1929 年,美籍挪威化学家昂萨格(Onsager Lars,1903—1976)在哥本哈根的一次学术会议上(1931 年,*The Physical Review* 杂志完整地刊载了他的文章)提出了线性非平衡态热力学的一个重要结果:在描述各种不可逆过程的力 X 和流 J 之间的线性唯象关系中,唯象系数之间满足一种对称关系。在近平衡的情况下,可以认为力与流之间是线性关系,即 $J = LX$,式中 L 是不等于 0 的常数,称为唯象系数。其实“力”与“流”之间具有交叉耦合效应,即几种不可逆过程可以同时发生,它们之间还能互相影响。对于含有 n 个流和 n 个力的不可逆过程,可以描写为:

$$J_1 = L_{11}X_1 + L_{12}X_2 + \cdots + L_{1n}X_n$$
$$J_2 = L_{21}X_1 + L_{22}X_2 + \cdots + L_{2n}X_n$$
$$\cdots$$
$$J_n = L_{n1}X_1 + L_{n2}X_2 + \cdots + L_{nn}X_n$$

Onsager 指出,$L_{jk} = L_{kj}$。这个关系称为 Onsager 倒易关系,是不可逆过程热力学的基础。有了 Onsager 倒易关系式后,可以将唯象系数的个数减少一半。Onsager 因为这项研究成果获得了 1968 年诺贝尔化学奖。

(二)远平衡态热力学

1945 年,比利时化学家普里高津(Prigogine Ilya,1917—2003)证明了“在非平衡态的线性区,与外界的约束相适应的非平衡态定态的熵具有最小值”。这一结论称为最小熵产生原理,与 Onsager 倒易关系并称为非平衡态热力学的两大基石。普利高津创造性地将居里对称性原理应用于非平衡态热力学,提出了在各向同性介质中不同对称特性的热力学流和力不存在耦合的观点,这一原理被称为居里-普里高津原理。20 世纪 40 年代末,普里高津又开始试图把不可逆过程热力学从不可逆过程的线性区推广到非线性区,以进一步研究高度有序的生命这一时空有序结构产生的机制。1954 年,他和格兰斯多夫(P. Glansodorff)提出了所谓的普适发展准则,即由热力学力随时间的变化对熵产生的贡献总是非正的。从这一准则出发,他们在 20 世纪 60 年代得到了同时适用于线性区和非线性区的稳定性判据,这一稳定性判据称为超熵产生判据。1967 年,普里高津把在非平衡和开放条件下通过系统内部耗散能量的不可逆过程所产生和维持的时空有序结构称为耗散结构。耗散结构理论的确立,使人们对热力学第二定律和自然界的发展规律有了更完整的认识,推动了对自然界中各种有序现象的研究。1971 年,普里高津和格兰斯多夫出版了《结构性、稳定性和涨落的热力学理论》一书,详细阐述了有序结构的产生以及参考状态的稳定性与涨落行为之间的关系,并对超熵产生判据在各方面的具体应用做了进一步说明;认为非平衡和不可逆过程性对宏观时空有序结构的产生起了十分关键的作用,耗散能量的不可逆过程在建立有序方面也可以起到积极的作用。基于在非平衡态热力学,尤其是在耗散理论方面的成就,普里高津获得了 1977 年诺贝尔化学奖。

三、化学热力学近期发展趋势

(一)化学热力学向非线性非平衡态的发展

对于化学反应,力和流之间的线性关系只在化学反应亲和力很小的情况下才成立,而人们实际关心的大部分化学反应并不满足这样的条件。普里高津及其学派把不可逆过程热力学推广到非线性区域,从而建立了非线性非平衡态热力学。当外界约束强烈,以致它在系统内部引起的响应与它不成线性关系时,系统则处于远离平衡的状态,非线性作用可以使系统演化到某种有序的定态,这时系统的熵不仅不具有极大值,而且不再遵循最小熵产生原理,必须研究系统动力学的详细行为。平衡态热力学是19世纪的巨大成就,非平衡态热力学则是20世纪的成就。进入21世纪,非平衡态热力学在理论上和应用上都将会有突破性进展。

(二)生物热力学和热化学的研究

化学热力学在生命科学中占有重要地位。化学热力学中的熵理论在有关生命现象、肿瘤和药物学等生命科学领域中发挥着重要作用,而自由能则在生物大分子结构测定与生物能学领域中扮演重要角色。例如,蛋白质结构域的划分在理论与应用上都具有重要意义。20世纪90年代,人们主要根据蛋白质的几何特征对蛋白质结构域进行划分,但这种方法已不能适应现实情况。蛋白质结构域的折叠是自由能变化所驱动的,可以用折叠自由能更为合理地对蛋白质结构域进行划分。目前,有关蛋白质折叠的热力学研究成果颇丰。

(三)溶液热力学

有效利用超临界流体和离子液体等是绿色化学的重要内容,其中许多关键问题涉及化学热力学。近期,人们在绿色化学中的化学热力学研究方面(包括离子液体的热力学、超临界流体和离子液体绿色溶剂等系统相行为与分子间相互作用热力学、绿色化学反应热力学以及绿色微乳液系统热力学等)取得了明显的进展。

(四)界面和胶体热力学

纳米材料的界面性质与纳微尺度密切相关,对于具有大比表面的纳米结构材料以及细胞膜来说,其界面热力学研究意义重大,此时界面能和界面自由能扮演着重要的角色。两亲性分子在水中可自组装成各种有序的结构,研究这些结构间的转变(相变)规律对于阐明相关的自然现象和进行应用开发(如设计药物的输运)有重要意义。

(五)分子热力学

分子热力学的目的在于为化工过程设计提供所需混合物平衡性质的定量估算。从这个意义上讲,分子热力学是一门工程科学。为了提供这种估算,分子热力学不仅运用了经典热力学,同时还运用了统计热力学和化学物理的概念。

(六)材料与热力学

各种新型材料不断被人们合成和应用,相关的热力学问题尤其令人关注。在纳米材料的热力学研究方面,人们已取得了可喜的成果。例如,通过对碳纳米管中离子水化和水分子结构的分子模拟,人们对流体分子在受限空间下的行为及其规律已有所认知。今后,以化学势为主线,各种外场影响下的热力学研究值得人们重视。

(七)相变储热

热能是最普遍的能量形式之一,热能的储存应有助于降低现有生产过程的能源消耗,与创立节能环保型生产过程密切相关。在各种储热系统的应用过程中,利用相变材料的相变潜热来实现能量的储存和利用,是提高能源利用效率和保护环境的重要技术之一。

从化学热力学的发展历程中可以看出,20世纪之前物理化学家普遍重视实验结果的经验归纳，忽视理论推导。由于吉布斯等杰出物理化学家的贡献，才建立起了一个完备的化学热力学理论体系。理论和实验的紧密结合尤为重要，它不仅可以帮助科学家深入了解化学反应的过程和研究化学热力学，同时也是化学热力学进一步发展的强大推动力。

四、学习要求

(1) 了解热力学能、焓、熵和吉布斯函数等状态函数的概念。

(2) 理解热力学第一定律、第二定律和第三定律的基本内容。

(3) 掌握计算化学反应的标准摩尔焓变的各种方法。

(4) 掌握化学反应的标准摩尔熵变和标准摩尔吉布斯函数变的计算方法。

(5) 会用 ΔG 来判断化学反应的方向，并了解温度对 ΔG 的影响。

(6) 了解经验平衡常数和标准平衡常数以及标准平衡常数与标准吉布斯函数变的关系。

(7) 掌握不同反应类型的标准平衡常数表达式，并能从该表达式来理解化学平衡的移动。

(8) 掌握有关化学平衡的计算，包括运用多重平衡规则进行的计算。

物质的任何变化，总伴随有能量的转变和传递。热力学就是研究系统状态变化时能量相互转换规律的科学。它主要包括热力学第一定律(the first law of thermodynamics)和热力学第二定律(the second law of thermodynamics)。这两个定律是人们长期经验的总结，有着牢固的实验基础。它不能用理论方法来证明，但它的正确性和可靠性已被无数实验事实所证实。

将热力学的基本原理用于研究化学现象及与化学有关的物理现象，就称为化学热力学(chemical thermodynamics)。它的主要内容是应用热力学第一定律来研究和解决化学变化和相变化中的热效应问题，即热化学(thermochemistry)；应用热力学第二定律来解决化学和物理变化的方向和限度问题，以及化学平衡和相平衡中的有关问题。

化学热力学在生产实践和科学研究中都具有重大的指导作用。在化工生产中的能量衡算与能量的合理利用问题，在设计新的反应路线或研制新的化学产品时，有关反应变化的方向和限度问题等都是十分重要的。例如在 19 世纪末，人们试图用石墨制造金刚石，但无数次的实验均以失败而告终。通过热力学的计算才知道，只有当压强超过大气压强 15 000 倍时，石墨才有可能转变成金刚石。人造金刚石的制造成功，充分显示了热力学在解决实际问题中的重要作用。

热力学的研究方法和特点是从能量的观点出发，讨论由大量质点组成的集合体的宏观性质，而不涉及物质的微观结构、过程进行的机制和速率。热力学只需知道变化过程的起始状态和最终状态及条件，就可预示过程进行的可能性和限度。

本章将介绍化学热力学的基础知识，以便用化学热力学的理论、方法解释一些化学和物理现象。

第二节　基本概念

为了便于应用热力学基本原理研究化学反应的能量转化规律,首先需要了解热力学中的几个常用术语。

一、系统与环境(system and surroundings)

热力学把研究的对象称为系统(system),把系统之外而与系统有相互影响的其他部分称为环境(surroundings)。

根据系统与环境之间的关系,可将系统分为三类。

(1)敞开系统(open system):在系统与环境之间既有物质交换,又有能量交换。

(2)封闭系统(closed system)(也称密闭系统):在系统与环境之间没有物质交换,只有能量交换。

(3)孤立系统(isolated system)(也称隔绝系统):在系统与环境之间既没有物质交换也没有能量交换。

例如,在烧杯中进行的溶液反应,研究这个反应时,可以把烧杯中的溶液作为系统,而液面以上的水蒸气、空气等是环境。系统与环境之间既有物质交换,又有能量交换,是一个敞开系统。若在烧杯上加一个盖子,将烧杯内的物质作为系统,它与烧杯外面的环境之间不再有物质交换,但还有能量交换,是一个封闭系统。若再用绝热层将烧杯包住,烧杯内就成了一个孤立系统。

在热力学中,如无特别说明,通常所说的系统一般是指封闭系统。有时为了研究的方便,在某些条件下则将系统相环境合并在一起作为孤立系统。

二、状态和状态函数(state and state function)

系统的状态(state)是系统所有宏观性质如压强(p)、温度(T)、质量(m)、体积(V)、物质的量(n)及本章要介绍的热力学能(U)、焓(H)、熵(S)、吉布斯自由能(G)等宏观物理量的综合表现。当所有这些宏观物理量都不随时间改变时,我们称系统处于一定的状态;反之,当系统处于一定状态时,这些宏观物理量也都具有确定值。我们把这些确定系统存在状态的宏观物理量称为系统的状态函数(state function)。系统的某个状态函数或若干个状态函数发生变化时,系统的状态也随之发生变化。变化前的状态称为始态(primary state),变化后的状态称为终态(final state)。状态函数之间是相互联系、相互制约的,具有一定的内在联系。因此,确定了系统的几个状态函数后,系统其他的状态函数也随之而定。例如,理想气体的状态就是 p、V、n、T 等状态函数的综合表现,它们的内在联系就是理想气体状态方程 $pV = nRT$。

状态函数的最重要特点是它的数值仅取决于系统的状态,当系统状态发生变化时,状态函数的数值也随之改变。但状态函数的变化值只取决于系统的始态与终态,而与系统变化的途径无关。

三、过程与途径(process and way)

(一)过程

系统状态发生变化时,变化的经过称为过程(process)。例如,气体的液化、固体的溶解、化学反应等,经历这些过程,系统的状态都发生了变化。热力学中常见的过程有以下几种。

(1)等温过程(isothermal process):系统始、终态温度相等且等于环境温度的过程。即 $T_1 = T_2 = T_e$,下标 1、2 和 e 分别表示始态、终态和环境。

(2)等压过程(isobaric process):系统始、终态压强相等且等于环境压强的过程。$p_1 = p_2 = p_e$。

(3)等容过程(isochoric process):过程中系统的体积始终保持不变的过程。

(4)绝热过程(adiabatic process):过程中系统与环境之间没有热交换,即 $Q = 0$。

(5)循环过程(cyclic process):系统经一系列变化后又恢复到起始状态的过程。此外,还有许多其他的热力学过程。

(二)途径

系统由始态到终态完成一个变化过程的具体步骤称为途径(way)。

一个过程往往可以经多种不同的途径来完成,例如一定量的理想气体由始态(298 K,100 kPa)变化到终态(303 K,200 kPa),可采用先等温加压再等压升温,也可以采用先等压升温再等温加压两种途径来完成。

第三节　热力学第一定律

一、热和功

热和功是系统状态发生变化时,系统与环境之间的两种能量交换的形式,单位均为焦耳或千焦(J 或 kJ)。

系统与环境之间因存在温度差异而发生的能量交换形式称为热(heat)(或热量),符号为 Q 。

热力学规定:系统从环境吸热,Q 为正值;系统向环境放热,Q 为负值。

系统与环境之间除热以外的其他各种能量交换形式统称为功(work),符号为 W 。

热力学规定:系统从环境中得功,功为正值;系统对环境做功,功为负值。

功有多种形式,通常分为体积功和非体积功两大类。由于系统体积变化反抗外力所做的功称为体积功,其他功如电功、表面功等都称为非体积功。在一般情况下,化学反应中系统只做体积功。体积功等于外压乘以体积的改变。当外压恒定时,$W = -p_{外}\Delta V = -p_{外}(V_2 - V_1)$。

注意:本章下面的讨论都局限于系统只做体积功的情况。

热和功总是与系统所经历的具体过程相联系的,没有过程就没有热与功。即使系统的始态和终态相同,过程不同时热与功也往往不同。它们只有在系统发生变化时才体现出来,不能说系统在某种状态下含有多少热或多少功。因此,热与功都不是系统的状态函数。

二、热力学能

热力学能也称为内能,它是系统中物质所有能量的总和,用符号 U 表示,具有能量单位 J 或 kJ。它包括分子运动的动能、分子间的位能以及分子、原子内部所蕴藏的能量等。热力学能是系统内所有质点能量的总和,随着人们对微观世界认识的不断深入,还会出现新的微观粒子和新的运动形式。因此,热力学能的绝对值是无法确定的。但热力学能的改变值 ΔU 可由实验测定。在实际应用中,用得多的不是系统的热力学能而是热力学能变。

三、热力学第一定律

"自然界的一切物质都具有能量,能量有多种不同的形式,可以从一种形式转化为另一种形式。能量总量在转化过程中保持不变。"这就是能量守恒和转化定律,把它应用于热力学系统,就是热力学第一定律。

根据热力学第一定律,系统热力学能的改变值 ΔU 等于系统与环境之间的能量传递,这就是热力学第一定律的数学表达式:

$$\Delta U = Q + W \tag{2-1}$$

式(2-1)表明:系统热力学能的增量应等于环境以热的形式供给系统的能量加上环境对系统以做功的形式所增加的能量。

【例 2-1】 (1)系统放出 2.5 kJ 的热量,并且对环境做功 500 J;(2)系统放出 650 J 的热量,环境对系统做功 350 J。计算系统的热力学能的变化。

解:由热力学第一定律的数学表达式(2-1)知:

(1)$\Delta U = Q + W = -2.5 \times 1\,000 - 500 = -3\,000$(J)。

(2)$\Delta U = Q + W = -650 + 350 = -300$(J)。

第四节　热化学

应用热力学第一定律研究化学反应热效应的科学称为热化学(Thermochemistry)。热化学提供的反应热数据在化学理论研究和化工生产中有很重大的意义。化学反应改变了分子的结构,因而常以热的形式与环境交换能量,因此发生化学反应时总伴随有各种形式的能量变化。在等温、非体积功为零的条件下,封闭系统中发生某化学反应,系统与环境之间所交换的热量就称为该化学反应的热效应,简称反应热(heat of reaction)。

一、等容反应热和等压反应热

根据化学反应是在等容和等压条件下进行,反应热又可分为等容反应热和等压反应热。

(一)等容反应热

若系统在变化过程中,系统不做非体积功,且体积始终保持不变($\Delta V=0$),即 $W=0$。根据热力学第一定律可得

$$Q_V = \Delta U - W = \Delta U \tag{2-2}$$

式(2-2)表明,等容反应热等于系统的热力学能变化。

(二)等压反应热

若系统在变化过程中,压强始终保持不变且不做非体积功,根据热力学第一定律,其反应热 Q_p 为:

$$\begin{aligned} Q_p &= \Delta U - W = \Delta U - (-p\Delta V) = U_2 - U_1 + p(V_2 - V_1) \\ &= (U_2 + pV_2) - (U_1 + pV_1) \end{aligned} \tag{2-3}$$

即在等压过程中,系统吸收的热量 Q_p 等于终态和始态的($U+pV$)值之差。U、p、V 都是状态函数,它们的组合($U+pV$)当然也是状态函数,并且具有能量的量纲。为了方便起见,我们把这个新的状态函数叫作焓(enthalpy),用符号 H 表示。

$$H = U + pV \tag{2-4}$$

这样,式(2-3)就可简化为

$$Q_p = H_2 - H_1 = \Delta H \tag{2-5}$$

即在等压过程中,系统吸收的热量全部用来增加系统的焓。所以,等压反应热就是系统的焓变,常用 ΔH 来表示。

由上可知,在等压变化中,系统的焓变(ΔH)和热力学能的变化(ΔU)之间的关系式为:

$$\Delta H = \Delta U + p\Delta V \tag{2-6}$$

式(2-6)表明,等压反应热等于反应的焓变,即等于系统的热力学能变加上系统所做的体积功。若 ΔH 为正值,系统的焓值增加,则反应为吸热反应;若 ΔH 为负值,系统的焓值减小,则反应为放热反应。

因 $Q_V = \Delta U$,$Q_p = \Delta H$,故 Q_V 与 Q_p 有如下关系:

$$Q_p = Q_V + p\Delta V \tag{2-7}$$

当反应物和生成物都处于固态和液态时,反应的 ΔV 值很小,$p\Delta V$ 可忽略,故 $\Delta H \approx \Delta U$。对有气体参加的反应,$\Delta V$ 值往往较大。应用理想气体状态方程可得:

$$p\Delta V = p(V_2 - V_1) = (n_2 - n_1)RT = (\Delta n)RT$$

式中,Δn 为气体生成物的物质的量减去气体反应物的物质的量。将此关系式代入式(2-6)和式(2-7),可得

$$\Delta H = \Delta U + (\Delta n)RT \tag{2-8}$$

$$Q_p = Q_V + (\Delta n)RT \tag{2-9}$$

化学反应通常是在等压条件下进行的,因此反应的焓变(等压反应热)更有实际意义。如不加以说明,均指等压反应热。

【例 2-2】 25 ℃时,1.250 g 正庚烷在弹式量热计中完全燃烧所放出的热为 60.089 kJ,求该反应的定容反应热 Q_V 和定压反应热 Q_p。

解: $C_7H_{16}(l) + 11O_2(g) = 7CO_2(g) + 8H_2O(l)$

正庚烷的摩尔质量为 100 g/mol。

$$Q_V = \frac{-60.089}{1.250} \times 100 = -4\,807.1(\mathrm{kJ/mol})$$

$$\begin{aligned} Q_p &= Q_V + (\Delta n)RT \\ &= -4\,807.1 + (7-11) \times 8.314 \times 298 \times 10^{-3} \\ &= -4\,817.0(\mathrm{kJ/mol}) \end{aligned}$$

正庚烷燃烧是放热反应,故 Q_V 和 Q_p 都是负数。

二、热化学方程式

(一)反应进度

反应进度 ξ 用以表示化学反应进行的程度。对任一化学反应

$$a\mathrm{A} + d\mathrm{D} = g\mathrm{G} + h\mathrm{H}$$

可表示为:

$$(g\mathrm{G} + h\mathrm{H}) - (a\mathrm{A} + d\mathrm{D}) = 0$$

即

$$\sum\nolimits_{\mathrm{B}} v_{\mathrm{B}}\mathrm{B} = 0$$

式中,B 为化学反应方程式中任一反应物或生成物的化学式;v_{B} 是物质 B 的计量系数;$v_{\mathrm{A}} = -a$,$v_{\mathrm{D}} = -d$,$v_{\mathrm{G}} = -g$,$v_{\mathrm{H}} = -h$。即 v_B 对于反应物取负值,对于产物取正值。

在反应开始时,反应系统中各物质的量为 $n_{\mathrm{B}}(0)$。到反应时刻 t,反应物的量减少,产物的量增加,各物质的量为 $n_{\mathrm{B}}(t)$。反应进度 ξ 的定义为:

$$\xi = \frac{n_{\mathrm{B}}(t) - n_{\mathrm{B}}(0)}{v_{\mathrm{B}}} = \frac{\Delta n_{\mathrm{B}}}{v_{\mathrm{B}}} \tag{2-10}$$

从式(2-10)可以看出,$\xi = 1$ mol 的物理意义是有 $a$mol 的反应物 A 和 d mol 反应物 D 参加反应完全消耗,转化为产物 g mol 的 G 和 h mol 的 H。即以方程式为基本单元进行了 1 mol 的反应,也就是发生了单位化学反应。

例如合成氨反应　　$3H_2 + N_2 = 2NH_3$

反应进度 $\xi = 1$ mol,表示 3 mol H_2 与 1 mol N_2 完全反应,生成 2 mol 的 NH_3。反应进度 ξ 与该反应在一定条件下达到平衡的转化率没有关系,它是以反应计量方程式为单元表示反应进行的程度,而且用反应系统中任一种物质的量的变化来表示所得的值均相同。若将合成氨的反应计量方程式写为:

$$\frac{3}{2}H_2 + \frac{1}{2}N_2 = NH_3$$

反应进度 $\xi = 1$ mol,则表示 $\frac{3}{2}$ mol 的 H_2 与 $\frac{1}{2}$ mol 的 N_2 完全反应,生成了 1 mol 的 NH_3,所以反应进度与反应计量方程式的写法有关。

(二)热化学方程式

标明了物质的聚集状态、反应条件和反应热的化学方程式称为热化学方程式(thermodynamics equation)。例如:

$$O_2(g) + 2H_2(g) = 2H_2O(l);\Delta_r H^{\ominus}_{m,298} = -571.6\ \mathrm{kJ/mol}$$

因为 H 为状态函数,ΔH 的值与系统的始、终态有关,所以在书写热化学方程式时要

注意以下几点：

(1)标明物质的物态通常用 s、l、g、aq 分别表示固态、液态、气态和水溶液。对于有几种晶型的固体物质还需标明晶型，如 C(石墨)、C(金刚石)。

(2)标明反应时的温度和压强。若温度和压强分别是 298 K 和标准压强$p^{\ominus}$，则可以不注明。

(3)反应多在定压下完成，用 ΔH 表示反应热，负数表示放热，正数表示吸热。

(4)$\Delta_r H_m^{\ominus}$ 的意义是“在标准压强下，反应进度 $\xi=1$ mol 时的焓变”。下标 r 代表反应(reaction)，下标 m 代表反应进度 $\xi=1$ mol，上标$\ominus$表示标准态。“标准态”是指物质(理想气体、纯固体、纯液体)处于标准压强$p^{\ominus}$下的状态。“标准态”是为了处理问题方便所做的一种人为规定。

若压强不为$p^{\ominus}$，反应焓变的符号为 $\Delta_r H_m$。

(5)$\Delta_r H_m^{\ominus}$ 和 $\Delta_r H_m$ 的单位均是 kJ/mol。ΔH 和 $\Delta H^{\ominus}$代表一个过程的焓变，单位是 J 或 kJ。ΔH 和 $\Delta_r H_m$ 这两种符号的意义不同，单位也不一样，使用中一定要注意区分。二者之间的关系为：

$$\Delta H = \xi \Delta_r H_m, \Delta H^{\ominus} = \xi \Delta_r H_m^{\ominus} \tag{2-11}$$

【例 2-3】 在 298 K 标准状态下，1 mol H_2 完全燃烧生成水，放热 285.84 kJ。此反应可分别表示为：

(1)$H_2(g)+\frac{1}{2}O_2(g)=H_2O(l)$

(2)$2H_2(g)+O_2(g)=2H_2O(l)$

若过程(1)中有 2 mol H_2 燃烧，过程(2)中有 5 mol H_2 燃烧，分别求此两过程的 $\Delta H^{\ominus}(1)$和 $\Delta H^{\ominus}(2)$。

解：按计量方程(1)，$\Delta_r H_m^{\ominus}(1)=-285.84$ kJ/mol。

按计量方程(2)，$\Delta_r H_m^{\ominus}(1)=-571.68$ kJ/mol。

对于过程(1)，反应进度 $\xi(1)=2$ mol，根据式(2-11)，$\Delta H^{\ominus}(1)=-571.68$ kJ。对于过程(2)，反应进度 $\xi(2)=2.5$ mol，$\Delta H^{\ominus}(2)=-1\ 786.5$ kJ。

此例说明反应热 $\Delta_r H_m^{\ominus}$ 或 $\Delta_r H_m$ 的数值与计量方程式有关；而某一具体过程的焓变 $\Delta H^{\ominus}$或 ΔH 的数值与计量方程式无关。

三、盖斯定律(Hess's Law)

瑞士籍俄国化学家盖斯(G. H. Hess)根据大量实验事实，总结出一条规律：化学反应不论是一步完成还是分几步完成，其反应热是相同的。这就是盖斯定律，也称赫斯定律，它是热力学第一定律的必然结果。因为当反应系统不做非体积功时，$Q_V = \Delta U, Q_p = \Delta H$，而 H 和 U 都是状态函数。当反应的始态(反应物)和终态(生成物)一定时，H 和 U 的改变值 ΔH 和 ΔU 与途径无关。所以，无论是一步完成反应还是多步完成反应，反应热都是一样的。

根据盖斯定律，可以将反应热进行代数和运算，通过已知反应的热效应计算未知反应的热效应。

例如，碳燃烧生成一氧化碳的反应热是实验上无法测定的，因为在反应过程中伴随有二氧化碳的生成。利用盖斯定律,却能很容易地由已知的热化学方程式求算出它的反应热。

(1) $C(s)+O_2(g)=CO_2(g)$, $\Delta_r H^{\ominus}_{m,1}=-393.5$ kJ/mol。

(2) $CO(g)+\frac{1}{2}O_2=CO_2(g)$, $\Delta_r H^{\ominus}_{m,2}=-283.0$ kJ/mol。

(3) $C(s)+\frac{1}{2}O_2(g)=CO(g)$。

利用盖斯定律有:反应(1)-反应(2)=反应(3)。

所以:$\Delta_r H^{\ominus}_{m,3}=\Delta_r H^{\ominus}_{m,1}-\Delta_r H^{\ominus}_{m,2}=-393.5-(-283.0)=-110.5$(kJ/mol)

【例 2-4】 已知 298 K 时下列反应的标准摩尔焓

(1) $CH_3COOH(l)+2O_2(g)=2CO_2(g)+2H_2O(l)$, $\Delta_r H^{\ominus}_{m,1}=-871.5$ kJ/mol

(2) C(石墨,s)$+O_2(g)=CO_2(g)$, $\Delta_r H^{\ominus}_{m,2}=-393.5$ kJ/mol

(3) $H_2(g)+\frac{1}{2}O_2(g)=H_2O(l)$, $\Delta_r H^{\ominus}_{m,3}=-285.8$ kJ/mol

计算生成乙酸 $CH_3COOH(l)$ 反应的标准摩尔焓。

解:设计生成乙酸的反应:

$$2C(\text{石墨},s)+2H_2(g)+O_2(g)=CH_3COOH(l)$$

根据盖斯定律,(3)×2-(1)可得:

(4) $2H_2(g)+2CO_2(g)=CHCOOH(l)+O_2(g)$, $\Delta_r H^{\ominus}_{m,4}=2\Delta_r \mathrm{H}^{\ominus}_{m,3}-\Delta_r \mathrm{H}^{\ominus}_{m,1}$

(2)×2+(4)可得:

(5) $2C$(石墨,s)$+2H_2(g)+O_2(g)=CHCOOH(l)$, $\Delta_r H^{\ominus}_{m,5}=2\Delta_r H^{\ominus}_{m,2}+\Delta_r H^{\ominus}_{m,4}$

(5)是乙酸的生成反应,$\Delta_r H^{\ominus}_{m,5}$ 即生成乙酸 $CHCOOH(l)$ 反应的标准摩尔焓,故

$$\Delta_r H^{\ominus}_{m,5}=2\times(-393.5)+2\times(-285.8)-(-871.5)=-487.1(\text{kJ/mol})$$

四、生成焓和燃烧焓

(一)生成焓

由元素的稳定单质生成 1 mol 某物质时的热效应叫作该物质的生成焓。如果生成反应在标准态和指定温度(通常为 298 K)下进行,这时的生成焓称为该温度下的标准生成焓,用 $\Delta_f H^{\ominus}_m$ 表示[下标 f 表示“生成”(formation)]。例如,石墨与氧气在$p^{\ominus}$和 298 K 下反应,生成 1 mol CO_2,放热 393.5 kJ,则 CO_2 的 $\Delta_f H^{\ominus}_{m,298}$ 为-393.5 kJ/mol。

按照定义,稳定单质的 $\Delta_f H^{\ominus}_m$ 为零,因为由稳定单质仍旧生成该稳定单质,这意味着未发生反应。

一些物质在 298.15 K 时的 $\Delta_f H^{\ominus}_m$ 值列于附录,任何反应的标准摩尔焓变都可用下式求得:

$$\Delta_r H^{\ominus}_m=\sum_B v_B \Delta_f H^{\ominus}_m(B) \tag{2-12}$$

式中,Σ_B 为化学计量系数(反应物取负值,生成物取正值)。例如,对于一般化学反应式(2-12)的展开式即为

$$\Delta_r H_m^\ominus = [g\Delta_f H_m^\ominus(G) + h\Delta_f H_m^\ominus(H)] - [a\Delta_f H_m^\ominus(A) + d\Delta_f H_m^\ominus(D)]$$

【例 2-5】 根据生成焓数据，计算下面反应的标准反应热 $\Delta_r H_m^\ominus$。

$$CH_4(g) + 2O_2(g) = CO_2(g) + 2H_2O(l)$$

解：查表得各物质的 $\Delta_f H_m^\ominus$ 为

	$CH_4(g)$	$O_2(g)$	$CO_2(g)$	$H_2O(l)$
$\Delta_f H_m^\ominus$(kJ/mol)	-74.8	0	-393.5	-285.8

$$\Delta_r H_m^\ominus = [-393.5 + 2\times(-285.8)] - [-74.8 + 2\times 0] = -890.3(\text{kJ/mol})$$

（二）燃烧焓

多数有机物分子难以由单质直接合成而得，因此它们的标准生成焓无法直接测定。但有机化合物很容易燃烧，而且燃烧反应的热效应也易测定，所以有机反应的热效应多由燃烧焓计算。

在标准状态下，1 mol 物质完全燃烧所产生的热量称为该物质的标准燃烧焓，以 $\Delta_c H_m^\ominus$ 表示，下标 c 表示“燃烧”(combustion)。完全燃烧是指化合物分子中 C 变为 $CO_2(g)$，H 变为 $H_2O(l)$，S 变为 $SO_2(g)$，N 变为 $N_2(g)$，上述燃烧产物及 $O_2(g)$ 的摩尔燃烧焓均为零。

利用 $\Delta_c H_m^\ominus$ 计算有关反应的 $\Delta_r H_m^\ominus$，其方法与利用 $\Delta_f H_m^\ominus$ 计算 $\Delta_r H_m^\ominus$ 的方法相类似：

$$\Delta_r H_m^\ominus = -\sum_B v_B \Delta_c H_m^\ominus(B) \qquad (2\text{-}13)$$

对于一般化学反应：　　$aA + dD = gG + hH$

式(2-13)的展开式即为：

$$\Delta_r H_m^\ominus = [a\Delta_c H_m^\ominus(A) + d\Delta_c H_m^\ominus(D)] - [g\Delta_c H_m^\ominus(G) + h\Delta_c H_m^\ominus(H)]$$

表 2-1 中列出了一些有机化合物的标准摩尔燃烧焓数据。

表 2-1　一些有机化合物的标准摩尔燃烧焓(298 K)

化合物	$\Delta_c H_m^\ominus$/(kJ/mol)	化合物	$\Delta_c H_m^\ominus$/(kJ/mol)
$CH_4(g)$	-890.3	$CH_3OH(l)$	-726.5
$C_2H_2(g)$	-1 299.6	$CH_3CHO(l)$	-1 166.4
$C_2H_4(g)$	-1 411.0	$CH_3CH_2OH(l)$	-1 366.8
$C_2H_6(g)$	-1 559.8	$CH_3COOH(l)$	-874.5
$C_3H_6(g)$	-2 092.0	$CH_3COOC_2H_5(l)$	-2 254.2
$C_3H_8(g)$	-2 219.9	$C_6H_5OH(s)$	-3 053.5
$C_4H_{10}(g)$	-2 877.0	$C_6H_5NH_2(l)$	-3 397.0
$C_5H_{12}(g)$	-3 536.1	$C_6H_5COOH(s)$	-3 227.5
$C_6H_{12}(l)$	-3 919.9	$(NH_2)_2CO(s)$	-631.7
$C_6H_{14}(l)$	-4 163.0	$NH_2CH_2COOH(s)$	-964.0

【例 2-6】 在 298.15 K 及 $p^{\ominus}$ 下，设环丙烷、石墨及氢的燃烧焓分别为 -2 092.0 kJ/mol、-393.8 kJ/mol 及 -285.84 kJ/mol。若已知丙烯(气)的 $\Delta_f H_m^{\ominus}=20.5$ kJ/mol，试求：

(1)环丙烷的 $\Delta_f H_m^{\ominus}$。

(2)环丙烷异构化变成丙烯的 $\Delta_r H_m^{\ominus}$。

解：(1)环丙烷的生成反应为

$$3C(石墨)+3H_2(g)=C_3H_6(g)$$

环丙烷的生成热即上述生成反应的反应热 $\Delta_r H_m^{\ominus}=\Delta_f H_m^{\ominus}(C_3H_6)$

$$\begin{aligned}即\ \Delta_f H_m^{\ominus}(C_3H_6)&=3\Delta_c H_m^{\ominus}(石墨)+3\Delta_c H_m^{\ominus}(H_2,g)-\Delta_c H_m^{\ominus}(C_3H_6,g)\\&=[3\times(-393.8)]+[3\times(-285.84)-(-2\,092.0)]\\&=53.08(kJ/mol)\end{aligned}$$

(2)环丙烷异构化变成丙烯的反应热为

$$\begin{aligned}\Delta_r H_m^{\ominus}&=\Delta_f H_m^{\ominus}(丙烯)-\Delta_f H_m^{\ominus}(环丙烷)\\&=20.5-53.08=-32.58(kJ/mol)\end{aligned}$$

第五节　热力学第二定律

热力学第一定律解决了变化过程中能量及其转化的求算问题，自然界一切变化都不违背热力学第一定律。但大量事实证明，不违背第一定律的过程不一定都能自动进行。例如，一杯热水可以自动地向周围环境散发热量，但绝不能自动从温度比它低的环境吸收热量而沸腾，即使环境放出的热量与水吸收的热量相等，也决不会自动进行。可见，热力学第一定律不能回答过程自发进行的方向，也不能回答进行到何种程度。这些问题的解决有赖于热力学第二定律。

一、化学反应的自发性

自发过程(spontaneous process)是在一定条件下，没有任何外力推动就可以自动进行的过程。例如水可以自动地从高处向低处流动，热可以自动地从高温物体传给低温物体。

自发过程的共同特点如下：

(1)自发过程具有方向性。在一定条件下，自发过程只能自发地单向进行，其逆过程不能自发进行。若要使逆过程能进行，必须要消耗能量，对系统做功。如要消耗机械能才能把低处的水提升到高处；冰箱要耗电才能制冷，把低温物体的热传给高温物体。这些逆过程的进行，都要消耗环境的能量，或者说在环境中留下了“痕迹”。

(2)自发过程有一定的限度。自发过程不会无休止地进行，总是进行到一定程度就自动停止。高处的水向低处流，到两处水位相等时就停止流动；热传导也是在温度相等时就停止进行了。化学反应进行到一定程度，达到化学平衡，从宏观上看化学反应也停止了。自发过程进行的限度就是系统达到平衡。

(3)进行自发过程的系统具有做有用功(非体积功)的能力。高处流下的水可以推动水轮机；热机就是利用热传导做功，某些化学反应可以设计成电池做电功。但系统做有用功的能力随着自发过程的进行逐渐减少，当系统达到平衡后，就不再具有做有用功的能力了。

在对自发过程的研究中，人们发现许多系统能量降低的过程是自发的。例如，水从势能高处自动流向势能低处；正电荷自动从电势高处流向电势低处；化学反应也有类似的情况，很多放热反应可以自发进行。但研究也发现很多能量升高的过程也可能自发进行。例如，298 K 时，冰自动融化成水，同时吸热；NH_4NO_3 等固体物质在水中溶解也是吸热的过程，却可以自发进行。

显然，决定一个过程能否自发进行，除能量因素外，还有其他因素。例如，将红豆和绿豆放在一起摇晃，它们便混合起来，系统的混乱度增加了；反之，将混合在一起的红豆和绿豆无论怎么摇晃也不会各自分开。再如，环境污染是目前大家十分关心的问题，其实污染就是混乱度增大的过程。治理污染将污染物分离出来要花很大的力气。由此可见，有两种因素影响着过程的自发性：一个是能量变化，系统将趋向最低能量；另一个是混乱度变化，系统将趋向最高混乱度。

二、熵（entropy）

系统的混乱度在热力学中用物理量熵来表征，混乱度越大，熵值越大。同热力学能、焓一样，熵也是状态函数，用符号 S 表示，单位为 J/K 或 kJ/K。

当系统的状态发生变化时，熵值也随之改变。系统的熵变用符号 ΔS 表示，它是终态的熵 S_2 与始态的熵 S_1 之差，即

$$\Delta S = S_2 - S_1$$

等温过程的熵变可由下式计算：

$$\Delta S = \frac{Q_r}{T} \tag{2-14}$$

式中，Q_r（下标 r 代表“可逆”，reversible）是可逆过程的热效应；T 为系统的热力学温度。

三、热力学第二定律

熵增加原理：“孤立系统的熵永不减少”是热力学第二定律的一种表述，即

$$\Delta S(\text{孤立}) > 0 \tag{2-15}$$

孤立系统是指与环境不发生物质和能量交换的系统。真正的孤立系统是不存在的，因为能量交换不能完全避免。但是若将与系统有物质或能量交换的那一部分环境也包括进去而组成一个新的系统，这个新系统可算作孤立系统。因此，式(2-15)可表示为：

$$\Delta S(\text{系统}) + \Delta S(\text{环境}) > 0 \tag{2-16}$$

如果某一变化过程中，系统的熵变 ΔS(系统)和环境的熵变 ΔS(环境)都已知，则可用式(2-16)来判断该过程是否自发。即

$\Delta S(\text{系统}) + \Delta S(\text{环境}) > 0$　　过程自发

$\Delta S(\text{系统}) + \Delta S(\text{环境}) < 0$　　不可能发生的过程

热力学第二定律是热力学最基本的定律之一，是人类经验的总结，它的正确性和普适

性是不容置疑的。

四、标准摩尔熵(standard molar entropy)

熵是表示系统混乱度的热力学函数。纯净物质的完美晶体,在热力学温度 0 K 时,分子间排列整齐,且任何分子热运动都停止了,这时系统完全有序化了。因此,热力学第三定律指出:在热力学温度 0 K 时,任何纯物质的完美晶体的熵值等于零。

有了第三定律,我们就能测量任何纯物质在温度 T 时熵的绝对值。因为

$$S_T - S_0 = \Delta S \tag{2-17}$$

S_T 表示温度为 T(K) 时的熵值, S_0 表示 0 K 时的熵值,由于 $S_0 = 0$,所以

$$S_T = \Delta S$$

这样只需求得物质从 0 K 到 T K 的熵变 ΔS,就可求得该物质在 T K 时熵的绝对值。在标准态下 1 mol 物质的熵值称为该物质的标准摩尔熵(简称标准熵),用符号 $S_m^{\ominus}$ 表示。附录列出了一些物质在 298.15 K 时的标准摩尔熵。需要指出的是,水合离子的标准摩尔熵不是绝对值,而是在规定标准态下水合 H^+ 的熵值为零的基础上求得的相对值。

根据熵的含义,不难看出物质标准熵的大小应有如下的规律:

(1)同一物质所处的聚集态不同,熵值不同,熵值大小次序是:气态>液态>固态。如:

$H_2O(g)$[188.7] $H_2O(l)$[69.9] $H_2O(s)$[39.3]

方括号内的数值是 298 K 时物质的标准摩尔熵,单位为 J/(K · mol),下同。

(2)聚集态相同,复杂分子比简单分子有较大的熵值。如:

$O(g)$[161.0] $O_2(g)$[205.0] $O_3(g)$[238.8]

(3)结构相似的物质,分子量大的熵值大。如:

$F_2(g)$[202.7] $Cl_2(g)$[223.0] $Br_2(g)$[245.4] $I_2(g)$[261.0]

(4)分子量相同,分子构型复杂,熵值大。如:

$C_2H_5OH(g)$[282.0] $CH_3-O-CH_3(g)$[266.3]

这是由于二甲醚分子的对称性大于乙醇。

熵是状态函数,有了 $S_m^{\ominus}$ 的数值,运用下式就可计算反应的标准摩尔熵变 $\Delta_r S_m^{\ominus}$:

$$\Delta_r S_m^{\ominus} = \sum_B v_B S_m^{\ominus}(B) \tag{2-18}$$

第六节 吉布斯函数及其应用

决定自发过程能否发生的因素,既有能量因素,又有混乱度因素,因此要涉及 ΔG 和 ΔS 这两个状态函数改变量。1876 年美国物理化学家 Gibbs(吉布斯)提出用吉布斯函数(吉布斯自由能)来判断定温定压条件下过程的自发性。

一、吉布斯函数

吉布斯函数 G 的定义是:

$$G = H - TS \tag{2-19}$$

H、T 和 S 都是状态函数,它们的线性组合 G 也是状态函数。G 具有能量的量纲,单位

为 J 或 kJ。系统的吉布斯函数与热力学能、焓一样，不可能知道其绝对值，但系统经历某一过程后，吉布斯函数的改变量 ΔG 是可以求得的：$\Delta G = G_2 - G_1$，其中 G_2 和 G_1 分别为终态和始态的吉布斯函数。若是化学反应系统，则分别是生成物和反应物的吉布斯函数，即

$$\Delta G = G_2 - G_1 = (H_2 - TS_2) - (H_1 - TS_1) = (H_2 - H_1) - T(S_2 - S_1)$$

$$\Delta G = \Delta H - T\Delta S \tag{2-20}$$

这个关系式称为吉布斯-亥姆霍兹(Gibbs-Helmholtz)方程式，是一个很有用的公式。

系统的吉布斯函数是衡量系统在定温定压条件下对外做有用功的能力。若经某一过程后，系统的 $\Delta G<0$，即 $G_2 < G_1$，说明这是吉布斯函数降低的过程。在此过程中，吉布斯函数释放出来有用功，而自发过程也是可以对外做有用功的。当系统达到平衡时，便不再做有用功，此时 $G_2 = G_1$。

综上所述，在恒温、恒压不做有用功的条件下，系统发生变化，可以用吉布斯函数的改变量来判断过程的自发性：

$\Delta G<0$　　自发过程

$\Delta G=0$　　平衡状态

$\Delta G>0$　　非自发过程，其逆过程可自发进行

这就是判断过程自发性的吉布斯函数判据。

二、标准生成吉布斯函数

因吉布斯函数是状态函数，在化学反应中如果我们能够知道反应物和生成物的吉布斯函数的数值，则反应的吉布斯函数变 ΔG 可由简单的加减法求得。但是从吉布斯函数的定义可知，它与热力学能、焓一样，是无法求得绝对值的。为了求算反应的 ΔG，可仿照求标准生成焓的处理方法：首先规定一个相对的标准——在指定的反应温度(一般为 298 K)和标准态下，令稳定单质的吉布斯函数为零，并且把在指定温度和标准态下，由稳定单质生成 1 mol 某物质的吉布斯函数变称为该物质的标准生成吉布斯函数($\Delta_f G_m^\ominus$)。一些物质在 298.15 K 时的标准生成吉布斯函数值列于附录。有了 $\Delta_f G_m^\ominus$ 的数据，就可方便地由下式计算任何反应的标准摩尔吉布斯函数变($\Delta_r G_m^\ominus$)：

$$\Delta_r G_m^\ominus = \sum_B v_B \Delta_f G_m^\ominus(B) \tag{2-21}$$

【例 2-7】 求 298 K 标准状态下反应 $4HI(g)+O_2(g) = 2I_2(g)+2H_2O(l)$ 的 $\Delta_r G_m^\ominus$，并判断反应的自发性。

解：查表得：$\Delta_f G_m^\ominus(HI) = 1.7$ kJ/mol，$\Delta_f G_m^\ominus(I_2) = 19.4$ kJ/mol，$\Delta_f G_m^\ominus(H_2O) = -237.2$ kJ/mol，故：

$$\begin{aligned}\Delta_r G_m^\ominus &= 2\Delta_f G_m^\ominus(I_2)+2\Delta_f G_m^\ominus(H_2O)-4\Delta_f G_m^\ominus(HI)\\ &= 2\times19.4+2\times(-237.2)-4\times1.7\\ &= -442.4(\text{kJ/mol})\end{aligned}$$

$\Delta_r G_m^\ominus<0$，反应可以自发进行。

三、ΔG 与温度的关系

由标准生成吉布斯函数的数据算出 $\Delta_r G_m^\ominus$，可用来判断反应在标准态下能否自发进

行。但是能查到的标准生成吉布斯函数一般都是 298 K 时的数据。那么在其他温度,如在人的体温 37 ℃时,某一生化反应能否自发进行?为此我们需要了解温度对 ΔG 的影响。

一般来说温度变化时,ΔH、ΔS 变化不大,而 ΔG 却变化很大。因此,当温度变化不太大时,可近似地把 ΔH、ΔS 看作不随温度而变的常数。这样,只要求得 298 K 时的 $\Delta H_{298}^{\ominus}$ 和 $\Delta S_{298}^{\ominus}$,利用如下近似公式就可求算温度 T 时的 $\Delta G_T^{\ominus}$。

$$\Delta G_T^{\ominus} = \Delta H_{298}^{\ominus} - T\Delta S_{298}^{\ominus} \tag{2-22}$$

由式(2-22)可知,吉布斯函数变既考虑了过程的焓变,又考虑了温度和熵变。ΔG 符号取决于 ΔH 和 ΔS 的相对大小,且温度 T 对 ΔG 的符号也会有影响。表 2-2 归纳了恒压下 ΔH、ΔS 和 T 对 ΔG 符号影响的几种情况。

表 2-2　恒压下 ΔH、ΔS 和 T 对 ΔG 符号的影响

ΔH 的符号	ΔS 的符号	ΔG 的符号	反应情况
−	+	−	任何温度下均为自发过程
+	−	+	任何温度下均为非自发过程
+	+	低温(+)	低温为非自发过程
+	+	高温(−)	温度升高时转化为自发过程
−	−	低温(−)	低温时为自发过程
		高温(+)	高温时为非自发过程

【例 2-8】　求 298 K 和 1 000 K 时下列反应的 $\Delta_r G_m^{\ominus}$,判断在此两温度下反应的自发性,估算反应可以自发进行的最低温度是多少。

$$CaCO_3(s) = CaO(s) + CO_2(g)$$

解:首先利用标准摩尔生成焓和标准摩尔熵的数据求 $\Delta_r H_m^{\ominus}(298\ K)$ 和 $\Delta_r S_m^{\ominus}(298\ K)$

$$\begin{aligned}\Delta_r H_m^{\ominus}(298\ K) &= \Delta_f H_m^{\ominus}(CaO) + \Delta_f H_m^{\ominus}(CO_2) - \Delta_f H_m^{\ominus}(CaCO_3)\\ &= (-635.1) + (-393.5) - (-1\ 206.9)\\ &= 178.3(kJ/mol)\end{aligned}$$

$$\begin{aligned}\Delta_r S_m^{\ominus}(298\ K) &= S_m^{\ominus}(CaO) + S_m^{\ominus}(CO_2) - S_m^{\ominus}(CaCO_3)\\ &= 39.7 + 213.6 - 92.9\\ &= 160.4[J/(K\cdot mol)]\end{aligned}$$

$$\begin{aligned}\Delta_r G_m^{\ominus}(298\ K) &\approx \Delta_r H_m^{\ominus}(298\ K) - T\Delta_r S_m^{\ominus}(298\ K)\\ &= 178.3 - 298\times 160.4\times 10^{-3}\\ &= 130.5(kJ/mol)\end{aligned}$$

$\Delta_r G_m^{\ominus}(298\ K) = 130.5\ kJ/mol > 0$,故在 298 K,$p^{\ominus}$该反应不能自发进行。

$$\begin{aligned}\Delta_r G_m^{\ominus}(T) &\approx \Delta_r H_m^{\ominus}(298\ K) - T\times\Delta_r S_m^{\ominus}(298\ K)\\ &= 178.3 - 1\ 000\times 160.4\times 10^{-3}\\ &= 17.9(kJ/mol)\end{aligned}$$

$\Delta_r G_m^{\ominus}(1\ 000\ K) = 17.9\ kJ/mol > 0$,故在 1 000 K,$p^{\ominus}$下该反应仍不能自发进行。

设在温度 T 时，反应可自发进行，则：

$$\Delta_r G_m^{\ominus}(T) \approx \Delta_r H_m^{\ominus}(298\ \mathrm{K}) - T\times\Delta_r S_m^{\ominus}(298\ \mathrm{K}) < 0$$

$$178.3 - T\times 160.4\times 10^{-3} < 0$$

即 $T>1\ 112$ K。

所以，温度高于 1 112 K，反应才能自发进行。

第七节　化学平衡

当确定了一个反应能自发进行后，不仅要考虑其反应的速率，而且需研究反应进行的程度，即研究化学平衡及影响平衡的因素。

化学平衡是本课程基本理论的重要部分。研究化学平衡，在理论和实践上都有重要意义。

本节通过对化学平衡共同特点和规律的探讨，应用热力学基本原理，讨论化学平衡建立的条件以及化学平衡移动的方向与化学反应限度等重要问题。

一、可逆反应与化学平衡

（一）可逆反应

在一定的反应条件下，一个化学反应既能从反应物变成生成物，在相同条件下也能从生成物变为反应物，即在同一条件下能同时向正、逆两个方向进行的化学反应称为可逆反应（reversible reaction）。习惯上，把从左向右进行的反应称为正反应，把从右向左进行的反应称为逆反应。

原则上所有的化学反应都具有可逆性，不同的反应其可逆程度不同。反应的可逆性和不彻底性是一般化学反应的普遍特征。由于正、逆反应同处于一个系统中，所以在密闭容器中可逆反应不能进行到底，即反应物不能全部转化为生成物。

在反应式中用双向半箭头号强调反应的可逆性。如 $H_2(g)$ 与 $I_2(g)$ 的可逆反应可写成：

$$H_2(g)+I_2(g) \rightleftharpoons 2HI(g)$$

（二）化学平衡

在恒温恒压且非体积功为零时，可用化学反应的吉布斯函数变 $\Delta_r G_m$ 来判断化学反应进行的方向。随着反应的进行，系统吉布斯函数在不断变化，直至最终系统的吉布斯函数 G 值不再改变，此时反应的 $\Delta_r G_m=0$。这时化学反应达到了热力学平衡态，简称化学平衡（chemical equilibrium）。只要系统的温度和压强保持不变，同时没有物质加入系统中或从系统中移走，这种平衡就能持续下去。

例如，在四个密闭容器中分别加入不同数量的 $H_2(g)$、$I_2(g)$ 和 $HI(g)$，发生如下反应：

$$H_2(g)+I_2(g) \rightleftharpoons 2HI(g)$$

在 427 ℃恒温下，不断测定 $H_2(g)$、$I_2(g)$ 和 $HI(g)$ 的分压，经一定时间后，$H_2(g)$、$I_2(g)$ 和 $HI(g)$ 三种气体的分压均不再变化，说明系统达到了平衡，见表 2-3。

表 2-3　$H_2(g)+I_2(g)\rightleftharpoons 2HI(g)$ 平衡系统各组分分压

编号	起始分压/kPa			平衡分压/kPa			$p^2(HI)$
	$p(H_2)$	$p(I_2)$	$p(HI)$	$p(H_2)$	$p(I_2)$	$p(HI)$	$\dfrac{}{p(H_2)\,p(I_2)}$
1	66.00	43.70	0	26.57	4.293	78.82	54.47
2	62.14	62.63	0	13.11	13.60	98.10	53.98
3	0	0	26.12	2.792	2.792	20.55	54.17
4	0	0	27.04	2.878	2.878	21.27	54.62

上述气体的分压是指：该组分单独存在于混合气体的温度 T 及总体积 V 的条件下所具有的压强。某一气体在气体混合物中产生的分压等于在相同温度下它单独占有整个容器时所产生的压强；而气体混合物的总压强等于其中各气体分压之和，这即为道尔顿分压定律。

显然，不管起始反应从正向反应物开始，还是逆向反应从生成物开始，最后容器中的反应物和生成物的分压虽各不相同，但都不再变化，此时系统达到了平衡，有

$$H_2(g)+I_2(g)\rightleftharpoons 2HI(g)$$

$$\Delta_r G_m=0$$

化学平衡有以下特征：

(1)化学平衡是一个动态平衡(dynamic equilibrium)。如表 2-3 所示的反应系统达到平衡时，表面上反应已经停止，实际上 $H_2(g)$ 和 $I_2(g)$ 的化合以及 HI(g) 的分解仍以相同的速率进行。

(2)化学平衡是相对的，同时也是有条件的。一旦维持平衡的条件发生了变化(例如温度、压强发生变化)，系统的宏观性质和物质的组成都将发生变化。原有的平衡将被破坏，代之以新的平衡。

(3)在一定温度下化学平衡一旦建立，以化学反应方程式中化学计量系数为幂指数的反应方程式中各物种的浓度(或分压)的乘积为一常数，叫平衡常数。在同一温度下，同一反应的平衡常数相同。

(三)平衡常数

1. 标准平衡常数

标准平衡常数(standard equilibrium constant) $\Delta_r G_m^{\ominus}$ 只能用来判断化学反应在标准态下能否自发进行，但是通常遇到的反应系统都是非标准态的，处于标准态的反应系统是极罕见的。对于非标准态，应该用 $\Delta_r G$ 来判断反应的方向。那么，$\Delta_r G$ 如何求算呢？范特霍夫(van't Hoff)化学反应等温方程式给出了 $\Delta_r G$ 的计算式。

对任一化学反应

$$aA+dD\rightleftharpoons gG+hH$$

化学反应等温方程式为

$$\Delta_r G = \Delta_r G^{\ominus} + RT\ln \frac{a_H^h a_G^g}{a_A^a a_D^d} \tag{2-23}$$

式中，a_A、a_D、a_G、a_H 分别为系统中物质 A、D、G、H 的活度（介绍见后）。式（2-23）是一个很有用的公式。

如果反应处于平衡状态，$\Delta_r G = 0$，由式（2-23）可得

$$\Delta_r G^{\ominus} + RT\ln \frac{a_H^h a_G^g}{a_A^a a_D^d} = 0 \tag{2-24}$$

式中，a_A、a_D、a_G、a_H 均为平衡状态下的活度。令

$$\frac{a_H^h a_G^g}{a_A^a a_D^d} = K^{\ominus} \tag{2-25}$$

则

$$\Delta_r G^{\ominus} = -RT\ln K^{\ominus} \tag{2-26}$$

在一定温度下，指定反应的 $\Delta_r G^{\ominus}$ 为一固定值。由式（2-26）不难看出，$K^{\ominus}$ 也必是一不变的数值。式（2-25）表明：在一定温度下，反应处于平衡状态时，生成物的活度以方程式中化学计量数为乘幂的乘积，除以反应物的活度以方程式中化学计量数的绝对值为乘幂的乘积等于一常数，并称之为标准平衡常数。

关于活度的意义，这里可粗略地把它看作"有效浓度"，它的量纲为 1。它是将物质所处的状态与标准态相比后所得的数值，故标准态本身为单位活度，即 $a = 1$。物质所处的状态不同，标准态定义不同，活度的表达式不同。所以，对不同类型的反应，$K^{\ominus}$ 的表达式也有所不同。

（1）气体反应。理想气体（或低压下的真实气体）的活度为气体的分压与标准压强的比值

$$a = p/p^{\ominus}$$

代入式（2-25）得

$$K_p^{\ominus} = \frac{\left(\frac{p_H}{p^{\ominus}}\right)^h \times \left(\frac{p_G}{p^{\ominus}}\right)^g}{\left(\frac{p_A}{p^{\ominus}}\right)^a \times \left(\frac{p_D}{p^{\ominus}}\right)^d} = \frac{p_H^h \times p_G^g}{p_A^a \times p_D^d} \times \left(\frac{1}{p^{\ominus}}\right)^{\Sigma v} \tag{2-27}$$

$\sum v = (g + h) - (a + d)$。这就是气体反应标准平衡常数的表达式。

（2）溶液反应。理想溶液（或浓度稀的真实溶液）的活度是溶液浓度（单位：mol/L）与标准浓度$c^{\ominus}$（1 mol/L）的比值

$$a = c/c^{\ominus}$$

将此式代入式（2-25）得

$$K_c^{\ominus} = \frac{\left(\frac{c_G}{c^{\ominus}}\right)^g \times \left(\frac{c_H}{c^{\ominus}}\right)^h}{\left(\frac{c_A}{c^{\ominus}}\right)^a \times \left(\frac{c_D}{c^{\ominus}}\right)^d} = \frac{c_H^h \times c_G^g}{c_A^a \times c_D^d} \times \left(\frac{1}{c^{\ominus}}\right)^{\Sigma v} \tag{2-28}$$

这就是溶液反应标准平衡常数的表达式。

(3)复相反应。复相反应是指反应系统中存在两个以上相的反应。如反应

$$CaCO_3(s)+2H^+(aq)=Ca^{2+}(aq)+CO_2(g)+H_2O(l)$$

就是复相反应。由于固相和纯液相的标准态是它本身的纯物质,故固相和纯液相均为单位活度,即 $a=1$,所以在标准平衡常数表达式中可不列入,则上述反应的标准平衡常数表达式为

$$K^{\ominus}=\frac{\left[\frac{c(Ca^{2+})}{c^{\ominus}}\right]\left[\frac{c(CO_2)}{c^{\ominus}}\right]}{\left[\frac{c(H^+)}{c^{\ominus}}\right]^2}$$

2. 多重平衡规则

一个给定化学反应计量方程式的平衡常数,不取决于反应过程中经历的步骤,无论反应分几步完成,其平衡常数表达式完全相同,这就是多重平衡规则。也就是说,当某总反应为若干个分步反应之和(或之差)时,则总反应的平衡常数为这若干个分步反应平衡常数的乘积(或商)。例如,将 $CO_2(g)$ 通入 $NH_3(aq)$ 中,发生如下反应:

$$CO_2(g)+2NH_3(aq)+H_2O(l)=2NH_4^{\ +}(aq)+CO_3^{\ 2-}(aq) \qquad (1)$$

$$K_1^{\ominus}=\frac{\left[\frac{c(NH_4^{\ +})}{c^{\ominus}}\right]^2\left[\frac{c(CO_3^{\ 2-})}{c^{\ominus}}\right]}{\left[\frac{c(CO_2)}{c^{\ominus}}\right]\left[\frac{c(NH_3)}{c^{\ominus}}\right]^2}$$

反应(1)是 $CO_2(g)$ 与 $NH_3(aq)$ 的总反应,实际上溶液中存在(a)、(b)、(c)、(d)四种平衡关系。也就是说,总反应(1)可表示为(a)、(b)、(c)、(d)四步反应的总和[其中 OH^- 既参与平衡(a)又参与平衡(d)的反应,H_2CO_3 参与平衡(b)和平衡(c)的反应]。在同一平衡系统中,一个物种的平衡浓度只能有一个数值。所以,OH^- 和 H_2CO_3 的浓度项可消去。因而有

$$2NH_3(aq)+2H_2O(l)\rightleftharpoons 2NH_4^{\ +}(aq)+2OH^- \qquad (a)$$

$$CO_2(g)+H_2O(l)\rightleftharpoons H_2CO_3(aq) \qquad (b)$$

$$H_2CO_3(aq)\rightleftharpoons CO_3^{\ 2-}(aq)+2H^+(aq) \qquad (c)$$

$$2H^+(aq)+2OH^-(aq)\rightleftharpoons 2H_2O(l) \qquad (d)$$

$$CO_2(g)+2NH_3(aq)+H_2O(l)\rightleftharpoons 2NH_4^{\ +}(aq)+CO_3^{\ 2-}(aq) \qquad (2)$$

$$K_1^{\ominus}=\frac{\left[\frac{c(NH_4^{\ +})}{c^{\ominus}}\right]^2\left[\frac{c(CO_3^{\ 2-})}{c^{\ominus}}\right]}{\left[\frac{c(CO_2)}{c^{\ominus}}\right]\left[\frac{c(NH_3)}{c^{\ominus}}\right]^2}=K_{(a)}^{\ominus}K_{(b)}^{\ominus}K_{(c)}^{\ominus}K_{(d)}^{\ominus}$$

多重平衡规则说明 $K^{\ominus}$ 值与系统达到平衡的途径无关,仅取决于系统的状态——反应物(始态)和生成物(终态)。

【例 2-9】 已知 298 K 时的下列数据:

(1) $CO_2(g)+4H_2(g)=CH_4(g)+2H_2O(g)$ 　　$\Delta_r G_m^{\ominus}(1)=-112.6$ kJ/mol

(2) $2H_2(g)+O_2(g)=2H_2O(g)$　　$\Delta_r G_m^{\ominus}(2)=-456.1\ kJ/mol$

(3) $2C(s)+O_2(g)=2CO(g)$　　$\Delta_r G_m^{\ominus}(3)=-272.0\ kJ/mol$

(4) $C(s)+2H_2(g)=CH_4(g)$　　$\Delta_r G_m^{\ominus}(4)=-51.1\ kJ/mol$

试求反应 $CO_2(g)+H_2(g)=H_2O(g)+CO(g)$ 在 298 K 时的 $\Delta_r G_m^{\ominus}$ 和$K^{\ominus}$。

解:待求反应 $a\times(1)+b\times(2)+c\times(3)+d\times(4)$，则

$$\Delta_r G_m^{\ominus}=a\Delta_r G_m^{\ominus}(1)+b\Delta_r G_m^{\ominus}(2)+c\Delta_r G_m^{\ominus}(3)+d\Delta_r G_m^{\ominus}(4)$$

$$K^{\ominus}=K^{\ominus}(1)^a K^{\ominus}(2)^b K^{\ominus}(3)^c K^{\ominus}(4)^d$$

所求反应可以表示为: $(1)-\frac{1}{2}(2)+\frac{1}{2}(3)-(4)$

$$\begin{aligned}\Delta_r G_m^{\ominus}&=\Delta_r G_m^{\ominus}(1)-\frac{1}{2}\Delta_r G_m^{\ominus}(2)+\frac{1}{2}\Delta_r G_m^{\ominus}(3)-\Delta_r G_m^{\ominus}(4)\\&=-112.6-\frac{1}{2}\times(-456.1)+\frac{1}{2}\times(-272.0)+51.1\\&=30.55(kJ/mol)\end{aligned}$$

则:

$$\Delta_r G_m^{\ominus}=-RT\ln K^{\ominus}$$

$$K^{\ominus}=\exp\left(\frac{-\Delta_r G_m^{\ominus}}{RT}\right)=\exp\left(\frac{-30.55\times10^3}{8.314\times298}\right)=4.41\times10^{-6}$$

3. 有关平衡常数的几点说明

(1)实验(经验)平衡常数。实验事实表明,在一定的反应条件下,任何一个可逆反应经过一定时间后,都会达到化学平衡。此时反应系统中以反应方程式中的化学计量系数(v_B)为幂指数的各物种的浓度(或分压)的乘积为常数,如表 2-3 中最后一列。由于这个常数由实验测得,故称为实验平衡常数(或经验平衡常数),简称平衡常数(equilibrium constant),用 K_c 或K_p 表示。

对于任一可逆反应

$$aA+dD\rightleftharpoons gG+hH$$

在一定温度下,达到平衡时,各组分浓度之间的关系为

$$K_c=\frac{c_H^h c_G^g}{c_A^a c_D^d}\qquad(2\text{-}29)$$

式中, K_c 称为浓度平衡常数; c 为物质的平衡浓度。

对于气相反应,在恒温下,气体的分压与浓度成正比($p=cRT$),因此在平衡常数表达式中,可以用平衡时的气体分压来代替浓度,用 K_p 表示压强平衡常数,其表达式为

$$K_p=\frac{p_H^h p_G^g}{p_A^a p_D^d}\qquad(2\text{-}30)$$

式中, p 为物质的平衡分压。

对于同一反应,平衡常数可用 K_c 表示,也可用 K_p 表示,但通常情况下二者并不相等。由于平衡常数表达式中各组分的浓度(或分压)都有单位,所以实验平衡常数是有单位的,实验平衡常数的单位取决于化学计量方程式中生成物与反应物的单位及相应的化学计量系数。

(2)实验(经验)平衡常数与标准平衡常数的关系。虽然标准平衡常数和经验平衡常数都反映了在到达平衡时反应进行的程度,但两者有所区别:①标准平衡常数的量纲为1,而经验平衡常数只有在 $\sum v_B=0$ 时,量纲才为1。②两者数值一般不等。气体反应的标准平衡常数$K^\ominus$与经验平衡常数 K_p 的数值不等(除 $\sum v_B=0$ 者外);溶液反应的标准平衡常数$K^\ominus$与经验平衡常数 K_c 的数值相同。由于标准平衡常数可从热力学函数计算得到,所以在化学平衡的计算中,多采用标准平衡常数。

(3)平衡常数表达式和数值与反应式的书写有关。如合成氨反应

$$N_2+3H_2=2NH_3 \qquad K_1^\ominus=\frac{\left(\frac{p_{NH_3}}{p^\ominus}\right)^2}{\left(\frac{p_{H_2}}{p^\ominus}\right)^3\left(\frac{p_{N_2}}{p^\ominus}\right)}$$

$$\frac{1}{2}N_2+\frac{3}{2}H_2=NH_3 \qquad K_2^\ominus=\frac{\left(\frac{p_{NH_3}}{p^\ominus}\right)^1}{\left(\frac{p_{H_2}}{p^\ominus}\right)^{\frac{3}{2}}\left(\frac{p_{N_2}}{p^\ominus}\right)^{\frac{1}{2}}}$$

显然 $K_1^\ominus \neq K_2^\ominus, K_1^\ominus=(K_2^\ominus)^2$。因此,使用和查阅平衡常数时,必须注意它们所对应的化学反应方程式。

二、化学反应进行的程度

化学反应达到平衡时,系统中物质B的浓度不再随时间而改变,此时反应物已最大限度地转变为生成物。平衡常数具体反映出平衡时各物种相对浓度、相对分压之间的关系,通过平衡常数可以计算化学反应进行的最大程度,即化学平衡组成。在化工生产中常用转化率(α)来衡量化学反应进行的程度。某反应物的转化率是指该反应物已转化为生成物的百分数。即

$$\alpha=\frac{\text{某反应物已转化的量}}{\text{某反应物的总量}}\times 100\% \tag{2-31}$$

化学反应达平衡时的转化率称平衡转化率。显然,平衡转化率是理论上该反应的最大转化率。而在实际生产中,反应达到平衡需要一定的时间,流动的生产过程中往往系统还没有达到平衡,反应物就离开了反应容器,所以实际的转化率要低于平衡转化率。实际转化率与反应进行的时间有关。工业生产中所说的转化率一般指实际转化率,而一般教材中所说的转化率是指平衡转化率。

【例2-10】 在250 ℃及标准压力下,1 mol PCl_5 部分解离为 PCl_3 和 Cl_2,达到平衡时通过实验测知混合物的密度为2.695 g/L,试计算 PCl_5 的解离度 α 以及解离反应在该温度时的$K^\ominus$和 $\Delta_r G_m^\ominus$。

解: $PCl_5(g) \rightleftharpoons PCl_3(g)+Cl_2(g)$

平衡时的物质的量: $1-\alpha$ $\qquad \alpha \qquad \alpha \qquad \sum n_{总}=1-\alpha+\alpha+\alpha=1+\alpha$

解离前：$n_0=1$ mol，$d_0=\dfrac{m}{V_0}=\dfrac{M}{RT/p}=\dfrac{208.5\times 101\,325\times 10^{-3}}{8.314\times 523}=4.859(\text{g/L})$

解离后：

$$n=1+\alpha, d=2.695$$

$$\frac{d}{d_0}=\frac{m/V}{m/V_0}=\frac{m/\dfrac{nRT}{p}}{m/\dfrac{n_0RT}{p}}=\frac{n_0}{n}=\frac{1}{1+\alpha}=\frac{2.695}{4.859}$$

故

$$\alpha=\frac{4.859-2.695}{2.695}=0.803$$

$$K^{\ominus}=\frac{\alpha^2}{(1-\alpha)(1+\alpha)}=1.815$$

$$\Delta_r G_m^{\ominus}=-RT\ln K^{\ominus}=-2.59\ \text{kJ/mol}$$

【例 2-11】 将 1.5 mol H_2 和 1.5 mol I_2 放入 10 L 容器中，使其在 793 K 达到平衡。经分析，平衡系统中含 HI 气体 2.4 mol，求反应

$$H_2(g)+I_2(g)\rightleftharpoons 2HI(g)$$

在此温度时的$K^{\ominus}$。

解：从反应式可知，每生成 2 mol HI 要消耗 1 mol H_2 和 1 mol I_2。根据这个关系，可求出平衡时各物质的物质的量。

	$H_2(g)$	$+I_2(g)$	$\rightleftharpoons 2HI(g)$
起始时物质的量/mol	1.5	1.5	0
平衡时物质的量/mol	$1.5-\dfrac{2.4}{2}$	$1.5-\dfrac{2.4}{2}$	2.4

利用公式 $pV=nRT$，求得平衡时各物质的分压，代入标准平衡常数表达式：

$$K^{\ominus}=\frac{\left[\dfrac{n(HI)RT}{V}\right]^2}{\left[\dfrac{n(H_2)RT}{V}\right]\left[\dfrac{n(I_2)RT}{V}\right]}\left(\frac{1}{p^{\ominus}}\right)^{\Sigma n}$$

$$=\frac{n^2(HI)}{n(H_2)\times n(I_2)}=\frac{(2.4)^2}{(0.3)^2}=64$$

第八节　化学平衡的移动

化学平衡是相对的、有条件的，一旦维持平衡的条件发生了变化（例如浓度、压强、温度的变化），系统的宏观性质和物质的组成都将发生变化。原有的平衡将被破坏，代之以新的平衡。这种因外界条件的改变而使化学反应从一种平衡状态向另一种平衡状态转变的过程称为化学平衡的移动。

影响化学平衡的因素有浓度、压强和温度。这些因素对化学平衡的影响，可以用 1887 年法国化学家勒夏特列（Le Chatelier）提出的平衡移动原理来判断：假如改变平衡系

统的条件之一,如温度、压强或浓度,平衡就向减弱这个改变的方向移动。如增加反应物的浓度或反应气体的分压,平衡向生成物方向移动,以减弱反应物浓度或反应气体分压的增加的影响;如果增加平衡系统的总压(不包括充入不参与反应的气体),平衡向气体分子数减少的方向移动,以减小总压的影响;如果升高温度,平衡向吸热反应方向移动,减弱温度升高对系统的影响。例如,在下列的平衡系统中

$$3H_2(g)+N_2(g)\rightleftharpoons 2NH_3(g) \qquad \Delta_r H^\ominus=-92.2\ \text{kJ/mol}$$

增加 H_2 的浓度或分压	平衡向右移动
减小 NH_3 的浓度或分压	平衡向右移动
增加系统总压强	平衡向右移动
增加系统温度	平衡向左移动

但是勒夏特列原理只能做出定性的判断,如果改变两种或两种以上外界条件,此原理就不能做出判断了,此时可以用 $\Delta_r G$ 来判断。因为:

$$\Delta_r G=\Delta_r G^\ominus+RT\ln Q$$

将 $\Delta_r G^\ominus=-RT\ln K^\ominus$ 代入上式:

$$\Delta_r G=-RT\ln K^\ominus+RT\ln Q=RT\ln\frac{Q}{K^\ominus}$$

$$\begin{cases} Q<K^\ominus,\text{反应正向进行} \\ Q>K^\ominus,\text{反应逆向进行} \\ Q=K^\ominus,\text{平衡状态} \end{cases}$$

【例 2-12】 298 K 时,向 100 L 的密闭容器中充入 NO_2、N_2O、O_2 各 0.10 mol,试判断下面反应进行的方向。已知该反应在 298 K 时的标准平衡常数为 1.6。

$$2N_2O(g)+3O_2(g)\rightleftharpoons 4NO_2(g)$$

解:气体视为理想气体,则:$pV=nRT$

$$p(NO_2)=p(N_2O)=p(O_2)=\frac{nRT}{V}$$

$$=\frac{0.1\times 8.314\times 298}{100}=2.5\ \text{kPa}$$

$$Q=\frac{p^4(NO_2)}{p^2(N_2O)p^3(O_2)}\left(\frac{1}{p^\ominus}\right)^{4-5}=\frac{2.5^4}{2.5^2\times 2.5^3}\left(\frac{1}{100}\right)^{-1}=40>1.6$$

故反应逆向进行。

勒夏特列原理只能做出定性的判断,若已知平衡常数则可进一步做定量计算。

【例 2-13】 已知反应

$$N_2O_4(g)\rightleftharpoons 2NO_2(g)$$

在总压为 200 kPa 和温度为 525 K 时达平衡,$N_2O_4(g)$ 的转化率为 34.2%,求:

(1)该反应的$K^\ominus$;

(2)相同温度、压强为 500 kPa 时 $N_2O_4(g)$ 的平衡转化率。

解:(1)设反应起始时,$n(N_2O_4)=1$ mol,$N_2O_4(g)$ 的平衡转化率为 α。

$$N_2O_4(g) \rightleftharpoons 2NO_2(g)$$

起始时物质的量n_B/mol	1	0
平衡时物质的量n_B/mol	$1-\alpha$	2α
平衡总物质的量$n_{总}$/mol	$1-\alpha+2\alpha=1+\alpha$	
平衡分压p_B/kPa	$\frac{1-\alpha}{1+\alpha}\times 200$	$\frac{2\alpha}{1+\alpha}\times 200$

标准平衡常数 $K^{\ominus}=\dfrac{\left[\dfrac{p(NO_2)}{p^{\ominus}}\right]^2}{\left[\dfrac{p(NO_2)}{p^{\ominus}}\right]^1}$

$$=\left(\frac{2\alpha}{1+\alpha}\times\frac{200}{100}\right)^2\times\left(\frac{1-\alpha}{1+\alpha}\times\frac{200}{100}\right)^{-1}$$

$$=\frac{4\times 0.342^2}{1-0.342^2}\times\frac{200}{100}=1.06$$

(2) 温度不变，$K^{\ominus}$不变

$$K^{\ominus}=\frac{4\alpha^2}{1-\alpha^2}\times\frac{5\times 100}{100}=1.06$$

$$\alpha=0.224=22.4\%$$

计算结果表明增加总压，平衡向气体化学计量系数减少的方向移动。

温度对化学平衡的影响与浓度、压强的影响有本质上的区别。浓度、压强改变时，平衡常数不变，而温度改变使标准平衡常数的数值发生变化。因此，要定量地讨论温度的影响，必须先了解温度与平衡常数的关系。因为

$$\Delta_r G^{\ominus}=-RT\ln K^{\ominus}$$

$$\Delta_r G^{\ominus}=\Delta_r H^{\ominus}-T\Delta_r S^{\ominus}$$

合并两式

$$\ln K^{\ominus}=-\frac{\Delta_r H^{\ominus}}{RT}+\frac{\Delta_r S^{\ominus}}{R}$$

设在温度 T_1 和 T_2 时的平衡常数为 $K_1^{\ominus}$ 和 $K_2^{\ominus}$，并设 $\Delta_r H^{\ominus}$ 和 $\Delta_r S^{\ominus}$ 不随温度而变，则

$$\ln\frac{K_2^{\ominus}}{K_1^{\ominus}}=\frac{\Delta_r H^{\ominus}}{R}\left(\frac{1}{T_1}-\frac{1}{T_2}\right) \qquad (2\text{-}32)$$

式(2-32)是表述$K^{\ominus}$与 T 关系的重要方程式。当已知化学反应的 $\Delta_r H^{\ominus}$ 时，只要知道某温度下的$K_1^{\ominus}$ 即可利用式(2-32)求另一温度T_2 下的$K_2^{\ominus}$。此外，也可以从已知两温度下的平衡常数求反应的 $\Delta_r H^{\ominus}$。

【例 2-14】 试计算反应

$$CO_2(g)+4H_2(g) \rightleftharpoons CH_4(g)+2H_2O(g)$$

在 800 K 时的 $K^{\ominus}$ 。

解：欲利用式(2-32)计算 800 K 时的 $K^{\ominus}$ ，必须先知道另一温度时的 $K^{\ominus}$ 。为此，可先查表求得 298 K 时的 $K_{298}^{\ominus}$ 和 $\Delta_r H^{\ominus}$。查表得

	$CO_2(g)$	$H_2(g)$	$CH_4(g)$	$H_2O(g)$
$\Delta_f H^{\ominus}/(kJ/mol)$	−393.5	0	−74.8	−241.8
$\Delta_f G^{\ominus}/(kJ/mol)$	−394.4	0	−50.8	−228.6

$$\Delta_r H^{\ominus}=-74.8+2\times(-241.8)-(-393.5)$$
$$=-164.9(kJ/mol)$$
$$\Delta_r G^{\ominus}=-50.8+2\times(-228.6)-(-394.4)$$
$$=-113.6(kJ/mol)$$
$$\ln K_{298}^{\ominus}=\frac{-\Delta_r G^{\ominus}}{RT}=\frac{-(-113.6\times10^3)}{8.314\times298}=45.9$$

将上述数据代入式(2-32)得

$$\ln K_{800}^{\ominus}-45.9=\frac{-164.9\times10^3}{8.314}\times\left(\frac{800-298}{298\times800}\right)$$
$$=-41.76$$
$$\ln K_{800}^{\ominus}=45.9-41.76=4.14$$
$$K_{800}^{\ominus}=64.07$$

第三章 大学化学中化学热力学教学

第一节 化学热力学与现代教育

热力学的唯象理论已趋于完善,积累与嫁接了许多有价值的科学教育思想,认真总结与领会这些思想,对于掌握和推进该学科及有关学科的发展,把教育学和哲学的物质范畴和相对的、可变的热力学中的一些基本概念联系与区别开,更好地理解化学热力学都有着重大意义。以下以化学热力学中的一些基本概念和理论与现代教育理论与方法作一比较。

一、赫斯定律与教学法

当体系处于一定的状态时,体系的性质只取决于它现在所处的状态,而与其过去的历史无关,若外界条件不变,体系的各种性质就不会发生变化,当体系的状态发生变化时,其一系列性质也随之而变化,改变多少只取决于体系的开始状态和终了状态,而与变化时所经历的途径无关,无论经历多么复杂的变化,只要体系恢复原状,则这些性质也恢复原状。对于任何一个化学反应,不管化学反应是一步还是几步完成的,该反应的热效应相同,换言之,即反应的热效应只与起始状态和终了状态有关,而与变化的途径无关,即赫斯定律。

通过对赫斯定律的了解,很容易让人想到教育学中的教学有法,而无定法,但教要得法。正确处理好“有法”与“无定法”的矛盾关系,对于提高教学质量有着重要意义。“教学有法”是指任何一种教学,都要掌握和应用一定的、科学的教学方法。教学“无定法”是指实际教学活动中,不能总用一个固定不动的教学方法模式,对教学方法不能公式化和模式化,要善于艺术而灵活地应用教学方法。这就要求在实际教学活动中,既要重视方法的科学要求,又要灵活地处理好教学。教学方法具有科学性,就是说任何教学方法的确定和选择都不是随意的,都是有其科学根据的。要根据教学本身所具有的规律性来确定和使用教学方法。教学方法具有艺术性,是说教学方法的确定要有科学依据,但在实际教学工作中却要根据条件和需要对教学方法进行艺术性的再创造并灵活运用。

二、化学热力学与教育系统科学

在化学热力学中,研究任一体系的某种热力学性质时,把体系称为热力学体系,根据体系与环境之间的关系,可以把体系分为三种:隔离体系、封闭体系与开放体系。而一切事物、过程,乃至整个世界,都是由无数相互联系、相互依赖、相互制约、相互作用的事物和过程所形成的统一整体(系统或体系)。要实现一个学校的最优化管理,应让学校全体成员树立起学校整体性观念,防止学校各部门只强调自己的功能,忽视整体效益。要充分调动各要素积极性,不断调整学校内部的系统,缩短上下层之间的距离,保证信息灵通,才能有效地组织教学。

对教育科学系统，即教育信息论、控制论和系统论，不是把复杂的系统分解成孤立的元素，而是把复杂的系统作为一个整体去研究，从结构、功能、过程、层次等方面去探究规律。对它们进行研究，必将对教育学乃至对科学思想发展产生深刻影响。在教育上运用控制论理论和方法来研究人的心理活动、教学过程和学校管理，以达到检查、提高教学质量的目的。信息论方法在研究问题时，不是割裂系统的联系，用孤立的、局部的、静止的观点来研究事物，而是用联系的、转化的、全面的观点来研究整个系统的运动过程，在教学中利用信息论方法来研究各个教学部门的“输出信息”和“传递信息”，借以了解各个部门“反馈信息”，从而指导教学和完善教学管理。系统论研究法就是把研究的对象放在系统的形式上，从整体上、联系上、结构上，精确地考察整体与部分、部分与部分、整体与外部环境之间的关系，以求得最优化处理问题的方法。在现代教育研究中，运用系统论观点指导教学，改革教育体制，实行学校管理，改进学校教学等都具有重要的指导意义。

三、卡诺循环与循环教学法

卡诺循环是化学热力学中的基本循环，是 1824 年一位名叫卡诺的法国工程师设计的，卡诺循环的重要意义不仅是可以找出有关热功转换的重要关系，而且还有非常重要的教育内涵。

循环教学法的特点是先练后导，以练为主，以导为辅，练导循环往复式教学法。在循环教学法中要求直接教学(动)与自动作业(静)紧密衔接，多次变换，做到动静有序、动静有致、动静有格。有序，指各年级直接教学与自动作业的安排视教材内容体系循序渐进；有致，课堂气氛热烈而有秩序；有格，是指教学遵守教学规律与学生心理发展特点，使学生在课堂内既要高度集中注意力，紧张思维，豁然开朗又有轻松愉快之感。

循环教学法的程序，由自学设疑—尝试练习—检查改错—启发诱导—小组评议组成一个教学单元，然后将每一教学时数划分成若干个单元进行循环，在教学中，教师按上述五个步骤组织课堂教学。独立自学设置疑难；启发诱导，排疑解难；尝试新知，练习开路；检查改错，适时反馈；小组评议，画龙点睛。这五个教学环节完成后，一个教学单元告一段落，接着从记忆环节起重新开始，继续进行。完成一个循环之后，学生掌握了一定的知识，没有讲过的则在下一个循环内得到学习和巩固，如此往复循环，造成知识的不断积累和丰富，从而达到良好的教学效果。

四、不可逆论与人的发展

经典热力学是由宏观现象所归纳出来的两个定律为基础而扩展出来的，经典热力学认为：体系总是自发地趋向平衡、趋向无序，但实际上是趋向平衡。趋向无序并不是自然界的普遍规律，有时甚至整个社会作为一个体系也是趋向于更加有序、更加有组织，凡此种种都无法用经典的热力学来解释，必须跳出经典热力学的框架，用新的理论来说明它。从热力学的观点就有序无序而论可以把体系分为两类：一类体系不需要与外界环境进行物质和能量的交换，即在孤立和平衡的条件下得以维持其结构；另一类体系只有通过与外界环境进行物质和能量的交换在非平衡条件下才得以维持并呈现出宏观范围的时空有序，这就是一门新的学科——不可逆过程热力学，对非平衡态和不可逆过程做定量的描述，就是不可逆过程热力学的内容和任务。

人的发展是指人作为生命个体出生开始，随着年龄的增长、知识和社会生活经验的增加而带来的生理和心理的变化过程。从生理学的观点来看，遗传因素对人的生理发展会起重大的作用。但遗传是不可逆的，从某种意义上说，人的生理发展也是不可逆的。环境是影响人身心发展的外部条件，在影响人的身心发展的环境中，社会环境是更为直接的重大因素，教育是社会环境中的一部分，它对人的身心发展起主导作用。教育对人的身心发展所产生的影响是不可逆的。如果儿童在学习语言的最佳时期，因为种种原因而失去了机会，在他成长到非最佳时期有了机会，再回过头来学习语言，结果是不言而喻的，因此从这个角度来说，教育对人的身心发展是不可逆的，也可以说社会环境对人的身心发展是不可逆的。人的身心发展是不可逆的，归根结底是因为时间是不可逆的，人和社会的发展也是不断向前、无法逆转的。

五、耗散结构理论的教育内涵

1968 年，比利时化学家普利高津提出了耗散结构理论。他指出：一个开放体系在达到远离平衡的非线性区域时，一旦体系的某一参量达到一定阈值后，通过涨落就可以使体系发生突变，从无序走向有序，产生自组织现象。耗散结构理论指出：远离平衡态的开放体系，只有在非线性作用下通过涨落才可以从无序向有序转化。现代教育研究表明，人脑是一个耗散结构，伴随着外界信息的输入，就会导致系统处于非平衡状态，进而能有效地吸收新知识，解决新问题，实现从简单到复杂，从无序到有序。运用耗散结构理论指导教学，研究学生的认识过程怎样才能从无序走向有序。教师要通过能动地教，去激发学生能动地学，在充分调动学生学习内驱力的前提下，让学生在学习中分析研究知识信息，探索知识的内在规律性，促进思维的发展。

六、化学平衡移动原理的教育思想

稳定性在许多学科中都是极为重要的课题，热力学从宏观上揭示了平衡态能够稳定的根源，并对各种约束体系确立了用相应的热力学函数判断或检验平衡态稳定的准则和移动方向，即平衡移动原理，其表述为：一个稳定的平衡均相体系，当它与外界进行热力学相互作用时，起初只允许体系的某一个热力学变量（如温度、压力、化学势等）改变，体系将会离开原平衡态，此时，体系中必然激发起一种热力学过程，促使体系向减弱所进行的那种热力学作用的方向转移，直到完全抵消那种作用的新平衡态。该原理对分析影响教学质量的因素和提高教学质量的途径有着重要的意义。在教学中影响教学质量的因素有人的因素（教师的水平. 学生的基础）、方法的因素（教师的教学方法、学生的学习方法）、教材的因素、教学设备的因素、教学管理的因素等，在教学中认真分析产生问题的原因，提出解决问题的方法，对于提高教学质量，培养合格的人才，有着重要的意义。

化学热力学教育观是化学与教育学相互渗透而形成的新的边缘学科，对现代教育学科的发展将会产生重大而深远的影响，其理论与实践的研究有待进一步的探索。期望国内外化学教育工作者共同努力来探讨这一重要而新兴的领域，运用化学热力学理论指导现代教学,研究教学过程与规律,激发起学生不断探索未知、获得真理的强烈愿望。

第二节　化学热力学的教学探讨

热力学作为物理化学这门基础化学学科的一个重要分支,它主要研究物质系统在各种条件下的物理和化学变化中所伴随的能量变化,从而对变化过程的方向和限度做出准确的判断。热力学研究问题的理论基础主要有热力学第一定律、第二定律、第三定律,这三大定律是人类长期实践经验的总结,具有无可置疑的正确性和高度的普适性。物理化学其他分支内容(如化学平衡、相平衡和物质结构等)都需要用热力学知识对有关问题进行分析、判断和解决。因此,热力学在物理化学乃至整个化学学科的发展过程中具有举足轻重的作用。这就对物理化学热力学的教学提出了更高的要求。

作为物理化学课程的入门内容,热力学涉及大学物理、高等数学的有关基础知识,具有理论性强、概念抽象、公式繁多且各有其特定的适用条件等特点,基础比较薄弱的学生普遍感到难学甚至厌学。为了契合院校人才培养目标,切实提高学生的逻辑思维能力、辩证分析问题与解决问题的能力,有必要研究物理化学热力学教学,使学生能学以致用,提高其知识应用能力。下面从教学计划、知识体系、教学手段和方法等方面,就物理化学热力学教学进行探讨。

一、与无机化学协调,制定新的物理化学热力学知识体系

在“四大化学”中,物理化学作为无机化学的后修课程,二者在不少章节尤其是热力学部分存在重复知识点。无机化学中的热力学主要是热力学基础知识,而物理化学热力学(主要包括热力学第一定律、第二定律和第三定律及多组分系统热力学)是一个比较系统完整的知识体系,两门课程的重复知识点主要包括:热力学基本概念(如系统和环境、过程和途径等)、主要定律(热力学第一定律、第二定律和第三定律)、主要途径函数(热和功)值的计算和主要状态函数(热力学能、焓、熵、吉布斯函数)变化值的计算等。无机化学中的热力学教学侧重学生对热力学知识的识记进而能够在某些特定条件下应用,而物理化学热力学教学倾向于使学生对热力学知识达到深层次理解并且能够在不同条件下应用。对热力学中无机化学教学已比较充实的部分内容,在不影响物理化学课程系统性的前提条件下尽量少讲或不讲,可以让学生在课前翻阅教材回顾复习,课堂上迅速提及。而对热力学中无机化学没有深入讲授的重点内容,则应该着重讲解,增强学生应用理论知识解决实际问题的能力。这样既可以使学生明确学习重点,又可以有效利用课时,收到更好的教学效果。

二、适当介绍热力学有关知识背景和科技前沿等内容,提高学生学习兴趣

作为物理化学的入门内容,热力学具有概念及定律抽象、公式繁多且关系复杂等特点,基础比较薄弱的学生初学时很容易产生畏难情绪,认为与实际联系不够紧密。事实上热力学很多知识都有其形成背景,如热力学第二定律是人们为了进一步减少热机热的耗散量和提高热机效率而发现的关于热功相互转化效率的规律。热力学知识背景可以起到

理论知识联系实际问题的桥梁作用，适当介绍知识背景不仅可以激发学生的学习兴趣，而且可以培养学生的问题意识。另外，热力学主要定律的发现和重要公式的导出离不开科学家们的刻苦钻研，有些科学家在科学研究的过程中还有些不为人知的趣事，适当介绍名人（如在热力学领域作出突出贡献而获得诺贝尔物理奖或化学奖的科学家）及其趣事，有利于提高学生的学习兴趣。

热力学的很多基础理论虽然看似和科技前沿相去甚远，但实则不然。因为基础理论是高新技术的先导和源泉，热力学也不例外。适当介绍热力学有关科技前沿动态，不仅能够使学生认识到基础理论对应用能力的重要性，而且能够拓宽学生视野，激发学生的学习热情和兴趣。

三、合理综合运用多种教学手段和教学方法，提高课堂教学质量

先进的多媒体教学与传统的板书教学各有其优缺点，将二者有效结合才能收到最佳的教学效果。实际课堂教学中到底以多媒体为主、板书为辅还是以板书为主、多媒体为辅，应该根据教学内容合理选择。物理化学热力学由于公式繁多、推导过程复杂等特点，用板书讲解能够使学生紧跟教师思路而记忆深刻，推导完成后再用多媒体设备展示主要步骤或各公式之间的关系，能够使学生对所学知识一目了然。热力学知识背景和科技前沿等内容也用多媒体设备通过图像、声音和视频等形式生动形象地展示给学生，充分调动学生的多种感官，能够使他们愉快而饶有兴趣地接受。物理化学热力学采用以板书为主、多媒体为辅的教学手段，将二者合理整合，以便互相取长补短，才能有效提高课堂教学质量。

为了提高学生的知识应用能力、培养应用型人才，在物理化学热力学教学中，减少公式的理论推导，注重公式的归纳总结，尤其要重视案例法在教学中的运用，加强理论与实际的联系。案例法的实施步骤主要包括：首先选择合适的热力学案例，然后进行案例的设计与制作，最后进行案例的讲述或演示、案例的分析。另外，在实际教学中，不单注重教师的“教”，还同时注重学生的“学”，综合运用“启发式”“讨论式”“互动式”等教学方法，活跃课堂气氛，充分发挥学生的主体作用和教师的主导作用，培养学生自主学习的意识和独立分析问题及解决问题的能力，提高课堂教学质量。

物理化学热力学教学应以人才培养为目标，参照与无机化学协调而制定的热力学知识体系，适当介绍热力学知识背景和科技前沿等内容，采用以板书为主、多媒体为辅的教学手段，综合运用案例法等多种教学方法，注重理论与实际的联系，提高学生的知识应用能力。

第三节　化学热力学的教学思考与实践

化学热力学是物理化学课程的入门内容和难点。从教学实践出发，提出在教学中应从注重知识背景的介绍，理论联系实际；将多媒体教学与传统教学方式有机结合；注重公式的归纳总结，教给学生一套行之有效的记忆方法等三个方面出发，激发学生的学习兴趣，抓住重点，突破难点，将学生顺利引入物理化学知识殿堂，提高物理化学教学质量。

物理化学又称为理论化学，是一门交叉学科，主要利用数学、物理学等基础科学的理论和实验方法来研究化学变化的基本规律。物理化学是化学、化工等专业的一门主干课程，是化工原理、反应工程和化学工艺学等后继专业课程的理论基础，在教学中起着独特的承上启下的枢纽作用。物理化学具有理论性强、概念多且抽象、公式和定律多等特点，要求学习者具有较扎实的物理、数学基础。这些特点使得初学者学习起来感到非常困难，特别是对于普通高等院校的学生，教师讲授也感到比较吃力。物理化学中热力学部分是学生接触物理化学的入门内容，是建立在一些非常抽象的概念，如熵、焓以及 Gibbs 自由能等的基础上，具有公式多、公式推导较为烦琐、公式之间关系复杂、概念抽象等特点，最能体现物理化学课程的特点。由于刚开始学习物理化学，学生感到非常困难，多数学生会感到难学、难懂和难掌握。如果教学方法和引导不当，学生很容易产生畏难情绪，甚至产生放弃学习这门课程的想法。

因此，热力学作为物理化学课程的入门内容，采用合适的教学方法非常重要。只有在热力学的教学中，采用恰当的教学方法，激发学生的学习兴趣，让学生感到物理化学知识可学、易学和能掌握，才可能把学生引入物理化学的知识海洋。学生能较好地掌握物理化学知识，不仅能对后续专业课程的学习打下良好的理论基础和扫清学习障碍，并且能为学生毕业参加工作培养较强的适应能力和理解能力。

一、注重知识背景的介绍，理论联系实际，激发学生的学习兴趣

物理化学的入门内容——化学热力学内容是公认的最难学难懂的部分。概念多而抽象，如焓、熵、Gibbs 自由能和化学势等概念难以理解，而且难以通过直觉或直观的方法去感知，只能理性地去认识。热力学内容部分公式多，适用条件各不相同，只靠死记难以完全掌握。因此，学生最初接触物理化学，很容易产生畏难情绪，认为物理化学和实际脱节，用途不大，进而失去学习物理化学的兴趣。而实际上，热力学中的知识（当然也包含物理化学其他知识）都与实际问题紧密相关，并且以解决实际问题为根本出发点。因此，学习某一定律或抽象概念时，要注重知识背景的介绍。因为某一定律（或其他知识）产生背景往往与当时要解决的实际问题紧密联系，课堂上教师适当地介绍知识背景，很容易使理论知识与实际问题联系起来，让学生产生浓厚的兴趣。例如学习热力学第一定律时，教师可以适当介绍热力学第一定律诞生的背景，即为蒸汽机的进一步发展，迫切需要研究热和功的关系，以提高热机效率，适应生产力发展的需要。这一背景实际上也就说明热力学第一定律的应用与实际紧密联系起来。另外，在介绍背景知识时，可以简单讲解三位科学家——德国科学家迈尔和亥姆霍兹、英国著名物理学家焦耳三人各自对确立能量转化与守恒定律所做出的贡献及其与确立能量转化与守恒定律相关的一些小故事。例如迈尔曾是一位随船医生，在一次航行中给生病的船员做手术时，发现其血的颜色比温带地区的鲜红，这引起了迈尔的沉思。他由此认为，食物中含有的化学能，可转化为热能……迈尔的结论是："因此力（能量）是不灭的，而是可转化的、不可称量的客体。"这些知识背景的介绍，不仅能加深学生对所学知识的理解，将理论与实际问题联系起来，并且能转变学生认为物理化学的理论知识与实际脱节以及物理化学知识无用的观点，从而极大地激发学生学习的兴趣。兴趣是最好的老师和最大的学习动力，在物理化学学习中，让学生保持浓厚

的兴趣,有助于物理化学教学的顺利开展。

热力学知识尽管理论性强,但同样具有很大的实用价值。因此,在课堂教学中,教师在讲解具体每个知识点(概念、公式等)时,一定要充分准备素材,从知识产生的背景或学生所熟悉的实例入手,介绍这一内容在实际生产和日常生活中的应用。如学习热力学第二定律时,教师可以先介绍热力学第二定律要解决的问题,如实际化学反应的方向性和限度等问题,并可以和化工生产联系起来。总之,在热力学的教学中,要让学生体会到物理化学知识的重要性和实用性,让学生感到物理化学并不抽象和枯燥,最大限度地激发学生的求知欲望。

二、注重公式的归纳总结,教给学生一套行之有效的记忆方法

化学热力学部分内容公式多,各公式的适用条件各异,公式之间的关系复杂,教师若不进行归纳和总结,教给学生一套行之有效的记忆方法,学生很难掌握。这一部分内容由于涉及的数理知识多、公式多,因此在物理化学知识体系的教与学中具有广泛的代表意义。这一部分内容学生掌握好了,可以打消学生的畏难情绪,产生对学习物理化学知识的兴趣,并为后续的学习打下坚实的基础。在这一部分内容的教学中,学生除感到知识抽象以外,普遍认为公式太多而难以记忆是最大的难点。因此,在教学中,教师要善于总结公式之间的关系,教给学生以合适的记忆方法,化繁为简,化难为易,使学生能较容易地掌握这些公式,让学生感到物理化学知识能学、易学和有用。很多物理化学教师提出了各种不同的化学热力学的公式记忆方法,在教学中我们可以根据实际情况进行借鉴。但在这些方法中,大多记忆方法比较复杂,学生需花大量时间,并且只限于机械记忆。这样记忆的结果是学生很难掌握各公式之间的逻辑关系,不符合物理化学知识的组织特点。根据多年的教学实践和经验,宋维才等提出的借助图形记忆法较为简洁,若稍加改变,再结合公式的简单推导,便可方便准确地记住热力学的主要公式。

如图 3-1 所示,将 8 个热力学函数按如图 3-1(a)所示的位置标示于图中,记住图 3-1(a),知道了记忆方法,学生就能很轻松掌握热力学主要的公式和公式之间的关系。记忆方法如下:①记函数 G、H、F 和 U 的特征变量。图 3-1(a)中有四个小三角形,小三角形的底边所对应的两个函数为三角形内所示函数的特征变量,如由图 3-1(b)就可记住 U 是以 S 和 V 为特征变量的,记为 $U(S,V)$ 。同理,根据另外三个小角形则可记住 $G(T,p)$ 、$H(p,S)$ 和 $F(T,V)$ 。②记热力学四个基本关系式。以其中任意一个小三角形为基准,可记住热力学四个基本关系式。这里以 U 所在小三角形为例[见图 3-1(c)],三角形底边的两个函数 S 和 V 记为微分项($\mathrm{d}S$ 和 $\mathrm{d}V$),S 和 V 沿正方形对角线所对应的函数 T 和 p 分别为其乘积项,如果是沿着箭头的方向则为正($T\mathrm{d}S$),如果是逆向箭头所指的方向则为负($-p\mathrm{d}V$),其乘积之和则等于三角形内所示函数的微分 $\mathrm{d}U$,即 $\mathrm{d}U=-p\mathrm{d}V+T\mathrm{d}S$,如此,分别以另外三个小三角形为基准,则可记住另外三个热力学基本关系式。而由四个基本关系,经过简单的推导,则可得到另外 12 个关系式(可参见傅献彩等编的《物理化学》第 5 版上册 168 页)。③记 Maxwell 关系。以图 3-1(a)所示正方形的任意一边为底,可分别构建四个如图 3-1(d)所示的图形[图 3-1(d)是以 VS 为底边]。这里以图 3-1(d)为例说明记忆方法,首先从三角 TVS 的顶点 T 开始,沿直角边的方向依次将函数 T、V 和 S 填入

图 3-2 所示的方框 1、2 和 3 中。如果从 $T \to V \to S$ 是沿着对角线 ST 箭号所指方向，则在方框 4 中填正号“ + ”，相反则填负号“ - ”。再以三角形 pSV 为基准，以相同的方法填出图 3-2 中等式右边方框 5、6、7 和 8 的函数和符号，即可得到一个完整的 Maxwell 关系式。同理，以图 3-1(a) 中正方形的另外三条边为基准，则可写出另外三个 Maxwell 关系式。上述记忆方法抓住了热力学最基本的公式和难点公式，辅以必要的简单推导，简单、易学。

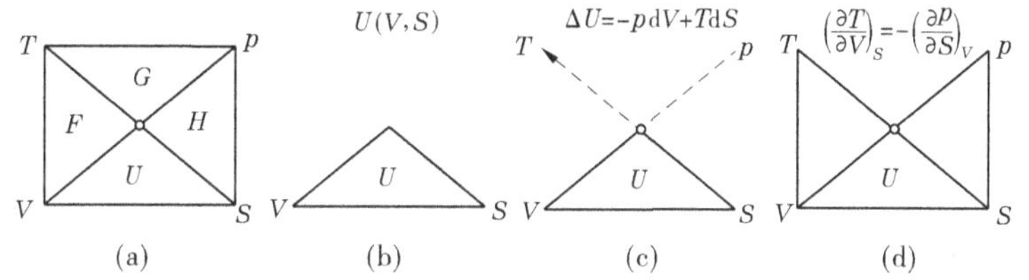

图 3-1　热力学公式记忆图

$$\boxed{4}\left(\frac{\partial\boxed{1}}{\partial\boxed{2}}\right)_{\boxed{3}} = \boxed{8}\left(\frac{\partial\boxed{5}}{\partial\boxed{6}}\right)_{\boxed{7}} \longrightarrow \left(\frac{\partial T}{\partial V}\right)_S = -\left(\frac{\partial p}{\partial S}\right)_V$$

图 3-2　Maxwell 关系

三、多媒体教学与传统教学方式的有机结合

多媒体技术集声音、图像、文字于一体，能够形象、生动地展示微观世界、解释抽象概念，打破学生认识中的时空限制，使学生可用各种感官来感知信息。进入信息迅猛发展的 21 世纪，利用现代信息技术和多媒体教育技术改革物理化学教学模式已成为必然趋势。但多媒体技术在热力学(也包含物理化学中的其他的一些内容)的教学中存在一些严重的局限，如热力学公式多，推导复杂，多媒体技术运用于公式推导的教学时，由于展示屏的限制，每屏显示的步骤较少(明显不如黑板展示全面)，滚屏后学生就无法看见前面的内容，造成学生思路不连贯，使学生对后续推导过程难以理解。根据多年的教学经验及学生的反馈，可以采用以传统教学方式为主、以多媒体教学为辅的组合模式。在具体实施时，授课教师可同样将公式推导的教学内容扼要地做成多媒体课件，讲解时教师在黑板上进行详细的推导，推导完成后再利用多媒体设备展示主要步骤或者各公式之间的关系。对于难以理解的抽象概念等内容，可以多媒体技术为主，根据知识内容的特点，制作合适的多媒体课件进行教学。多媒体教学要做到把教学内容由抽象变为直观，在加大课堂的信息量的同时突出重点和难点，以达到提高教学效果的目的。

由于许多教育工作者对物理化学课堂教学方法和教学手段探讨较多，如提出在物理化学教学中要采用研究性教学法、启发式教学法以及讨论式教学法等多种教学方法相结合，要注重课堂和课后习题训练等。这些方法和理念对物理化学教学都有很大的帮助，不同高等院校的教师可以根据本人的教学特长和学生的情况进行有选择运用，故在此不做过多的讨论。

化学热力学是物理化学课程中的入门内容，也是物理化学课程内容中普遍感到难学难教的内容之一。对于普通高等院校，学生普遍基础相对较差，在学习化学热力学时很容易产生畏难情绪。因此,教师在教学过程中一定要注重理论联系实际,激发学生的学习兴趣。同时,教师应将多媒体教学与传统教学方式有机结合,在增大知识容量、激发学生学习兴趣的同时,要抓住重点,突破难点,将学生顺利引入物理化学知识殿堂,提高物理化学教学质量。

第四节 化学热力学的教学设计与思考

就化学热力学的教学过程中出现的知识点进行分析,通过与物理学中的热力学过程进行比较,可以让学生更好理解、应用一些概念。另外,对化学热力学过程进行直观的分析,使其贴近实际,还对应用吉布斯自由能变判断自发反应方向问题进行分析,让学生理解反应的标准吉布斯自由能变所代表的含义、适用的条件。厘清这几个问题,有助于学生化学热力学的学习。

化学热力学是无机化学中重要的教学内容,是化学原理最为基础的部分,它是化学基础理论中最为重要的分支学科,也是酸碱理论、沉淀-溶解理论、氧化还原理论、配位理论等理论教学中的基础,还是元素化学教学中的理论指导,可以认为化学热力学是解决问题的工具,在化学科学体系中处于支配地位,所以化学热力学的教学显得非常重要。

一、目前化学热力学教学存在的问题

无机化学是为化学专业大一学生开设的专业基础课之一,刚进入大学校园的学生对化学的理解还是中学学习的化学课,以元素化学为主,进入大学对化学的学习方式不习惯,并且高考改革,不再分文理科,实行“3+3”考试,学生在理化生政史地中选择三科进行学习,有不少学习化学专业的学生就没有选化学,所以学生进入大学学习化学专业课程时,基础比较薄弱,接触到化学的课程不知所措,非常不适应,感觉到不像化学课,虽然学生解化学热力学的题目问题不大,比如计算焓变、内能变化、功、热、熵变、吉布斯自由能变等,都基本上满足要求,因为这些计算都是给出相应的数据(标准摩尔生成焓、标准摩尔熵、标准摩尔生成吉布斯自由能),学生基本上就是代入数据加加减减的计算问题。但是学完之后学生一直感到非常迷茫,就是对热力学的理解不深,不知道学习热力学能够干什么。

二、热力学知识点的教学设计

(一)明确学生为何要学化学热力学,化学热力学解决什么问题

研究化学反应的目的就是要获得需要的产物,但是一个反应能不能发生以及进行的程度如何,虽然有时可以通过实验来验证,但是每次实验都是在一定的具体条件下验证的,不能给出其他条件下能否发生反应,最好能够找到一种方法,通过理论计算来判断反应能否进行以及进行的程度。那么化学热力学就可以解决这个问题,化学热力学可以解决两个问题:一是反应能否进行的问题,也就是反应进行的方向;二是反应进行的程度问题,也就是化学平衡问题。学习了化学热力学就可以预言一个反应能不能发生以及在什么条件下发生、反应进行的程度如何。这样学生学习化学热力学更有目的性,激发学生的

学习兴趣。

(二)明确化学热力学的定义,习惯用热力学术语描述化学问题

热力学本来是物理学的一个分支,化学热力学就是应用物理学中热力学的研究方法来研究化学问题,落脚点还是要研究化学问题,应用的手段是物理手段。

热力学的概念:体系和环境,过程和途径,始态和终态,这些基本概念和化学研究的对象要统一起来。

比如:将物理学中加热铁块从 20 ℃到 100 ℃,与化学中氮气、氢气生成氨气的反应进行对比(见表 3-1)。

表 3-1　物理问题与化学问题的比较

项目	物理学问题	化学问题
	铁块(20 ℃)→铁块(100 ℃)	$N_2+3H_2=2NH_3$
体系	铁块	容器内的氮气、氢气以及反应后的氨气
环境	与铁块有关的周围物质比如热源、空气	容器以及容器以外的物质
始态	铁块(20 ℃)	N_2+H_2
终态	铁块(100 ℃)	NH_3
过程	铁块由 20 ℃升到 100 ℃	氮气、氢气生成氨气
途径	升温采用的具体步骤	反应物到产物的具体步骤
状态函数	体积、温度、压强、物质的量、内能等	体积、温度、压强、物质的量、内能等
焓的变化	铁块(100 ℃)终态的焓减去铁块(20 ℃)始态的焓	NH_3 终态的焓减去铁块(20 ℃) N_2+H_2 始态的焓

通过表 3-1 的比较,可以让学生感觉到化学热力学也就是研究对象由原来发生物理变化的物体转变为发生化学变化的化学反应,本质上是一样的,都是变化前后某些状态函数的变化。

讲解热力学第二定律,该定律有多种描述,有开尔文和克劳修斯的定义,学生不好理解,可以从熵增的角度描述热力学第二定律,热力学第二定律本质上是在自发过程中,一个孤立系统的总混乱度("熵")不会减小,将热力学第二定律应用于化学研究中,也就是判断反应的自发性问题(见表 3-2)。

表 3-2　热力学第二定律处理物理问题和化学问题

项目	物理问题	化学问题
体系	墨水滴到清水中(和外界没有能量和物质交换,可看作孤立系统)	孤立体系:将 $N_2+3H_2=2NH_3$ 和周围环境作为研究对象
始态	墨水+清水	N_2+3H_2 和周围环境
终态	混匀的分散系	NH_3 和周围环境
过程的熵变	$\Delta S>0$	$\Delta S>0$

分析：墨水滴到清水中，温度没有变化，说明体系内能没有变化，但是这个过程自发进行了，因为混乱度也就是熵增大了。由此例可以看出，除了能量降低是自发过程的一个因素，在内能不变的情况下，混乱度增大也可以导致体系自发进行。

对于化学问题，将研究的体系和环境综合起来，可以看作孤立体系，那么对外也就没有能量交换，也没有物质交换，所以判断这一孤立体系是否能够自发进行，也只有熵变是否大于零。如若孤立体系自发进行了，则 $\Delta S_{孤立}>0$，因为 $\Delta S_{孤立}=\Delta S_{体系}+\Delta S_{环境}>0$。

根据熵的定义，$\Delta S=Q_r/T_{环境}$可以看作非常大的体系，吸收或放出一部分热量，温度近似不变，又因为体系的焓变 $\Delta H_{环境}=-\Delta H_{体系}$

$$\Delta S_{体系}+\Delta S_{环境}>0$$

$$\Delta S_{体系}+\Delta H_{环境}/T>0$$

$\Delta S_{体系}-\Delta H_{环境}/T>0$ 两边同时乘以 T，移项可得

$$\Delta H_{体系}-T\Delta S_{体系}\leqslant 0$$

$$(H_2-H_1)-T(S_2-S_1)<0$$

$$(H_2-TS_2)-(H_1-TS_1)<0$$

$G=H-TS, G_2-G_1<0$ 即 $\Delta G<0$，反应可以自发进行，也就是热力学第二定律在化学中的具体应用。

通过上面的对比，学生对化学热力学不再感到神秘，而是非常直观具体，只是热力学研究的对象从以前的物理过程变为化学过程，本质上是一样的。

（三）从物理的角度看化学问题，解决主观感觉与理性思考的矛盾

在讲反应热的定义的时候，反应热是在一定的条件（恒压或恒容）下，如果反应物的温度与生成物的温度相同，而且反应过程中只有体积功，这时化学反应放出或吸收的热，称为此过程的热效应或反应热。学生对物理过程的热效应比较好理解，比如 1 kg 水从 20 ℃升到 80 ℃吸收的热量，或者从 80 ℃下降到 20 ℃放出的热量；但是对于化学问题会感到迷茫，比如，20 ℃条件下氢气和氧气反应生成水的反应，反应放出热量可以感受到，生成的水一定会被加热，水怎么也要变为 20 ℃，还有一个反应体系放出能量，体系能量降低，怎么用手一摸还会烫手，又如一个反应体系是吸热反应，能量增加，怎么用手一摸会有凉凉的感觉，比如氢氧化钡和硫氰酸铵混合。

这都是学生在学习过程中遇到的问题，厘清这些小问题更有助于学生的学习，在教学的过程中要求学生从物理的角度看待问题，物理中特别强调体系和环境的概念，体系和环境区分的不同划分，会得到不同的结果。针对上面的问题，比如 20 ℃条件下氢气和氧气反应生成水的反应，氢气、氧气和反应后的产物水就是体系，密封的容器和周围的物质就是环境，热量是体系和环境由于温差不等而进行的一种能量交换方式（另外一种是功），氢气、氧气和反应后生成水放出的反应热也就是传递给环境（容器和周围的物质）的热量，又因为反应热的定义中要求产物的温度与反应物温度相同，所以生成的产物水再降温释放出热量传递给容器壁和周围的物质，这一总的释放能量才是这一反应的热效应，假设容器是绝热的，不与外界进行能量交换，那么热量就是零。

反应体系放出能量，体系能量降低，怎么用手一摸还会烫手，这个问题关键在体系和环境的区分上，在这里手摸容器壁，手就是环境的一部分，热传递给手，手感觉到热；又如

一个反应体系是吸热反应，怎么用手一摸会有凉凉的感觉，比如氢氧化钡和硫氰酸铵混合，同样手也是环境的一部分，手上的热量传递给体系，手就感觉到凉。

通过这样一分析，学生的对热效应的理解豁然开朗，不再纠结于化学反应的具体细节。

（四）解决化学问题，阐明物理情景，联系实际过程

在化学热力学中的教学实践中，引入案例及时阐明化学过程的物理意义。

【例 3-1】 在 298.15 K 和 100 kPa 下，1 mol 乙醇完全燃烧放出 1 367 kJ 的热量，求该反应的 ΔH 和 ΔU。

解：反应方程式为：

$$C_2H_5OH(l)+3O_2(g)=2CO_2(g)+3H_2O(l)$$

Q_p 为恒压热效应，反应过程外部压强始终不变，这个过程对环境放出 1 367 kJ 的热量，所以 $Q_p=\Delta H=-1\ 367$ kJ。

存在公式

$$\Delta H=\Delta U+\Delta nRT$$

$$\Delta U=\Delta H-\Delta nRT$$

$$\Delta n=2-3=-1$$

$$\begin{aligned}\Delta U&=-1\ 367-(-1)\times RT\\&=-1\ 367+8.314\times10^{-3}\times298.15\\&=-1\ 364.5\ \text{kJ}\end{aligned}$$

可以让学生想象此过程的物理情景：在 298.15 K 和 100 kPa 条件下，将 1 mol 乙醇和 3 mol 氧气密封于活塞。

自由滑动的容器中，点燃混合物，乙醇就会燃烧放出热量，使容器体积不断膨胀，活塞向外滑动，反应结束后，体系的温度降为反应前的温度，反应前是 3 mol 氧气的体积，反应后是 2 mol 二氧化碳的体积，反应过程一定经历体积膨胀然后缩小的过程，最终的体积小于反应前的体积。

体系在膨胀的过程中，体系对环境做功，在收缩过程中，环境又对体系做功，但是膨胀体积变化的数值要小于收缩体积变化的数值，体系得到环境对其做的净功。体系内能降低 1 364.5 kJ，比放出的热量要少，为什么呢，因为环境对体系做功，也就是反应后放出 1 367 kJ 的热量，环境又额外将 2.5 kJ 的能量以做功的形式反馈给体系。

【例 3-2】 在 298.15 K 和 100 kPa 下，1 mol 氢气和 1 mol 氯气完全反应放出 190.52 kJ 的热量，求该反应的 ΔH 和 ΔU。

解：反应方程式为：　$H_2+Cl_2=2HCl$

因为在恒压条件下，$Q_p=\Delta H=-190.52$ kJ，此反应前后体积未变 $\Delta n=2-2=0$，$\Delta U=\Delta H-\Delta nRT$，$\Delta U=-190.52$ kJ。

该反应过程的物理情景可以描述为：在 298.15 K 和 100 kPa 条件下，将 1 mol 氢气和 1 mol 氯气密封于活塞可以自由滑动的容器中，引燃后，反应放出热量，体积必然膨胀，又对环境做功，$W=-p_{(外压)}\Delta V_1(\Delta V_1>0)$；热量经容器壁传递给环境后，体积又必然收缩，环境又对体系做功，因为 $W=-p_{(外压)}\Delta V_2(\Delta V_2<0)$；前后体积未变，$\Delta V_1=-\Delta V_2$，两次做功之

和为零,此情况下,焓变和内能变化相等,即 $\Delta H=\Delta U$。

(五)正确使用吉布斯自由能变来判断反应进行及进行的程度

学生通过化学热力学的学习掌握了判断反应是否进行的判据,比如判断给定的反应能否进行,直接将各物质的标准摩尔生成吉布斯自由能代入公式,得到 $\Delta_r G_m^\ominus$ 大于零或小于零,判断反应是否进行,实际上这是对 $\Delta_r G_m^\ominus$ 理解不够,用 $\Delta_r G_m^\ominus$ 判断反应是否进行,是在反应物、生成物都存在且都处于标准态的条件下,温度要处于 298.15 K,若 $\Delta_r G_m^\ominus>0$,反应逆向自发进行;若 $\Delta_r G_m^\ominus<0$,反应正向自发进行。如果只有反应物,就不能用 $\Delta_r G_m^\ominus$ 判断反应进行的方向,不用计算,反应一定正向进行,反之亦然。

【例 3-3】 判断:$H_2(g)+I_2(g)$在 298.15 K 下能否反应生成 HI(g)?

解:如果通过这种方式计算是不对的:查表计算反应的吉布斯自由能变为 $\Delta_r G_m^\ominus=2.6$ kJ/mol,判断这个反应不能进行,这是不可以的。因为查表获得结果是在这种情况下:氢气、碘蒸气、碘化氢三种气体都存在,且是都在 1 $p^\ominus$ 下,通过反应的 $\Delta_r G_m^\ominus$ 的正负号判断反应进行的方向;如果体系中只有氢气和碘蒸气,反应一定正向进行,直到达到化学平衡。

化学热力学是无机化学中非常重要的一章,对于酸碱平衡、沉淀溶解平衡、配位平衡、氧化还原平衡等理论有着指导作用,也是理论基础,有些基本概念,学生对热力学的主观感受和实际问题之间的矛盾,学生在学习过程中经常感到困惑,通过物理学中的研究对象和化学的研究对象进行对比,将化学热力学与生活实际相联系,理解化学热力学过程的物理意义,以及使用吉布斯自由能变来判断反应进行的方向等几个知识点的思考,让学生对热力学的学习有更深的理解,能够更好地理解化学热力学。

第四章　大学化学中化学热力学在元素化学教学中的应用

在元素化学教学中，运用化学热力学理论归纳总结了物质的递变规律、氧化还原反应式的书写规律、无机酸强度的变化规律和一些无机反应的规律，目的是用化学热力学理论丰富和充实元素化学教学，提高教学效果和教学质量。

在无机化学教学中，元素化学部分既是重点，又是难点，重点表现在所有元素及其化合物的性质、化合物的分子结构、多类反应及其用途主要在无机化学中讲授，这些是元素化学的主要内容，也是无机化学的特点，难点表现在元素及其化合物的种类繁多、结构复杂、系统性差，记忆困难。因此，如何教好无机化学元素部分内容，解决这一老大难问题，是无机化学教学改革的主要课题之一，多年来，在教学实践的基础上，把化学热力学理论应用于元素化学教学，用热力学理论从宏观角度认识物质的性质、无机反应的相关性，总结对比，揭示元素化学内在规律，取得了很好的教学效果。

第一节　应用化学热力学理论总结规律掌握物质的氧化还原性和氧化还原反应式

在元素化学教学中，对无机物的讨论总以性质为中心，而氧化还原性是物质的重要性质，如何掌握物质的氧化还原性和物质间的氧化还原反应及氧化还原反应式是学习元素化学的重点、难点之一，教学中归纳总结周期表各区同族元素相同氧化态发生的氧化还原反应热力学数据变化规律，能使学生在热力学理论指导下结合周期表系统地掌握这类知识。

一、在周期表中过渡元素从上到下最高氧化态化合物氧化性稳定性的变化规律

从这些过渡元素的热力学数据（见表 4-1）可以得出结论：①同族中从上到下高氧化态化合物稳定性增强，过渡元素电势图、自由能氧化态图中的热力学数据也能为这一规律提供依据；②第一系列过渡元素 V、Cr、Mn、Fe 等，由于高氧化态不稳定，所以它们的高氧化态氧化物、含氧酸及其盐如 V_2O_5、CrO_3、Mn_2O_7、Na_3VO_4、$K_2Cr_2O_7$、$KMnO_7$、K_2FeO_4 等是强氧化剂，而相应各族中 Hf、Ta、W、Re 等高氧化态氧化物、含氧酸如 HfO_2、Ta_2O_5、WO_3、Re_2O_7 等稳定但氧化性较弱。

表 4-1　过渡元素最高氧化态氧化物的生成热　　单位：kJ/mol

物质	生成热	物质	生成热	物质	生成热
TiO_2	-943.8	ZrO_2	-1 099	HfO_2	-1 114.8
V_2O_5	-1 560	Nb_2O_5	-1 905	Ta_2O_5	-2 049
CrO_3	-579.9	MoO_3	-746.2	WO_3	-844.1
Mn_2O_7	-780.1	Tc_2O_7	-1 115.0	Re_2O_7	-1 243.2

二、应用过渡元素热力学数据的递变规律正确书写氧化还原反应方程式和确定元素在自然界里的存在形式

例如：

$$V_2O_5+6HCl=2VOCl_2+Cl_2\uparrow+3H_2O$$

$$Nb_2O_5+6HCl=2NbOCl_3+3H_2O$$

$$2CrO_3+12HCl=2CrCl_3+3Cl_2\uparrow+6H_2O$$

$$MoO_3\cdot 2HCl+HCl+6H_2O=MoOCl_3(OH)\cdot 7H_2O$$

同价态的同族元素氧化物与同一物质反应，其产物不同，主要原因就是参与反应的物质热力学稳定性不同，从热力学数据分析，铌、钼的高氧化态的热力学稳定性分别高于钒、铬，因而钒、铬发生了还原反应得到电子，生成低氧化态化合物，铌、钼反应前后氧化态不变，只发生了复分解反应，这些规律也可以应用反应的 $\Delta_r G^{\ominus}$ 或 $\Delta_r H^{\ominus}$ 给予说明，这样通过热力学数据确定产物，书写氧化还原反应方程式就容易了。

根据过渡元素热力学数据的变化规律，可以确定其在自然界里的存在规律，如 VB 族中各元素的存在形式 $KV_2[AlSi_3O_{10}](OH)_2$、$Fe(NbO_3)_2$、$Fe(TaO_3)_2$，V 为+3 价氧化态，Mo、W 为+6 价氧化态，其他各族也存在相似的规律。

可以用以上类似的方法推出相似化合物的热分解规律、无机反应规律。

第二节　应用化学热力学理论阐明无机酸强度的变化规律

在无机化学教材中，酸的强度是根据酸碱质子理论来论述的，对酸强度的递变规律，不同教材有不同的描述方法，但都是经验性定量和定性的。这种经验性定量和定性的描述方法往往只适用于一部分无机酸，在讲解无机酸强度时多种规则和经验公式，给学生掌握和理解带来了困难，采用热力学分析方法来讨论无机酸强度的变化规律，既能从酸分子结构析因，又能明确规律。

现行无机教材中的各种经验公式都是考虑了酸根的电荷和半径对酸强度的影响，但这些经验公式都有一定的局限性，把无氧酸电离过程的 $\Delta_r G^{\ominus}$ 与酸根中心原子电荷和半径平方比 $\left(\frac{Z}{r^2}\right)$ 数据列表，不难发现 $\Delta_r G^{\ominus}$ 与 $\frac{Z}{r^2}$ 成直线关系，用最小二乘法求出 $\Delta_r G^{\ominus}$ 与 $\frac{Z}{r^2}$ 关

系式,以ⅦA族、ⅥA族为例:

ⅦA族　$$\Delta_r G^{\ominus}=163\frac{Z}{r^2}-95.5 \tag{4-1}$$

ⅥA族　$$\Delta_r G^{\ominus}=225\frac{Z}{r^2}-83.2 \tag{4-2}$$

通过公式求出的 $\Delta_r G^{\ominus}$ 与实验得到的 $\Delta_r G^{\ominus}$ 很接近,结合式(4-1)、式(4-2),分析表4-2中的数据可以看出,当酸根 $\frac{Z}{r^2}$ 增大时,半径 r 减小,酸根吸引 H^+ 的能力增强,相应电离程度减弱,即酸强度减弱,由公式计算得到的 $\Delta_r G^{\ominus}$ 就能很好地说明这一变化规律,计算值和实验值非常接近,用此公式计算酸电离过程中的 $\Delta_r G^{\ominus}$ 是完全可行的,解释无氧酸的变化规律也是正确的。

表4-2　无氧酸电离过程的 $\Delta_r G^{\ominus}$ 与 $\frac{Z}{r^2}$ 的关系

酸	$\frac{Z}{r^2}$	$\Delta_r G^{\ominus}$/(kJ/mol)	
		实验值	计算值
HF	0.70	+18.1	+18.6
HCl	0.35	−39.9	−38.5
HBr	0.29	−51.4	−48.2
HI	0.22	−57.2	−59.6
OH^-	1.28	+205	+205
HS^-	0.69	+74.2	+72.0
HSe^-	0.61	+57.1	+54.0
HTe^-	0.52	+28.5	+30.8

对无机含氧酸可以得到 $\Delta_r G^{\ominus}$ 与 $\frac{Z}{r_k}$ 关系式,如第二周期元素的最高氧化态含氧酸的电离过程 $\Delta_r G^{\ominus}$ 与酸根中心原子电荷半径比的关系为(r_k 是酸根中心原子的原子实半径)。

$$\Delta_r G^{\ominus}=-1.79\frac{Z}{r_k}+73.7 \tag{4-3}$$

第三周期元素的最高氧化态含氧酸电离过程的 $\Delta_r G^{\ominus}$ 与 $\frac{Z}{r_k}$ 关系为

$$\Delta_r G^{\ominus}=-6.15\frac{Z}{r_k}+108 \tag{4-4}$$

式(4-3)、式(4-4)求出的第二周期、第三周期元素含氧酸的 $\Delta_r G^\ominus$ 和实验得到的 $\Delta_r G^\ominus$ 非常接近,从酸分子结构来分析,影响 $\Delta_r G^\ominus$ 的主要因素是酸根中心原子的半径和电荷,当酸根中心原子的半径减小电荷增大时,$\frac{Z}{r_k}$ 增大,说明中心原子对氧基上的电子吸引力增强,使氧基上的电子密度减小,酸根结合 H^+ 能力减弱,表现在酸强度上是增加的,公式计算的 $\Delta_r G^\ominus$ 是减小的,电离度增大酸性增强,这样不仅用热力学数据说明了无机酸强度的变化规律,还能利用 $\Delta_r G^\ominus$ 与分子结构的关系($\frac{Z}{r^2}$ 或 $\frac{Z}{r_k}$)分析影响酸强度的内因,既掌握了规律,又增加了理解性记忆。

表 4-3　含氧酸电离过程的 $\Delta_r G^\ominus$ 与 $\frac{Z}{r_k}$ 的关系

酸	$\frac{Z}{r_k}$	$\Delta_r G^\ominus$/(kJ/mol)	
		实验值	计算值
H_3AlO_3	6	+69.6	+71.1
H_4SiO_4	9.77	+54.2	+47.9
H_3PO_4	14.7	+12.3	+17.6
H_2SO_4	20.7	-17.1	-19.3
$HClO_4$	26.9	-57.4	-57.4
H_2BeO_2	15	+59.7	+62.0
H_3BO_3	15	+57.6	+46.9
H_2CO_3	26.7	+22.3	+25.9
HNO_3	43.5	-7.25	-7.75

第三节　充分运用热力学函数阐明物质间的相互作用规律

一、确定化学反应的选择性

下列三个反应的热力学函数能说明“固氮”方法的选择性:

(1) $2N_2(g)+O_2(g)=2N_2O(g)$

(2) $N_2(g)+O_2(g)=2NO(g)$

(3) $N_2(g)+3H_2(g)=2NH_3(g)$

各反应的 $\Delta_r H^\ominus$、$\Delta_r S^\ominus$、$\Delta_r G^\ominus$ 如表 4-4 所示,从表 4-4 中所列数据可以看出,在标准

态时，反应(1)是焓增熵减的过程，在任何温度下均不能正向进行；反应(2)是焓增熵增过程，根据吉布斯自由能公式计算只有在温度高于 7 273 K 时才可能进行反应；反应(3)即使在标准状态时也可进行。这样既阐明了化学反应的选择性，又找到了 Haber 合成氨的理论根据。

表 4-4　"固氮"反应的 $\Delta_r H^\ominus$、$\Delta_r S^\ominus$、$\Delta_r G^\ominus$ 值

反应	$\Delta_r H^\ominus$/(kJ/mol)	$\Delta_r S^\ominus$/[J/(mol·K)]	$\Delta_r G^\ominus$/(kJ/mol)
(1)	+163.2	−148.0	+207.3
(2)	+180.8	+24.7	+173.4
(3)	−92.4	−198.3	−33.3

二、定量讨论无机反应规律

对于 SiO_2 与 HF(aq)、HCl(aq)的反应

$$SiO_2(s)+4HX(aq)=SiX_4(g,l)+2H_2O(l)$$

有关的热力学数据如表 4-5 所示。计算结果说明，虽然 HF(aq)、HCl(aq)与同一种物质(SiO_2)反应，都是吸热过程，但 $\Delta_r G^\ominus$ 不同，HF(aq)能与 SiO_2 反应，HCl(aq)则不能，平衡常数也能给予佐证，这就从热力学角度定量指出了无机反应规律，也为多年来无机元素化学中的定性解释提供了理论依据。

表 4-5　SiO_2 与 HF(aq)、HCl(aq)反应的热力学数据

物质	$\Delta_r H^\ominus$/(kJ/mol)	$\Delta_r S^\ominus$/[J/(mol·K)]	$\Delta_r G^\ominus$/(kJ/mol)	$K^\ominus$
SiF_4	+44.1	+175	−8.1	30
$SiCl_4$	+305.5	+111	+272	3×10^{-48}

三、预测盐类溶解规律

盐类在水中的溶解情况，其影响因素较多，不易做出一般性结论，但可利用热力学函数计算出溶解过程的 $\Delta_r G^\ominus$，对盐的溶解性能做出判断，考虑到盐的溶解还有量的概念，以大于或等于 0.01 mol/L 表示易溶盐，不难计算得到如表 4-6 所示的溶解规律，不同类型的盐类，其溶解的 $\Delta_r G^\ominus$ 不相同，组成盐的粒子数越多，其 $\Delta_r G^\ominus$ 值越大，溶解的难度越大。

表 4-6　无机盐类溶解规律的 $\Delta_r G^\ominus$ 值

类型	AB、A_2B_2 型	AB_2、A_2B 型	AB_3、A_3B 型	A_2B_3、A_3B_2 型
$\Delta_r G^\ominus$/(kJ/mol)	−22.8	−30.8	−38.5	−45.6
溶解性	溶解	溶解	溶解	溶解

从上述讨论可知,用化学热力学基本理论和基础知识去丰富、充实元素化学教学,研究元素化学的内在规律,如物质性质的变化规律、无机反应的规律等,能促使学生对丰富的元素化学产生浓厚的兴趣,目的就是要学生用基本理论指导学习和掌握元素化学知识,这是提高无机化学教学质量的关键,多数学生对学习元素化学不厌烦,有较高的兴趣,对大量复杂反应能从热力学角度归纳、总结,找出规律,从理解的角度去记忆,起到了事半功倍的效果。

第五章　大学化学中化学热力学的教学方法研究

物理化学是大学化学专业学生必修课的四大专业基础课之一,而化学热力学则是物理化学中非常重要的内容之一,学好化学热力学的知识是学好物理化学的基础。化学热力学理论性强,数学处理比较复杂,公式较多,而且公式的使用限制条件也较多,学生不易掌握,因此探讨该部分内容的教学方法尤为重要。

讲解法是化学热力学教学中沿用的一种教学方法。多年的教学实践证明,要使学生学好化学热力学的知识,首先就要使学生准确而透彻地理解化学热力学中的基本概念。这些概念虽然在不同教材中都有阐述,但一般比较抽象,学生难以理解,因此在教学中,除了要对每一个概念给出的定义作系统、简明的讲解外,还要对不同教材中的同一概念的不同说法进行归纳。例如,状态性质是描述热力学体系的宏观物理量的总称,由于讨论的是热力学体系,所以状态性质又叫热力学性质,如果体系的状态发生变化,则体系的状态性质也会部分或全部发生变化,体系状态与状态性质之间的这种关系,用数学语言表达就是互为函数关系,因此状态性质就又有了状态函数的称呼。诸如状态性质、状态函数、热力学性质、热力学函数、状态变量等不同名称,实际上是同一事物的不同说法,都是体系的属性,本质上毫无区别,可以互称。通过这样的归纳,便于学生在学习中理解和记忆。

化学热力学中关系式众多,学生不易记忆,还有些重要的基本概念,如反应进度、熵、可逆过程等,仅用讲解法讲解其物理意义还不够,还要举例剖析,用图示法联合使用才更为有效。

尽管热力学关系式众多,但这些众多的关系式都是由一些基本关系式推导出来的,而这样的基本关系式数量并不多,只要能熟悉这些基本关系式,其他的公式便可推导出来。对一个不做非体积功和恒组成的热力学封闭体系,其特性函数的全微分公式和麦克斯韦关系式在整个化学热力学中占有非常重要的地位。为了便于学生记忆,特设计了一个形似铜钱的图形,用于联系热力学性质之间的关系,称为铜钱形相关图(见图 5-1)。

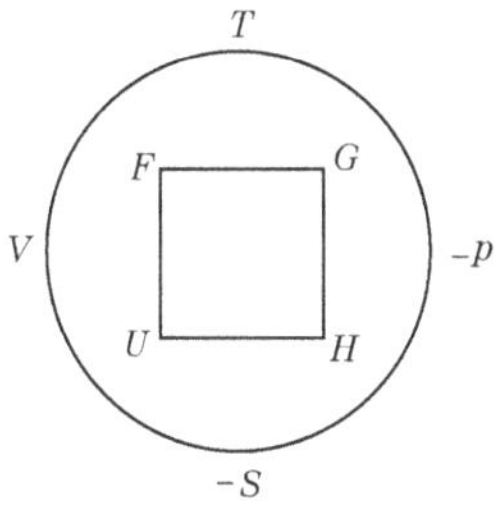

图 5-1　铜钱形相关图

在铜钱形相关图中,中间正方形的四个顶点上分别标上内能 U 、亥姆霍兹自由能 F 、吉布斯自由能 G 和焓 H ,在外圆上标上温度 T 、压力 $(-)p$ 、熵 $(-)S$ 和体积 V(见图 5-1)。若用 x、y、z 的顺序表示 $\left(\frac{\partial x}{\partial y}\right)_z$,则麦克斯韦关系式和循环积分式都顺序分布在圆周上。推导麦克斯韦关系式的方法,是从铜钱形相关图的外圆上任一个量开始按顺时针方向转过来等于向前错一步逆时针方向转过去,正负号取决于偏微分中分子的符号。如:从温度 T 开始推导麦克斯韦关系式,得到:

$$\left(\frac{\partial T}{\partial p}\right)_S=\left(\frac{\partial V}{\partial S}\right)_p,\ -\left(\frac{\partial p}{\partial S}\right)_V=\left(\frac{\partial T}{\partial V}\right)_S,\ -\left(\frac{\partial S}{\partial V}\right)_T=-\left(\frac{\partial p}{\partial T}\right)_V,\left(\frac{\partial V}{\partial T}\right)_p=-\left(\frac{\partial S}{\partial p}\right)_T$$

推导循环积分公式的方法是不考虑熵 S，仍按 $\left(\frac{\partial x}{\partial y}\right)_z$ 的顺序逆时针旋转的循环积分公式：

$$\left(\frac{\partial T}{\partial V}\right)_p\left(\frac{\partial V}{\partial p}\right)_T\left(\frac{\partial P}{\partial T}\right)_V=-1$$

推导特性函数全微分关系式的方法是不考虑 p 和 S 的负号，正方形任一顶点上的量的全微分等于外圆上与它邻近的两个量的微分之和，而这两个量的微分的系数就是该量相对的量（此时要考虑各相对量的符号）。若求 dG 的全微分表达式，从图 5-1 可见，G 的邻近的两个量是 T 和 P，而 T 和 P 的相对量分别是 $-S$ 和 V，则有。

$$dG=Vdp-SdT$$

由此法还可推出：$dH=Vdp+TdS$，$dU=TdS-pdV$，$dF=-SdT-pdV$，知道了特性函数、麦克斯韦关系式和循环积分公式，便可推导出许多热力学关系式，在此不再赘述。

总之，教学过程是一个教师教与学生学的双边活动，是一个复杂的过程。教学有法，但无定法，只有根据具体的教学内容，灵活地运用不同的教学法，探求合适的教学法，才能较好地达到教学目的。多年的化学热力学的教学实践经验证明，讲解法和图示法结合使用能提高学生记忆和推导热力学关系式以及解决实际问题的能力，也是化学热力学教学中行之有效的方法。

第一节　化学热力学教学中贯彻“少而精”原则的探索

化学热力学概念抽象、理论严密、公式多，如何在少学时化学热力学教学中根据教学大纲的基本要求贯彻“少而精”的原则，使学生们通过学习掌握其中的精髓，很值得研究探讨。在此，谈谈在教学中的一些做法。

（1）首先应向学生介绍化学热力学的基本框架和基本任务，阐明化学热力学是将物理中热力学的理论、方法和定律应用于化学方面的一门学科。

少学时化学热力学属于经典化学热力学，其基础为热力学第一定律、第二定律、第三定律，再以化学势为桥梁将热力学基本原理运用于溶液、化学平衡、相平衡、电化学和表面现象之中，其主要任务是解决化学变化和某些物理变化进行的方向和限度。

（2）对于化学热力学中最重要的基本概念必须讲解清楚。

在化学热力学中，系统与环境、容量性质与强度性质、状态（平衡态）与状态函数、热与功、可逆过程、化学势、活度与活度系数等基本概念贯穿于许多章节之中，必须作为重点讲解清楚，务必使学生理解并掌握。

（3）化学热力学的特点和解决问题的一些基本方法应重点讲明。

①经典热力学的特点在于它处理问题的严密性和结论的正确性。爱因斯坦曾高度评价说：“一种理论，其前提愈简单，所涉及的事物愈多，其适应的范围就愈广泛，它给人们的印象就愈深刻。因此，经典热力学给我以深刻的印象。它是仅有的具有普遍意义的物

理理论，我确信在其基本概念所适用的范围内，它是绝不会被推翻的。"经典热力学只研究系统的始态和终态，而不研究其变化过程的时间和细节，其结论不涉及物质的结构，不能揭示变化过程的微观实质，这也正是经典热力学的局限性和不足之处（应与动力学相结合才能全面地分析和解决问题）。

②化学热力学处理问题的方法离不开数学。只有借助于数学才能推导出各种化学热力学公式，从而给出热力学规律的定量关系。但在推导有关公式时，数学只是工具，具体运用公式时绝不要忽略其物理意义，绝不要不顾公式的应用条件和范围，否则就会造成盲目地套用公式，引出某些错误的推导和结果。

③抽象化和理想化是化学热力学传统处理系统的方法，如热力学系统中的焓 H、熵 S 和吉布斯函数 G 的概念，气体中理想气体概念，溶液中理想溶液概念都是利用已有事实或知识通过思维、推理与综合以后抽象出来的"概念"，然后应用这些"概念"再去指导实践。

④在热力学第二定律中，对于不可逆过程的有关问题应在相同始态和终态之间设计成为几步可逆过程进行计算。这方面的基本功应要求学生掌握。

⑤各种形态物质的化学势表示式都可用简洁形式 $\mu_B = \mu_B^0 + RT\ln a_B$ 来表示。此形式首先由理想气体推导出来，然后再推论用到实际气体、理想溶液各组分、稀溶液组分、非理想溶液各组分、纯液体和纯固体各种形态物质之间的差别均通过标准态 μ_B^0 活度 a_B 的不同表示方法来恰当处理。如此，可将复杂问题大大简化。

(4) 在热力学基本公式中，应向学生讲明其中最核心的公式是什么，其他重要公式与核心公式的关系。如：

①在热力学第一定律中，从焓的定义式 $H = U + pV$ 出发，加上各种具体条件可得到 ΔH 的有关公式（均适用于封闭系统，见表 5-1）。

表 5-1　ΔH 的有关公式

公式	适用
$\Delta H=\Delta U+\Delta(pV)$	任何过程
$\Delta H=\Delta U+p\Delta V$	等压过程
$\Delta H=Q_p$	等压，非体积功 $W'=0$
$\Delta H = n\int_{T_1}^{T_2} C_p \mathrm{d}T$	等压，$W'=0$，简单状态变化
$\Delta H=\Delta U=0$	理想气体等温过程
$\Delta H\approx\Delta U$	固相⇌液相，由 $V_s = V_l$，得 $\Delta V \approx 0$
$\Delta H=\Delta U+nR\Delta T$	理想气体变温过程
$\Delta H=\Delta U+nRT$	固相或液相变为气相时忽略 V_s 或 V_l，并视气体为理想气体
$\Delta H=\Delta U+\Delta nRT$	有气体参加的化学反应

②在讨论热力学基本关系式中必须明确指出热力学第一定律、第二定律联合表达式 $dU = Tds - pdV$ 最为基本，因为在封闭系统中，U 决定热与功的代数和；T 决定热平衡；S 决定过程的方向，由它还可进一步推导出它的三个热力学基本关系式（均适用于封闭系统，$W' = 0$）：

$$dG = -SdT + Vdp$$
$$dH = TdS + VGdp$$
$$dF = -SdT - pdV$$

③热力学基本关系式中的 $dG = -SdT + Vdp$ 及由它所推导出的其他公式在化学热学中得到了广泛的应用，如：

• 在等温下，$dG = Vdp$，对于液、固物质，其 V 随压力变化极小，可视为常数，$\Delta G = Vdp$，对于理想气体，$\Delta G = nRT\ln\dfrac{p_1}{p_2}$。

• 在一定压力下，可推导出对应系数关系式 $\left(\dfrac{\partial G}{\partial T}\right)_p = -S$，还可进一步推导出吉布斯-亥姆霍兹方程式 $\left[\dfrac{\partial\left(\dfrac{\Delta G}{T}\right)}{\partial T}\right]_p = -\dfrac{\Delta H}{T^2}$，并进一步推导出化学反应等压方程微分式 $\left[\dfrac{\partial(\ln K^{\ominus})}{\partial T}\right] = \dfrac{\Delta_r H_m^{\ominus}}{RT^2}$ 可分析标准平衡常数$K^{\ominus}$随温度的变化和化学反应等压方程积分式 $\ln\dfrac{K_2^{\ominus}}{K_1^{\ominus}} = \dfrac{\Delta_r H_m^{\ominus}(T_2 - T_1)}{RT_1T_2}$ 可计算 $\Delta_r H_m^{\ominus}$ 或不同温度下的$K^{\ominus}$。

• $dG = -SdT + Vdp + \sum_i \mu_i dn_i$ 适用于多组分系统，若进一步考虑做表面功，则有：

$$dG = -SdT + Vdp + \sigma dA + \sum_i \mu_i dn_i$$

• 封闭系统在等温等压条件下，自由焓判据 $-\Delta G \geqslant W'^{\text{不可逆}}_{\text{可逆}}$。其中，$G \equiv H - TS$。在等温条件下，$\Delta G = \Delta H - T\Delta S$，此式为常用公式，十分重要。当 $W' = 0$ 时，$\Delta G_{T,P} \leqslant 0$。

• 对于可逆电池，由 $-\Delta G = W'r$，又可引出可逆电池热力学中的重要公式

$$\Delta_r G_m = -ZFE$$

并进一步推导出

$$\Delta_r H_m = -ZFE = ZFT\left(\frac{\partial E}{\partial T}\right)_p$$
$$\Delta_r S_m = ZF\left(\frac{\partial E}{\partial T}\right)_p$$
$$Q_r = ZFT\left(\frac{\partial E}{\partial T}\right)_p$$

等重要公式。

(5)化学热力学教学中几个突出难点要处理好。

①热力学中的可逆过程较难理解，但此概念的正确建立是十分关键的。经典热力学

又称为可逆过程热力学,只有可逆过程才把与外界有关的物理量(如力和功)和系统本身的状态联系起来。可以毫不夸张地说,如果学生没有掌握可逆过程这个概念,则从根本上就不懂得热力学。因此,对可逆过程,应从定义、特点、推论和应用几个方面着重讲解清楚。

②在热化学中应着重讨论化学反应在变温条件下的热效应——基尔霍夫公式,既讨论微分式 $\left(\frac{\partial \Delta H}{\partial T}\right)_p = \Delta C_p$(化学反应的等压热效应随温度的变化率),也讨论积分式 $\Delta H_{T_2} = \Delta H_{T_1} + \int_{T_1}^{T_2}(\Delta C_p)\mathrm{d}T$,还要说明相变过程的基尔霍夫公式。在有关计算中,要求学生必须做到准确无误。

③在热力学第二定律中,熵函数的建立是个突出难点。对于少学时化学热力学课来说,如果采用国内外大量物理化学和化学热力学著作中通常采用的卡诺循环方法来建立,不仅学时数花费太多,难以安排,而且在教学具体实践中常使初学者因第二定律的经典叙述和熵函数的建立之间过于曲折冗长而感到莫名其妙,难以接受。如果从熵的定义式 $\mathrm{d}S = \frac{\sigma Q_r}{T}$单刀直入,并以 $S \equiv k\ln W$ 从系统混乱度的度量来简要说明熵的物理意义,进而引出熵判据,则能用较短时间获得较佳的效果。

④作为热力学基础与化学热力学的桥梁化学势 $\mu_B = G_B = \left(\frac{\partial G}{\partial n_B}\right) Tpn_A$ ……也是个难点,其物理意义和各种形态物质的化学势表示式必须讲解清楚,因为溶液、化学平衡、相平衡、电化学中许多公式的导出和应用,其基础都在于对化学势概念的正确理解。

⑤在溶液中,还要着重介绍拉乌尔定律和亨利定律,这两个定律是正确理解理想溶液和稀溶液的基础。标准态的基本点应交代清楚,但因少学时,不允许展开讨论。

⑥在化学平衡中,应结合化学反应等温式 $\Delta_r G_m = \Delta_r G_m^\ominus + RT\ln J$ 和 $\Delta_r G_m^\ominus = -RT\ln K^\ominus$ 讲清任意态、平衡态和标准态几个基本概念,使学生能正确理解并搞清它们之间的区别和联系,避免出现以 $\Delta_r G_m^\ominus$ 大于、等于或小于零作为判断过程是否自发进行或处于平衡状态的错误。

⑦在讨论相平衡时,相律 $f = c - p + 2$ 是基础,因为它反映了相平衡中最普遍的规律,广泛应用于分析相图区、线、点的自由度 (f) 。化学热力学及金属工艺学虽然都分析相图,但化学热力学以相律为指导来进行分析,规律性强,这是化学热力学分析相图的主要特点,必须讲解清楚。

(6)后继课和专业课中所用到的化学热力学知识主要有临界状态,熵判据,自由焓判据,稀溶液沸点上升、凝固点下降和渗透压,蒸馏原理,水的三相点和冰点,克拉贝龙方程,二组分系统简单低共熔混合物相图,润湿现象和毛细现象,唐南平衡等,应重点讲清楚。

(7)为了使学生能对一些重要概念加深理解,应安排适量的并有一定深度的思考题,引导学生去深入钻研问题,同时由浅入深安排适量习题。学生普遍反映化学热力学习题难做,为了锻炼学生的解题能力,除课上对一些典型例题重点分析讨论外,应强调学生自己首先必须通过思考深入钻研问题,独立地完成作业,然后教师在批改作业时再加以指正。

第二节　化学热力学多模式教学方法的探索与实践

基于化学热力学“三多一复杂”的课程特点和学生“难学、难懂和难掌握”的难题,致力于化学热力学多模式教学方法的探索与实践工作,分别介绍了设疑启发式教学方法、探讨式教学方法以及点线串联和归纳总结混合教学方法。此三种教学方法在化学热力学教学中的灵活运用,可以帮助学生建立高效学习模式,形成行之有效的学习方法,并有利于学生综合能力的培养,在化学热力学教学过程中具有一定的参考借鉴意义。

化学是自然科学中的一门中心的、实用的和创造性的学科。而物理化学则是化学的理论基础,俗称化学的灵魂,其在化学学科的发展以及人才培养等方面均起着至关重要的作用。物理化学课程是化学和材料等相关专业的专业基础课,同时该课程也为有机化学、分析化学、化工原理、高分子化学、生物化学等其他课程提供理论支撑,更为学生后续进行更深入的科学研究提供理论指导,在本科教学中起着承上启下的枢纽和桥梁作用。

目前,大多数高等学校开设的物理化学课程主要包括化学热力学和化学动力学两部分。其中,化学热力学作为物理化学的核心内容,其主要解决系统在变化过程中所伴随的能量衡算,以及变化过程的方向和限度问题。热力学三大经典定律及其在多组分系统、相平衡和化学平衡中的具体应用,是化学热力学的主要研究内容,其不仅在物理化学课程中占据着重要的地位,也是许多科研工作者解决理论以及生产实际问题的重要依据和手段。例如,化工生产中的能量衡算以及利用、反应路线的合理设计、新产品的试制、产物产率或者反应物转化率的计算、原料和产品的分离提纯、化工生产设备的设计和改进等均要用到化学热力学基本原理对其进行理论指导;又例如工程和地质等相关专业对各种天然的或人工合成的熔盐系统(如岩盐、盐湖)的开发和利用、对各种矿物的改性研究中均要用到化学热力学的相关理论以及相平衡的有关知识。

因此,化学热力学作为物理化学课程的核心内容,其应用范围极其广泛。但是化学热力学部分却具有“三多一复杂”的特点,即概念多而抽象,原理多而理论性强,公式多且使用条件严格,问题解析复杂,而且基本原理逻辑推理性特别强。因此,大部分学生感觉“难学、难懂和难掌握”,但其也富有挑战性,并可使学生终身受益。在提倡高校教学改革的今天,物理化学课程的教学学时不断削减,导致有关化学热力学教学内容大幅度删减,大多数学生不可避免地出现“一知半解”或者“知其然而不知其所以然”的局面。基于长期物理化学课程的教学实践,归纳总结了化学热力学多模式教学方法的探索与实践经验。该种多模式教学方法,根据不同知识模块采用不同的教学方法,并融于学科独特的研究方法,力求将深奥、抽象但富有内涵、晦涩难懂乏味的化学热力学基本理论,以一种化繁为简、形象生动的形式进行合理诠释,激发学生兴趣,提高学生学习的主动性和有效性,以引领学生对课程整体框架的理解并启迪学生“学以致用”的意识,强化培养学生应用所学知识去分析、解决有关的理论和实际问题的能力,强化学生科学思维、综合素质和创新能力的培养,着力于培养和造就新一代高素质的创新人才。

一、强化学科特色，构建知识框架，明确学习目标

物理化学作为化学的一门分支学科，其拥有自己独特的学科特色，而学科特色更是贯穿整个课程教学大纲的一条主线。教师在讲授课程内容之前，必须要使学生明确其学科的三个基本要素，即化学热力学特定的研究对象、独立的理论体系和其独特的研究方法。这样既强化了学科的概念，又可以帮助学生构建该课程知识结构框架和知识脉络，化繁为简，使学生能很好地抓住每一章节的主线或骨架，明确主要内容，解决什么问题，采用什么方法，得到什么结果。例如，教师在讲解化学热力学概论时，要强调热力学的研究对象是大量粒子组成的宏观系统，研究的是研究对象的宏观性质。让学生切记热力学的结论不适用于微观系统中单个粒子或少量粒子的行为，而且切记宏观系统只是有限的，不是无限的，所以由热力学所得的结论不可外推，否则就会得到荒谬的结论，并给学生介绍历史上的典型例子——荒谬的热寂论。另外，教师在讲解时也要强化学科研究方法的思维意识，让学生了解经典热力学采用的是一种宏观的研究方法，其除了经常采用自然科学学科常用的归纳法和演绎法，而其还有自己独特的研究方法，如理想化方法和状态函数法等，并且在教学过程中要时时应用这些研究方法，来扩展学生的发散思维和科学思维。应特别说明的是，针对化学热力学“难学、难懂和难掌握”以及逻辑性强等特点，为了达到好的教学效果，教师在讲授过程中对知识结构框架的合理规划和构建非常重要。在进行化学热力学系统讲解之前，针对物理化学的学科特色，教师要重点给学生介绍其三大基础理论体系，并明确其分别解决的关键问题，从而引出化学热力学的主要内容，即利用热力学第一定律解决变化过程中的能量(热与功)计算问题，重点解决化学反应热效应的问题；利用热力学第二定律并结合热力学第三定律研究变化的方向和限度，多组分系统以及相平衡和化学平衡的有关问题。因此，学生在开始学习课程内容之前就明确了该课程的学习目标，从而实现有目标才有针对性和学习动力的效果。

二、强化能力培养，探索多模式教学方法

行之有效的教学方法对教学质量的提高起着至关重要的作用。基于化学热力学“三多一复杂”的课程特点和学生“难学、难懂和难掌握”的学习困惑，在长期的教学实践中，一直致力于以“传授知识和能力培养”多模式教学方法的探索工作，尝试通过采用灵活的教学方法，化难为简，不仅要使学生学好化学热力学的基本知识，更要激发学生的学习兴趣，提高学生学习的主动性和有效性。

(一)激发学生学习兴趣，提高学生学习有效性的设疑启发式教学方法

化学热力学基本概念多而且很抽象，而准确理解和掌握基本概念，是学好化学热力学基本内容，并会灵活使用其解决实际问题的基础。因此，在引入一个新的热力学概念之前，让学生明确其为什么要引入，其作用如何，通过设疑来启发学生去理解和学习基本概念，使抽象的概念变得生动而具体，最大限度地激发学生的求知欲，从而提高学生的兴趣和有效性。在基本概念的讲解中，设疑启发式教学方法则是一种较行之有效的方法。例如，在讲解系统和环境的概念时，以桌上放着的一杯敞开或者密封的乙醇为例，让学生思考，当设置的研究对象不同时，从物质的得失和能量的得失两个角度考虑问题，会得到什

么不同的结论？通过这样一个简单例子，首先就让学生强化了一个非常明确的概念：确定热力学的研究对象是化学热力学解决问题的第一步。由此自然引出了系统和环境的概念，而且初步让学生从意识上养成一种习惯，在任何时候要问自己：系统是谁？环境又是谁？又例如在化学热力学中，可逆过程这个概念非常重要，但是又是极其抽象的一个概念，对于学生来说，经常非常困惑：为什么要引出可逆过程？因此，在实际教学中，这种设疑启发式教学方法可以起到很好的引导作用。在讲解前，教师让学生回顾膨胀功的计算公式，计算时用的是环境的压力，而在实际处理问题时，却关注的是系统，那么在什么情况下，能将系统的压力和环境的压力相联系，来简化处理问题？另外设置疑问，当想让系统通过等温膨胀对外做膨胀功，由相同始态等温膨胀到相同终态，那么从实际需要的角度考虑，什么情况做膨胀功的绝对值会最大？从能量的消耗和获得的角度，有没有一种过程效率是最高的？在引出可逆过程前，为什么要讲解准静态过程，它们之间的联系和区别又是什么？通过这样的一种设疑启发式教学方法，能使学生对一个抽象的概念有一些自己主观意识的了解和推测，明确了学习目标，也会使抽象的概念具体化。而且这种设疑启发式教学方法，在引出化学热力学一些新的物理量时也是可以采用的。例如，在化学热力学的学习中，状态函数焓的引入非常重要。在讲解本小节内容之前，首先让学生回顾：由热力学第一定律得到重要推论：$\Delta U=Q_V$，此公式的使用条件为封闭系统、无非膨胀功的等容过程，但此推论在实际过程中并不常用。因为实际的许多过程都是在等压条件下进行的，等压热效应 Q_p 能否与一个状态函数的改变值在数值上相联系，从而方便我们解决问题？通过这样的设疑和启发，让学生对焓引入的意义就有了一个初步的判断。焓如何定义？再进一步设疑启发：焓是不是能量？焓是否有明确的物理意义？焓的改变值如何计算？焓引入的意义是什么？学生学习目标确定了，学习有效性自然提高了。总之，在化学热力学基本概念讲解时，能巧妙地采用设疑启发式教学方法，在实践中发现可以让学生对抽象枯燥的基本概念在意识上具体化、生动化，可以启发学生的发散性思维能力和抽象思维能力，更可以让学生在开展一个工作之前养成多问、明确目标、提高效率的良好习惯。

（二）融于学科特色、启发学生科研思维的探讨式教学方法

探索具有学科特色的探讨式教学方法，是促使学生通过学习来了解一个学科的精华，启发学生科研思维的一种有效方式。物理化学有自己独特的研究方法，自然化学热力学也蕴含了物理化学的学科特色，其也是教师在教学过程中需要传授给学生学习和借鉴的智慧。其中，热力学常用的一种基本研究方法：从实验事实出发抽象出状态函数的方法。热力学的几大经验定律，是人类经验的总结，热力学能和熵等状态函数也都是在实验的基础上引入的。例如，由热力学第一定律，定义了热力学能这个在解决实际问题时非常重要的一个状态函数。学生在学习的过程中，必然会困惑，以前的物理化学科学家，为什么会想要定义“热力学能”？热力学能为什么可以定义为热力学系统内部各种形式能量的总和？要解答学生如此的疑惑，教师在讲解过程中要如同讲故事一样介绍热力学第一定律的实验基础——焦耳的热功当量实验。焦耳在热功当量实验过程中，他发现了如下非常有趣的实验现象：一个封闭系统中发生一个绝热过程，系统由相同的始态变化到相同的终态，所消耗的各种形式的功（如机械功和电功）等在数值上是相等的。由此，启发学生回顾思考，功不是系统的状态函数，其数值与变化的具体过程和途径是密切相关的。但是在一个特定的条件下,即封闭系统绝热过程,这时候在数值上功表现出了只与始终态有关,而与具体途径无关的特点。这和功的概念相矛盾吗?抛出问题,在引起学生学习兴趣的基础上,再次强化状态函数"殊途同归,值变相等"的特性。通过讲故事,在热力学能和熵等重要状态函数引入教学的过程中,很好地融入"从实验事实出发抽象出状态函数的方法",让学生不仅知其然而且知其所以然。

众所周知,热力学研究方法的显著特点之一:只考虑过程的始态和终态,不考虑变化过程的细节,根据始终态的宏观性质即可得到可靠的结论,不考虑物质的微观结构和反应进行的机制。在具体实施过程中,最典型的研究方法就是状态函数法,即利用"状态函数的改变值仅取决于始终态而与途径无关"来方便解决问题。学生在学习化学热力学时经常面对"听得懂,不会做"或者思维受阻的局面。"授人以鱼,不如授人以渔"。因此,学好化学热力学,除了要了解其基本概念、基本知识与基本原理,更要学会应用它们解决实际问题,以培养学生分析问题与解决问题的能力,加强学生理论联系实践的意识训练。教师在教学过程中,如何做到启迪学生"学以致用"意识,是一个值得长期探讨的课堂课题。而状态函数法则是达到上述目标的一个可以尝试的有效方法。例如在讲解热力学的基本原理在热化学中的应用时,要告诉学生 Hess 定律正是体现了状态函数"殊途同归,值变相等"的特性。而在具体解决热化学的问题时,设计环程路线则是状态函数法的一个具体应用的实例,也是解决热化学问题的一个万能钥匙。比如 Hess 定律推论的证明,由标准摩尔生成焓或者标准摩尔燃烧焓计算标准摩尔反应焓变的公式推导,Kirchhoff 定律的推导过程设计,都可采用环程路线的方法来解决问题。而且延伸到解决不可逆相变过程中状态函数改变值的计算都可以用到环程路线的方法。通过这种融于学科特色的状态函数法,可以真正做到帮助学生正确运用基本概念和公式,把握课程的一般研究方法和一般研究思路,使学生做到举一反三、触类旁通,提高学习效果和综合应用能力。

总之,融于学科特色的探讨式教学方法,可以创设一种新异的教学情境,给学生创造科学思维的良好环境,让学生经过思考、分析、归纳、演绎、推理等加深对知识的理解,让学生养成勤于思考、勤于分析的良好学习习惯,拓宽学生视野,从而培养学生的科学思维,提高学生的综合素质和创新能力。

(三)促进自主学习、强化逻辑思维的点线串联和归纳总结混合教学方法

化学热力学的教学内容多而广。对于学生来说,基本概念、基本原理以及公式和使用条件非常容易混淆,难以记忆,更是困惑如何使用,经常会发生张冠李戴的现象,从而导致学生在学习过程中容易产生抵触和畏难的情绪。在教学过程中,首先采用点线串联法可以帮助学生抓住每一章节的知识结构框架,然后再采用归纳总结法帮助学生厘清各物理量及各公式间的逻辑联系。在教学过程中注重促进学生自主学习,并强化学生逻辑思维能力的培养。热力学第一定律是化学热力学的入门内容,如何学好此部分内容对于后续学生的学习积极性和学习方法的探索都起到至关重要的作用。而在这一章节的教学实践过程中,点线串联和归纳总结混合式教学方法可以有效提高教学质量,化繁为简,并促使学生提高自主学习兴趣。首先让学生明确这一章节的主要内容和重点需要解决的关键问题,即利用热力学第一定律解决变化过程中的能量(热与功)计算问题,重点解决化学反应热效应的问题。采用点线串联法,引出第一根线:膨胀功的计算公式;引出第二根线:热量的计算；引出第三根线：热力学第一定律的应用。采用点线串联法相当于帮助学生对所学的知识内容进行了模块分类，逻辑变得清晰。然后针对每一根线的内容用归纳总结法进行细化。例如由膨胀功的计算公式，总结归纳几种特殊过程膨胀功的计算公式，重点掌握可逆过程的概念以及可逆过程膨胀功的计算公式；对于热量的计算，本章主要涉及两种形式热量的计算，即显热和化学反应热的计算，由此引出热容的定义以及相关的公式。而解决化学反应热的计算，就涉及标准摩尔生成焓和标准摩尔燃烧焓的定义以及相关公式。对于热力学第一定律的应用，就可以归纳总结为几个方面，即等容过程的应用、等压过程的应用、在理想气体中的应用、绝热过程的应用、热机中的应用、对实际气体的应用、在热化学即化学反应中的应用等。因此，通过点线串联和归纳总结混合式教学方法，可以帮助学生理清头绪，让学生认识到化学热力学的规律性和应用性，也可以促使学生进行自主学习，很好地培养了学生的逻辑思维能力。而且这种点线串联和归纳总结的混合式教学方法，均可应用于化学热力学每一章节的学习，从而很好地提高教学效果。

化学热力学在许多学科中起着承上启下的枢纽作用，为许多学科的专业基础课程提供理论支撑且是其不可缺少的学习内容，但是学生却普遍感觉此部分学习难度大。基于长期的教学实践，一方面分析了如何帮助学生构建知识框架和明确学习目标；另一方面介绍了融于学科特色的三种不同的多模式教学方法，这不仅提高了学生学习的有效性，而且也使学生领悟到了一门课程的精华部分，激发了学生学习的热情和自主学习意识，促使学生学会应用所学知识去分析和解决理论及实际问题的能力，启发了学生的科学思维和逻辑思维能力，从而提高了学生的综合能力。当然，教学方法的改进和完善是永无止境的，而在化学热力学的教学方法中，案例法、思政融入法、思维导图法等也是非常值得借鉴的教学方法。总之，在教学过程中，多模式教学方法的探索和实践工作是非常有必要长期开展下去的。

第三节　混合式教学在化学热力学教学中的应用

在线课程是当前高校教学变革的重要手段，近年来，各高校纷纷开展了各种教学模式改革的探索与实践。如翻转课堂、对分课堂等，随着这些在线模式的实践与应用的不断深入，人们越来越清醒地认识到，在线课堂与传统课堂相结合的混合式教学模式才是今后教学发展的主流模式。

混合式教学模式将传统的教学模式的优势和在线教学模式的优势相结合，给学生提供了多层次的教学资源，实现学生的学习过程的混合、学习资源的混合、学习方式的混合。

化学热力学理论性强而且比较抽象，学生学习起来往往觉得比较困难，特别是对公式的适用范围经常弄混淆，本书基于化学热力学的教学课堂，探索了混合式教学模式在化学热力学中的实践与应用。

一、线上有资源，学习时间灵活

混合式教学将教的这部分内容放在线上，但线上课程不是将传统的课堂教学模式进行简单照搬，而是针对教学内容进行优化和精心设计，由浅入深地进行讲解与设计问题，引导学生进行自我学习和思考。

比如在化学热力学的体积功教学中，教师首先设计线上教学内容，从机械功入手讲解体积功的计算公式、理想气体在不同的等温变化过程中的体积功，引导学生思索可逆过程的特征。做好教学视频后发送给学生，让学生在规定时间内根据自己的学习情况进行学习与反复听讲。目的是让学生带着已经掌握了基础知识的状态进入线下课堂进行讨论。

二、线下有课堂，巩固学习内容

线下课堂不是简单的答疑，而是基于学生线上的学习，针对线上学习内容，分几步走：

(1)学生提问。学生针对自己观看视频的学习，提出自己的疑问。有问题，能提出问题，说明学生是边学习边思考的。比如对可逆过程中体积功的计算公式：

$$W = - nRT\ln\frac{V_2}{V_1}$$

这一公式的适用条件：理想气体，等温可逆过程。学生通过线上学习，会在线下课堂提出疑问，为什么只能适用于理想气体等温可逆过程呢？

(2)学生讨论与教师答疑。其他同学对提出的问题先进行讨论，让学生在自我思考中寻求答案，有的学生就会指出在公式的推导的哪一步引入了等温的条件，哪一步引入了可逆的条件，哪一步引入了理想气体的状态方程等，从而得出其适用条件就是理想气体等温可逆过程。这种学生先讨论的学习方式，与老师急于给学生答案的传统教学模式相比较，更有利于提高学生的学习积极性和主动性。若有的问题太难太深，老师可以边引导学生思考边回答。总之，这种混合式教学是希望学生积极思考，而不是被动地接受老师的答案。

(3)教师深度提问。学生提问与讨论后，对知识点有了进一步的理解，这个时候教师可以进行深度提问，提出更难更综合的问题，根据具体情况，也可采用先学生小组讨论发表自己的见解，老师针对讨论中出现的不够全面或者错误的地方进行详细讲解。比如，教师课堂就会根据体积功的计算公式，引导学生思考恒容过程、恒外压过程、可逆过程等过程体积功的变换形式。让学生进行分组讨论，老师根据学生的讨论结果进行归纳总结，使得学生对各种变化过程体积功的计算有了更深入的了解。

(4)知识总结。一节课结束前，留 2～5 分钟时间，老师针对该知识点进行归纳和总结。让学生充分理解和掌握所学内容，以及重点和难点。

三、课后有延伸，巩固升华知识

通过线上课堂对学生所学内容的及时反馈，老师的查漏补缺，教师课后可以基于在线平台进行知识的拓展，如开展一些小测试与小论文，用以检验学生对知识的掌握情况，让教学活动有针对性，同时小测试和小论文也是学生过程评价的重要参考依据。学习过程的关注是为了让学生更好地掌握知识，课后的小测试小讨论是为了让教师更好地了解学生的学习情况，从而针对学生存在的普遍性问题进行补充讲解与个别答疑。通过一段时间的教学，发现学生自主学习能力增强，课堂讨论参与度高，通过测试发现与传统教学相比，学生对知识掌握的广度和深度都有明显提高。

总之，这种将在线教学和线下的课堂进行优势互补的混合式教学模式实现了以学生的主动学习为主体，教师在教学中起到引导学生思维、启发学生思考问题的作用，大大提高了学生思考问题和解决问题的能力，对提高学生自主学习的能力、激发学生的创造性思维具有非常重要的作用。

第四节 翻转课堂应用于化学热力学教学的思考

热力学是物理化学中最重要的组成部分，翻转课堂作为一种新兴的以学生为中心的教学方法能够有效地改善教学效果，探索将翻转课堂应用于化学热力学教学具有重要意义。首先分析了翻转课堂应用于化学热力学教学需要思考的三个问题，然后阐述了热力学翻转课堂教学的三个步骤。

热力学作为物理化学中最重要的组成部分，研究能量与化学变化或物理变化的相互关系，对其他部分的学习具有极其重要的指导意义。因此，物理化学中热力学部分的教学研究具有重要意义。通过调查发现，教师和学生普遍认同的影响学生学习热力学部分的原因包括概念的抽象性、教学方法以教师为中心和学生学习动机不足等。概念的理解至关重要，是学习好后续的定理、定律及公式的基础。绝大多数学生认为教学应该更多地促进概念的理解而不是记忆。然而，令人遗憾的是，传统的热力学教学不仅内容过多，而且没有更多地关注学生的学习需求。另外，学生对化学热力学的态度或看法也在很大程度上影响其学习成效。学生进入具有负面看法和低期望值的化学热力学学习的情况并不少见，显然这对化学热力学的学习十分不利。因此，教师探索新的教学方法以扭转学生对化学热力学的消极看法，并提供给其积极有效的学习体验，这样有利于改善其学习成效。

翻转课堂作为一种新兴的教学方法，是对传统教学方法的颠覆性改变。它通过在课前把指导性的教学材料在线发给学生，学生可以随时随地观看视频或文本、就某个问题参与在线讨论或展开研究等。翻转课堂强调以学生为中心，在课堂上提供给学生有意义的深入探讨教学主题的学习机会。现代化教育技术在翻转课堂中发挥着重要作用。教师发给学生的教学材料形式多种多样，其中微课视频较多。视频的长度通常以 10~15 分钟为宜。翻转课堂中可以让学生进行各种各样的活动，包括原始文件分析、辩论或演讲、基于项目的学习，以及技能发展或概念实践等。在这些活动中，在有限的课堂时间内并在教师的指导下，学生能够有效地锻炼发现问题、协作解决问题等高阶思维能力。教师与学生的互动减少了传统课程中的说教性而更加趋于因人而异的个性化，同时学生愉快地参与到课堂活动中，从而达到知识获取和建构的目的。

首先分析翻转课堂应用于化学热力学教学需要思考的三个问题，然后给出翻转课堂应用于热力学教学的三个步骤。

一、翻转课堂应用于化学热力学教学需要思考的三个问题

（一）化学热力学翻转课堂教学内容的选择

化学热力学部分在整门物理化学课程中占的比重非常大，另外考虑到学生在物理化学的先修课程——无机化学中已经学过了有关热力学的大部分基础知识，所以在有限的

物理化学课时前提下,关于如何选择热力学内容进行翻转课堂教学是一个十分必要的问题。根据热力学内容特点,适合翻转课堂教学主要包括以下三类:①定理定律。热力学中的定律有的简单易懂(如实质为能量守恒定律的热力学第一定律),学生很容易就能理解记忆,然而有的定理(如卡诺定理)却抽象难懂,光凭学生自学或课堂上教师的单纯讲授很难使其理解掌握。如果学生在翻转课堂前预先观看教师发的有关卡诺定理的微课视频等材料,课上结合教师的讲授及小组讨论等活动,就能够收到较好的学习效果。②操作步骤。热力学中的有些定理定律是通过实验得来的,课本上的实验是用几张静态图来展示的,学生学起来不能够很好地理解实验进行过程中的动态变化。另外在热力学验证性实验(如纯液体饱和蒸气压的测定)的教学中,教师在讲台上结合实验讲义即使讲得再清楚细致,学生在实验过程中也会出现这样那样的问题甚至实验失败。如果教师事先将录制好的实验小视频发给学生,让他们在实验前认真观看并提出几个典型的关于某几个操作步骤的目的或作用的问题,实验开始前再让学生们进行小组讨论回答问题,最后教师就注意事项进行点评提醒,这样就能使学生们的实验顺利进行,有效锻炼其动脑及动手能力。③难点知识。热力学中的有些物理量是后续有关热力学计算中经常涉及的状态函数,对其定义及物理意义的准确理解是教学的难点。例如热力学第二定律中的熵,是之后定义另外两个重要的状态函数亥姆霍兹函数和吉布斯函数的基础,单纯地以课本作为教材很难使学生透彻地理解并掌握其定义及物理意义。教师可以通过在课前发给学生有关熵的起源(如“熵”的造字人介绍)及其物理意义的延伸(如“熵”与人类健康的关系)等材料,激发起学生的学习兴趣,课上讲授后再让他们分小组讨论,这样就能够使他们有效化解难点知识。

(二)热力学微课内容的选择

微课或视频是翻转课堂教学方法中教师发给学生材料的形式之一,通常制作微课的时间是微课时间的几倍甚至十几倍,需要花费教师大量的精力和时间,所以合理选择热力学内容进行微课的制作也是需要考虑的一个问题。热力学内容中适合制作微课的内容主要包括以下三类:①简单的原理知识。如热力学第一定律中的状态函数与途径函数、热力学第二定律中的克拉佩龙方程等,利用微课可以清晰地比较状态函数与途径函数的区别、掌握克拉佩龙方程的适用条件及有关计算等。②清晰的操作步骤。如纯液体饱和蒸气压的测定、乙醇-环己烷双液系气液平衡相图的测绘等实验,制作成微课可以将整个实验过程形象直观地展现在学生眼前,短短几分钟或十几分钟的微课视频胜过教师讲几十分钟的效果。③生动的实例解释。热力学中的一些定理定律能够用来解释生产生活中的具体实例,如多组分系统热力学中稀溶液的依数性其中一点——渗透压,这点性质可以用来解释海水淡化的原理,制作图文并茂甚至配有动图或小视频的微课,不仅可以激发学生的学习兴趣,而且可以提高其利用理论知识解释实际问题的能力。

(三)热力学翻转课堂与传统课堂教学方法的组合

虽然翻转课堂扭转了传统课堂中学生由被动学习变为主动学习的中心地位,但是不能完全否定传统课堂中教师讲授的重要作用,也不得不看到翻转课堂的合理设计和有效实施还存在着各种各样需要多方面亟待解决的问题。在热力学部分的教学过程中,根据教学内容特点、教学环境条件和学生学习能力等,可以采取翻转课堂与传统课堂相组合的教学方法，扬长避短，取得好的教学效果。

二、翻转课堂应用于化学热力学教学的三个步骤

（一）翻转课堂的设计

翻转课堂的课前材料可以以各种形式（教科书、网页、微课或视频等）提供，但是最容易操作上手也是应用最多的形式是有语音旁白的幻灯片（PowerPoint，也称有声 PPT）。考虑到学生所学的知识，教师将提前用录屏软件制作好的有声 PPT 和提出的几个与待讲授内容相关的典型问题发给学生。关于提出的问题，注意紧扣教学内容，且教学目的明确、内容清晰，使学生在较短的时间内抓住教师授课内容的重点和难点。以热力学第一定律为例，告知学生重点是状态与状态函数、热力学第一定律及恒容热、恒压热、焓的概念及化学反应热效应的计算、可逆过程及可逆体积功的计算等，难点是状态函数的特性与状态函数法的应用、可逆过程的理解和绝热不可逆体积功的计算。微课视频力求短小精悍，避免拖沓冗长或是教学录像的重复，比较简单的方式是将 PPT 课件配以语音讲解录制成微课。微课的时间控制在 15 分钟以内，以保证学生在注意力能够高度集中阶段完成课程学习。设计的问题答案在微课中应有迹可循，问题还应具有一定的启发性、总结性和延伸性，控制在 3~5 个为宜。微课的发布主要利用微信或 QQ 群等媒介，学生在收到微课视频后，根据自己计划自由观看学习，并将学习效果在线上及时反馈给教师。教师根据学生集中反馈的问题，有针对性地设计课堂翻转活动。

（二）翻转课堂教学的实施

根据教学内容和学生集中反馈的问题，选择有代表性的问题作为课堂授课内容的切入点，让学生带着问题认真听讲以得到答案。以热力学为例，教师讲授根据热力学第一定律、第二定律等公式推导判断过程方向的状态函数判据（如熵判据、亥姆霍兹函数判据和吉布斯函数判据）时，提示性地引入推导条件，使学生顺着教师的思路一步步顺理成章地得到结果，并使学生体会到学习成就感的同时加深记忆效果。对于重点难点进行详细讲解，并发布提升任务，如习题、案例分析等，实现课堂指导互动，使学生知识内化和巩固。为了加强学生协作学习的能力，通过分组讨论等方式让学生就某个问题进行小组讨论，然后教师对学生讨论结果进行分析。另外，在课时允许的条件下，教师请一到两位表达能力较强的学生登上讲台讲解某个热力学知识点，之后随机请听讲学生针对该知识点提出问题，最后由教师进行点评和总结，实现生生互动和师生互动，提高教学效果。

（三）翻转课堂的评价与反思

翻转课堂的评价包括课堂教学评价和学生学习评价。对翻转课堂的教学评价主要包括对教师课前、课中、课后的教学评价。学生作为翻转课堂学习过程的主体，其学习成效评价主要包括课前、课中、课后的学习评价。另外，可以考虑将教学模式的评价加入到教学评价中，通过合理设置教师教学活动、学生学习成效和教学模式评价各自所占的权重，得到最终的教学评价结果。根据评价结果反思在翻转课堂中教师的活动组织、学生的学习讨论和教学模式的实施等环节的改进措施。

物理化学中最重要的热力学部分应用翻转课堂教学具有重要意义，需要从多方面考虑到热力学教学内容及微课内容的选择，采用翻转课堂与传统课堂相结合的教学方法，通

过对翻转课堂的课前设计、课中实施及课后评价与反思，同时提高教师的教学效果和学生的学习效果。

第五节 思维导图法在大学化学热力学教学中的应用

大学化学课程是一门普适性化学课程。目前，翻转课堂、慕课课程、智慧课堂等新的教学理念和方法不断涌现，但最重要的还是内容，尤其是当下知识的碎片化较突出。如何运用有效的教学方法和手段，结合教学内容要求，取得良好的教学效果是每位教师都在思考的问题。

思维导图法在大学化学、物理化学、分析化学和有机化学等化学相关学科的教学中取得了良好的效果。大学化学课程最主要的知识内容是关于化学反应的基本原理方面的，其中化学动力学的内容是最重要的部分。侧重大学化学课程热力学内容，以思维导图的形式进行了教学尝试，将一次课的内容凝练梳理在一页 PPT 上，以强化知识的系统性、层次性和联系性，结合合适的切入点及顺序进行讲解，从而提高学生对所学知识的掌握，以及培养学生概括知识的能力，取得了良好的教学效果。

对于化学反应的基本原理部分中有关化学反应的方向和限度的内容，按大学化学课程选用的教材和教学大纲的要求，结合其他物理化学和无机化学等化学教材相关内容，对该部分的知识进行了凝练梳理。

用 3 次课来完成，每次课凝练成一个字母，分别是 H、G 和 K。当然若时间允许也可以用 4 次课，每次课一个字母：H、S、G 和 K。

一、焓

第一次课重点讲焓，字母“H”，含义为等压热，其思维导图见图 5-2。主要内容包括热力学第零定律和第一定律。具体涉及基本概念：热、功、系统内能、焓、Hess（盖斯）定律及热力学标准态等。

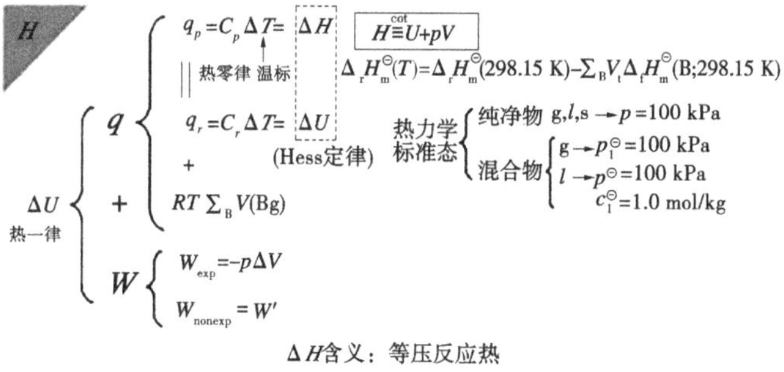

图 5-2 焓的思维导图

首先，由反应热的概念：“在等温下化学反应过程中系统所放出或吸收的热量”，引出相关的基本概念和词汇，如，等温、系统与环境、相与态、状态函数与过程函数、化学反应方程式、反应进度与摩尔反应热、吸热与放热等，并进行内涵外延讲解。

进一步引出反应热的计算式($q = C \cdot \Delta T$),从而引出热力学第零定律,进一步介绍温标,以及概念热容和比热容。

再由等压热数值等于焓变($q_p = \Delta H$),先引出焓的定义式($H \equiv U + pV$),后引出热力学第一定律的数学表达式($\Delta U = q + W$),进一步引出功(W),体积功(W_{exp})和非体积功(W_{nonexp}),内能变(ΔU),以及等容热的数值等于内能变($q_V = \Delta U$)。结合过程函数等压热与等容热的数值特定条件下等于状态函数的数值引出 Hess 定律,以及等压热与等容热的定量关系($q_p = q_V + RT\Delta n$)。

再介绍热力学标准态的规定。突出强调混合气体和溶液。

最后介绍有关焓的计算。焓值零数值的规定,强调指定单质。反应的标准摩尔焓变($\Delta_r H_m^{\ominus}$)与物质的标准摩尔生成焓($\Delta_f H_m^{\ominus}$)的定量关系。

二、Gibbs 自由能

第 2 次课重点讲 Gibbs(吉布斯)自由能,字母"G",含义为化学反应的可能性,见图 5-3。主要内容包括热力学第二定律和第三定律及 Gibbs 自由能,具体涉及熵及熵增加原理($\Delta S \geqslant 0$),Gibbs 自由能及 Gibbs 自由能减小原理($\Delta G \leqslant 0$),Gibbs 等温方程式($\Delta G^{\ominus} = \Delta H^{\ominus} - T\Delta S^{\ominus}$)及热力学等温方程式[$\Delta G(T) = \Delta G^{\ominus}(T) + RT\ln Q$],又称范特霍夫等温方程式。对于符号,在不会产生歧义的情况下,经常将下脚标"r"和"m"省略。

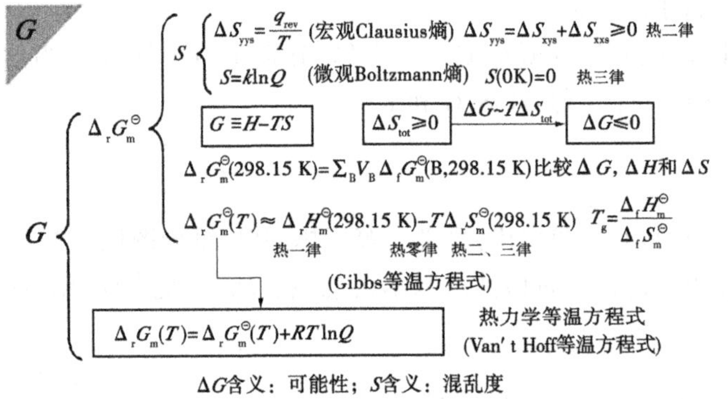

图 5-3　Gibbs 自由能的思维导图

首先,抛出判断给定条件下反应的自发性方向的判据是 Gibbs 自由能的数值小于零($\Delta G<0$)。引出热力学等温方程式[$\Delta G(T) = \Delta G^{\ominus}(T) + RT\ln Q$],强调标准态 Gibbs 自由能[$\Delta G^{\ominus}(T)$]与非标态 Gibbs 自由能[($\Delta G(T)$]的区别,重点介绍任意温度下的标准摩尔反应 Gibbs 自由能[($\Delta G(T)$],顺便提一下反应熵(Q):压力熵(Q_p)和浓度熵(Q_c)。

在介绍任意温度下的标准摩尔反应 Gibbs 自由能[$\Delta G(T)$]时,引出 Gibbs 自由能的定义式($G \equiv H - TS$),进一步引出 Gibbs 等温方程式($\Delta G^{\ominus} = \Delta H^{\ominus} - T\Delta S^{\ominus}$)以及对 Gibbs 等温方程式的讨论,临界转变温度($T_c = \Delta H^{\ominus}/\Delta S^{\ominus}$)等。

由 Gibbs 等温方程式的熵效应项引出熵,字母 S,其含义为乱度。从而介绍宏观 Clausius 熵概念($\Delta S = q_{rev}/T$)和微观 Boltzmann 熵($S = k\ln\Omega$)概念,进而引出热力学第二定律(熵增加原理)和热力学第三定律(规定了熵零值)等。进一步介绍规定熵($S_m^{\ominus}$)及标准摩尔反应熵变（$\Delta_r S_m^{\ominus}$），以及依据一般自发过程能量是由高向低的思想，将熵增加原理转化为 Gibbs 自由能减小原理（$\Delta G=-T\Delta S_{tot}$），处理封闭体系时更容易理解。

再介绍有关 Gibbs 自由能零值的规定，以及标准摩尔反应 Gibbs 自由能（$\Delta_r G_m^{\ominus}$）和物质的标准摩尔生成 Gibbs 自由能（$\Delta_f G_m^{\ominus}$）。进一步列表比较焓、熵和 Gibbs 自由能 3 种状态函数的区别与相似，如零值的规定、生成及规定值、反应值与温度的关系等。

最后介绍有关 Gibbs 自由能的计算，突出强调 Gibbs 自由能与温度有关。非标态时使用热力学等温方程式，标准态时，又分为常温和非常温，非常温要使用 Gibbs 等温方程式。还有临界温度的计算等。

三、平衡常数

第 3 次课重点讲平衡常数，字母“K”，含义为化学反应的转化率，见图 5-4。主要包括理查德里平衡移动原理和范特霍夫等压方程。具体涉及多重平衡原则、理查德里平衡移动原理和范特霍夫等压方程等。

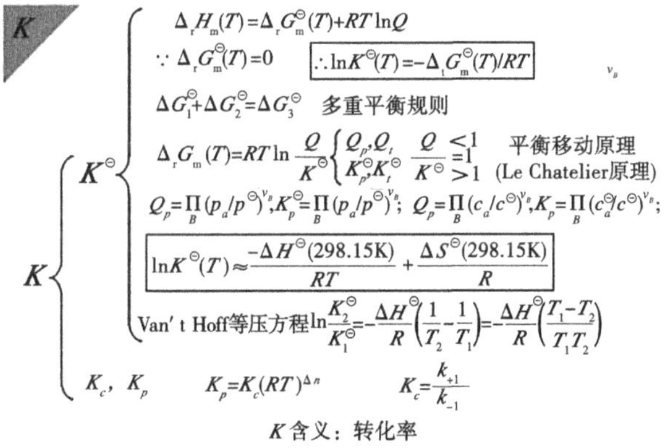

图 5-4　平衡常数的思维导图

首先，表明对于热力学等温方程式［$\Delta G(T)=\Delta G^{\ominus}(T)+RT\ln Q$］，当 Gibbs 自由能等于零［$\Delta G(T)=0$］时，反应的驱动能消耗尽的时候，为化学反应的限度，即平衡态［$\Delta G^{\ominus}(T)+RT\ln Q_{eq}=\Delta G^{\ominus}(\mathrm{T})+RT\ln K^{\ominus}=0$］，从而导出反应的标准平衡常数与标准 Gibbs 自由能的定量关系［$\ln K^{\ominus}=-\Delta G^{\ominus}/(RT)$］。

进一步由 Gibbs 自由能为容量性质具有加和性（$\Delta G_1^{\ominus}+\Delta G_2^{\ominus}=\Delta G_3^{\ominus}$），而对应的标准平衡常数是对数形式，从而得到多重平衡原则（$K_1^{\ominus}\times K_2^{\ominus}=K_3^{\ominus}$）。

由反应熵与标准平衡常数的比值（$Q/K^{\ominus}$），与数值 1 进行比较来判定平衡的移动，从而引出理查德里平衡移动原理。进一步讨论等温下浓度、压力、局外气体等对平衡移动的影响。

由标准平衡常数的定义式，即 $\ln K^{\ominus}=-\Delta G^{\ominus}/(RT)$，可知标准平衡常数是温度的函数，与浓度无关，为量纲为一的量。将标准平衡常数的定义式［$\ln K^{\ominus}=-\Delta G^{\ominus}/(RT)$］代入 Gibbs 等温方程式（$\Delta G^{\ominus}=\Delta H^{\ominus}-T\Delta S^{\ominus}$），从而得到范特霍夫等压方程式［$\ln K^{\ominus}=-\Delta H^{\ominus}/(RT)+\Delta S^{\ominus}/R$］，进一步对该式进行讨论，画出吸热、放热及恒温时的图线，并

进行比较说明。

最后，提一下实验平衡常数(K)，实验平衡常数与标准平衡常数($K^{\ominus}$)的区别，以及浓度与压力平衡常数之间的关系[$K_p = K_c(RT)^{\Delta n}$]。再提一下平衡常数与反应速率常数的关系 ($K_c = k_{+1}/k_{-1}$)，为后边讲化学反应动力学做个过渡衔接。

基于使用思维导图法教学实践，思维导图法是个有效的教学方法。将每次课的知识结构进行凝练梳理在一页 PPT 上，结合合适的切入点及顺序进行讲解，使学生在掌握知识的系统性、层次性和联系性等方面得到了加强，启迪了学生的思维，理清了知识的脉络。

第六节　逻辑演绎在化学热力学教学中的应用

物理化学中的化学热力学的一些内容较难理解，不易学懂，从调动学生的学习积极性入手，在传授知识的过程中，引入逻辑演绎的方法，旨在进一步启发学生的思维，发展学生的智力。多年的教学实践表明，把逻辑演绎运用于热力学教学过程，能培养学生从物理化学的基本原理出发，运用演绎方法，分析和论证具体问题，综合掌握物理化学各部分内容之间的内在联系，并能善于运用所学知识举一反三地解决实际问题，对物理化学课教学质量的提高有明显的效果。在简述现代化学与理论思维之间关系的基础上，从在化学热力学教学中应用逻辑演绎的意义、做法、体会等方面进行几点讨论。

一、依靠理论思维，发展现代化学

现代化学所具有的从宏观向微观、从静态向动态、从定性向定量、从描述性向推理性过渡等特点，决定了现代化学的发展离不开理论的思维，离不开正确的哲学观点的指导。

一方面，演绎方法是使零散的、不完整的知识纳入理论体系的有效方法，综观化学发展的历史和现状，可看到建立演绎构造体系也是化学发展的一个方向，甚至原属于归纳构造体系的化学分支学科如有机化学等，也逐渐向演绎构造体系发展。

另一方面，化学假说在形成化学理论时，是由一系列的概念、判断、推理和证明等思维形式所组成的逻辑体系或知识体系。同时，化学假说在形成化学理论时，又是由一系列的观察、实验、比较、分类、类比、归纳、演绎、分析、综合、抽象、具体、历史的和逻辑的等思维方法所组成的方法体系。

当然，假说转化为理论是一个极其复杂的过程，其中首先有一系列的逻辑检验过程。在演绎检验的过程中，演绎与归纳、综合与分析等方法又相互结合起来使用，并且仅当逻辑上的论证又得到实践检验并证实其正确性时，假说才能转化为理论。所以，理论思维对于现代化学的发展是至关重要的。

二、运用逻辑演绎，改革课堂教学

在教学中注意发挥学生的优势，适应其特点，因势利导，在培养学生的观察力、想象力、思维能力和创造才能的同时，应特别注意培养学生的辩证唯物主义思想，努力提高学生的化学哲学素养，从而激发学生的学习兴趣，使之进一步深化和丰富所学知识。

化学热力学中应用的基本科学方法是演绎法。演绎推理是前提与结论之间具有必然联系的推理,是从一般到个别的推理。演绎推理是建立在这样的客观基础之上的,即一般寓于个别之中,一般也包含了个别;某一大类所具有的属性,该类中的某一种必然会有。故这样的推理是必然推理,其结果往往是正确的。因此,演绎在形成化学理论、发展化学理论、指导化合物的人工合成等诸方面均具有重要作用。

化学热力学的内容主要是将热力学基本概念、三个热力学定律和热力学基本公式应用于化学反应和相变过程等,从而推导出许多命题和结论。因此,在教学过程中,分阶段逐次向学生展示化学热力学中主要存在下述四个方面的演绎,并借此达到改革课堂教学的目的。

(一)从热力学第一定律向热化学的演绎

首先,从热力学第一定律(能量守恒原理)演绎出盖斯定律(反应总热量守恒守律),而后者是前者运用于化学反应过程的必然结果。在上述演绎过程中,对这两个定律的关系可作如下分析:热力学第一定律说明,在热能的转化过程中能量是守恒的;而反应总热量守恒定律说明,在化学反应中能量是守恒的,不过前者应用范围更广泛些,而后者仅对化学反应而言。因此,反应总热量守恒定律既是热力学第一定律在化学反应上的应用,又是把热力学第一定律的一般原理向个别结论演绎的必然结果。同时,在这个演绎过程中,尚需要求学生掌握此演绎结论成立的条件。试对此分析如下:盖斯定律说明,一个反应若可分几步进行,则各分步反应热效应的总和,与一步完成这个反应的热效应相同。这里必须注意到盖斯定律的成立条件:一步反应或几步反应所处的条件应相同。例如,若一步反应为等压,则各分步反应也应为等压,显然,此时之热效应值为 Q_p,而 $Q_p = \Delta H$,即一步反应热效应和各分步反应热效应之总和都应等于反应体系的焓变,而焓变值显然与途径无关而只取决于总过程的始态和终态。同理,若一步反应为等容,则各分步反应也应为等容。此时的热效应值表示为 Q_V,而 $Q_V = \Delta U$,即一步反应的热效应和各分步反应的热效应之总和都等于反应体系的内能变,其值同样与途径无关而仅取决于总过程的始态和终态。由此可见,盖斯定律是热力学第一定律在特定条件下在化学反应中的应用。

从盖斯定律进一步演绎可得到由键能、燃烧热、生成热、离子在水溶液中的生成热等热化学数据间接推算热效应的方法。

其次,从热力学第一定律可演绎出化学反应的热效应与温度的关系——基尔霍夫定律,其数学表达式为

$$\left(\frac{\partial \Delta H}{\partial T}\right)_p = \Delta C_p$$

并演绎出对于非等温反应求热效应或终态温度的方法,在将 ΔC_p 近似地看作与温度无关的常数时,其使用之计算公式是:

$$\Delta H_2 - \Delta H_1 = \Delta C_p(T_2 - T_1)$$

(二)从热力学第一定律、第二定律向多组分和组成可变体系中发生的过程演绎

一切发生化学反应的体系和多数发生相变的体系都是多组分和组成可变的体系。热力学第一定律、第二定律向多组分体系中发生过程演绎时,有如下两方面的基础工作必须先做:其一,在对实际多组分体系进行分析的基础上,抽象出化学势概念。接着从热力学基本公式 $\mathrm{d}G = -SaT + V\mathrm{d}P$ 出发,结合化学势(μ_i)概念,演绎出关系式

$$\left(\frac{\partial\mu_i}{\partial T}\right)_{p,n_k}=\left[\frac{\partial}{\partial T}\left(\frac{\partial G}{\partial n_i}\right)_{T,p,n_j}\right]_{p,n_k}=\left[\frac{\partial}{\partial n_i}\left(\frac{\partial G}{\partial T}\right)_{p,n_k}\right]_{T,p,n_j}$$
$$=\left[\frac{\partial(-S)}{\partial n_i}\right]_{T,p,n_j}=-\left[\frac{\partial S}{\partial n_i}\right]_{T,p,n_j}=\overline{S_i}$$

和

$$\left(\frac{\partial\mu_i}{\partial p}\right)_{T,n_k}=\left[\frac{\partial}{\partial p}\left(\frac{\partial G}{\partial n_i}\right)_{T,p,n_j}\right]_{T,n_k}=\left[\frac{\partial}{\partial n_i}\left(\frac{\partial G}{\partial T}\right)_{T,n_k}\right]_{T,p,n_j}$$
$$=\left[\frac{\partial V}{\partial n_i}\right]_{T,p,n_j}=\overline{V_i}$$

再将后者与理想气体状态方程式 $pV=npT$ 结合，导出理想气体的化学势公式 $\mu=\mu^0(T)+RT\ln p$。其二，将 $dU=TdS-pdV$、$dH=TdS+Vdp$、$dF=-SdT-pdV$ 和 $dG=-SdT+Vdp$ 四个热力学基本公式扩展到多组分和组成可变体系，得到 $dU=TdS-pdV+\sum_i\mu_i dn_i$，$dH=TdS+Vdp+\sum\mu_i dn_i$、$dF=-SdT-pdV+\sum\mu_i dn_i$ 和 $dG=-SdT+Vdp+\sum_i\mu_i dn_i$ 四个基本公式。然后，将其中的 $dG=-SdT+Vdp+\sum\mu_i dn_i$ 与从热力学第一定律、第二定律联合式 $dG=-SdT+Vdp-\delta\omega_r'$ 导出的不做非体积功条件下的适用于等温等压时的重要公式 $dG\leqslant 0$ 结合，即可演绎出在上述条件下判断组成可变体系自发变化方向和限度的基本公式 $\sum\mu_i dn_i\leqslant 0$。

(三)从热力学第一定律、第二定律向相变和相平衡的演绎

将公式 $\sum\mu_i dn_i\leqslant 0$ 应用于等温等压下的微小相变过程，即可演绎出关于相变和相平衡的基本公式 $\mu_i^\alpha\leqslant\mu_i^\beta$。从相平衡条件 $\mu_i^\alpha=\mu_i^\beta$ 出发，再通过演绎，可得到若干重要的结果。

例如，将 $\beta_i^\alpha=\mu_i^\beta$ 与经验定律拉乌尔定律 $p_1=p_1^0X_1$ 和亨利定律 $p_2=K_{(x)}X_2$ 结合，并应用理想气体之化学势公式 $\mu_1=\mu_1^0(T,p)+RT\ln X_1$ 和μ_2(液)$=\mu_2$(气)$=\mu_2^0(T)+RT\ln p_2$。将 $\mu_i^\alpha=\mu_i^\beta$ 应用于理想溶液的气液两相平衡，可导出理想溶液中 i 组分的化学势公式为 $\mu(\text{液})_i=\mu_i^0(T)+RT\ln p_i^0+RT\ln X_i$。在对多组分复相体系的独立组分数、变量总数等进行分析的基础上，应用相平衡条件和上述各种化学势公式，即可导出相律 $f=k-\phi+2$。

(四)从热力学定律向化学反应和化学平衡的演绎

将公式 $\sum_i^i\mu_i dn_i\leqslant 0$ 应用于等温等压且不做非体积功的条件下之微小化学反应，可演绎得到公式 $(\sum_i^i V_i\mu_i)_{生成物}-(\sum V_i\mu_i)_{反应物}\leqslant 0$，此即化学反应自发进行之方向和限度(化学平衡)的判据。将各组分之化学势公式代入此式，即可得到化学反应等温方程式 $\Delta G=\Delta G^\ominus+RT\ln Q_a=-RT\ln K_a+RT\ln Q_a$，应用此式，从标准生成自由能数据，可计算出标准状态下之反应自由能变化 $\Delta G^\ominus$；另外，则可据此进一步计算出平衡常数 K_a 和转化率。同时，将从基本公式 $dG=-SdT+Vdp$ 导出的吉布斯-赫姆霍茨方程式：

$$\left[\frac{\partial\left(\frac{\Delta G}{T}\right)}{\partial T}\right]_p = \frac{-\Delta H}{T^2}$$

与公式 $\Delta G^{\ominus} = -RT\ln K_a$ 结合,可导出公式

$$\left(\frac{\partial \ln K_a}{\partial T}\right)_p = \frac{\Delta H^{\ominus}}{RT^2}$$

及其积分式

$$\lg\frac{K_a(T_2)}{K_a(T_1)} = \frac{\Delta H(T_2 - T_1)}{2.303RT_1T_2}$$

后者可用于从某一温度下反应的 K_a 求算其他温度下的 K_a 值。在 20 世纪初,基于热力学第三定律的建立,可不用任一已知的 K_a 而只用热化学的方法即可计算在任意温度下的 K_a,其做法是只根据热量数据算出各物质在不同温度下的熵值(绝对熵),从而算出化学反应的 $\Delta S^{\ominus}$,再根据 $\Delta H^{\ominus}$ 的数值和公式 $\Delta G^{\ominus} = \Delta H^{\ominus} - T\Delta S^{\ominus}$ 计算出 $\Delta G^{\ominus}$,最后据 $\Delta G^{\ominus} = -RT\ln K_a$ 求出 K_a。

通过上述的教学过程,最后要和学生共同总结出化学热力学演绎过程具有巩固的实践基础和完整的逻辑结构,经常运用比较方法、理想化方法和数学方法等特点,并循序渐进地教会学生掌握大量物理化学经验规律的内在联系,并且能对它们进行整理和系统化,最终将其纳入一个结构严谨的逻辑体系之内。

在实践中体会到,使用这种教学方法,可以使教师讲起来左右逢源,得心应手;学生听起来津津有味,印象深刻。在一定程度上为学生创造了更多动脑、思考的条件和机会,调动了学生的学习积极性,培养了学生分析问题和解决问题的能力,在提高教学质量方面起到了积极作用。

第七节　数值软件在化学热力学基础实验中的应用

在化学热力学基础实验中,完全互溶双液系平衡相图绘制实验,因受实验课时、测定方法等因素的限制和影响,实验结果往往不理想。以“乙醇-环己烷双液系平衡相图绘制”实验为例,改进实验方法,数据处理及相图绘制利用 Excel 软件在计算机上完成,用数值软件处理实验数据能提高数据准确度和相图质量,能使实验取得良好的教学效果。

相平衡是化学热力学的主要研究对象之一,相平衡的研究无论在科学研究还是在工业生产方面都有重要的意义。比如,我国东部沿海和西部地区有丰富的盐类资源,这些海盐、湖盐等都是混合物,工业价值很低,只有利用相平衡原理,经溶解和重结晶等处理,将混合物分离提纯后才能作为重要的化工原料;在石化工业及有机合成中,产品与副产品相互混杂,用蒸馏、精馏和萃取等方法提取、纯化后能得到价值较高的化工产品和药物;在地质学中研究天然或人工合成的熔盐系统时,常利用相图来研究组成与结构之间的关系,这些都要用到相平衡的知识。

实验数据处理是实验中的一个重要环节,目前计算机软件如 Microsoft Excel、Origin、Matlab 等已被广泛应用到化学实验数据处理中,数值软件的使用能避免手工处理实验数

据的复杂性,能提高数据处理效率和结果的准确性,能培养学生正确处理实验数据和分析实验结果的能力。数值软件用于实验数据处理能提高学生解析数据的能力,能提高实验教学效果,有利于实验课程的改革与发展。

一、实验中存在的问题及改进方法

(1)工作曲线绘制。以往方法是提前在较大坐标纸上手工绘制好工作曲线,在实验教学中,学生直接利用手绘工作曲线,从手绘曲线中查找组成,这种方法因估读数据时引入主观误差较大,相图不准确。改变以往手工绘图方法,利用计算机拟合曲线,用 Excel 软件对工作曲线进行非线性拟合,拟合出的曲线方程用于溶液组成换算。

(2)系列溶液沸点测定。以往系列溶液都是在实验前用配制法事先配制好,在实验中分小组重复测定配制液,每次测完后要倒回原存放瓶,配制液经多次取出和倒回操作过程,绘制相图不理想,相图中最低恒沸温度及混合物组成较难确定。另外,配制法中试剂用量较多,浪费严重。用滴加法进行系列溶液沸点测定,用滴加法操作简便,试剂用量少,引入误差小。

(3)实验数据处理。以往绘制相图都在坐标纸上手工绘图,费时费力且相图准确度不高。改进方法,在数据处理中引入数值软件,使数据处理软件化,用 Excel 软件处理实验数据及相图绘制,Excel 是最简单、最常用的数值软件,方便实用,学生易操作、易掌握,用于实验数据处理能有效提高数据的准确度和相图质量。

二、实验部分

(一)仪器和试剂

仪器:FDY 双液系沸点测定仪(南京桑力科教仪器有限公司)。WAY-2W 阿贝折射仪(上海力辰仪器科技有限公司);烧杯(50 mL、250 mL)各 2 个,移液管(1 mL、10 mL 和 25 mL)各 2 支,胶头滴管(干燥)2 支,擦镜纸。

试剂:无水乙醇(A. R.,天津市富宇精细化工有限公司),环己烷(A. R.,天津市天力化学试剂有限公司)。

(二)测定步骤

1. 工作曲线绘制

课前配制好乙醇-环己烷双液系(溶液的组成用环己烷的物质的量分数 $X_{环己烷}$,组成见表 5-2),配好后立即盖紧待测。实验中直接测定双液系的折射率,测出室温时溶液组成与折射率关系数据,在计算机中保存数据。用数值软件对组成与折射率关系进行曲线拟合,拟合方程用于系列溶液组成换算。

表 5-2　环己烷组成与折射率关系

$X_{环己烷}$	折射率 $N_{D(16\ ℃)}$
0.000	1.363 8
0.101 7	1.372 8
0.206 8	1.381 6

续表 5-2

$X_{环己烷}$	折射率$N_{D(16℃)}$
0.296 8	1.388 8
0.411 9	1.396 7
0.503 3	1.401 8
0.597 8	1.407 5
0.702 4	1.412 9
0.794 3	1.417 9
0.896 2	1.422 7
1.000 0	1.427 8

2. 系列溶液沸点测定

用滴加法进行溶液沸点测定，实验分两组完成数据测量：一小组测乙醇侧溶液气液平衡数据，一小组测环己烷侧气液平衡数据，两小组数据合并绘制 T-x 相图。

(1)乙醇侧溶液气液平衡数据测定。如图 5-5 所示，安装好干燥的沸点仪和冷凝管，用移液管取 20 mL 无水乙醇从侧管口(液相取样口)加入蒸馏瓶内，盖好瓶塞，使电热丝和

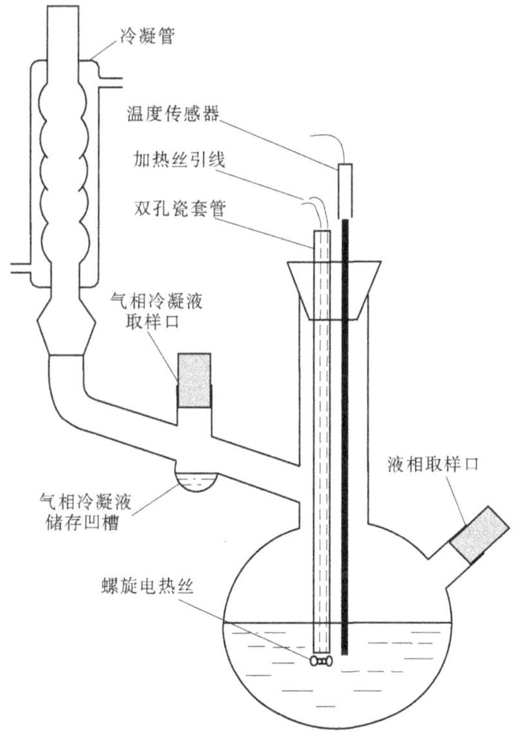

图 5-5　沸点仪示意图

传感器浸入液体中且二者勿相碰。接通冷却水,打开电源开关,调节加热电源输出电压为 14 V,液体加热至沸腾后保持沸腾 1~2 分钟。用装有自来水的烧杯冷却沸点仪外部至室温后,用干燥滴管分别从气相取样口和液相取样口取样,在阿贝折射仪上测定折射率,每个样平行测 3 次,取 3 次读数的平均值为折射率测定值。

依次按表 5-3 中的量加入环己烷进行气液相平衡数据测量。随环己烷加入量的增加,沸点读数逐渐降低,气相冷凝液和液相冷凝液的折射率读数逐渐增大,且气相冷凝液折射率读数>液相冷凝液折射率读数,到沸点读数开始上升且气相冷凝液折射率读数<液相冷凝液折射率读数时,系统组成已经越过最低恒沸点,可结束乙醇侧数据测量。

表 5-3　乙醇-环己烷系统气液相平衡数据(乙醇侧)

环己烷加入量/mL	溶液沸点		气相冷凝液折射率与组成		液相折射率与组成	
	实验值$T_{实测}$/℃	校正值$T_{校正}$/℃	n_D(g,室温)	Y(环)	n_D(l,室温)	X(环)
0	77.0	78.31	1.363 8	0.000	1.363 8	0.000
3	70.0	71.28	1.386 9	0.270	1.368 1	0.044
5	65.8	67.07	1.398 8	0.449	1.377 2	0.145
12	63.85	65.11	1.402 8	0.515	1.392 1	0.345
18	63.6	64.86	1.404 5	0.544	1.402 8	0.515
4	63.55	64.81	1.404 0	0.536	1.404 0	0.536

注:室温:16 ℃;环境压力:97.54 kPa。

(2)环己烷侧溶液气液平衡数据测定。取 1 套干燥的沸点仪和冷凝管,与上述(1)方法类似,先加入 25 mL 环己烷,通过向环己烷中逐次加入乙醇的方式,依次测环己烷和不同组成溶液的沸点及气、液相冷凝液的折射率。随乙醇加入量的增加,沸点读数逐渐降低,气相冷凝液和液相冷凝液的折射率读数逐渐变大且气相冷凝液折射率读数<液相冷凝液折射率读数,直到沸点读数开始上升且气相冷凝液折射率读数>液相冷凝液折射率读数时,系统组成已经越过最低恒沸点,可结束环己烷侧溶液数据测量。

三、结果与讨论

(一)折射率-组成工作曲线绘制

实验室温为 16 ℃,所测环己烷折射率与组成关系数据如表 5-2 所示,用 Excel 软件拟合折射率与组成关系曲线(见图 5-6)及曲线方程。

图 5-6 为环己烷组成和折射率关系曲线拟合结果,从曲线关系趋势可看出,环己烷浓度和折射率不呈线性关系,通过数据非线性拟合比较得出,当进行二阶多项式拟合时复相关系数达到 0.999 9,表明相关性较好,进一步拟合出测定温度 16 ℃时折射率(X)与组成(Y)关系曲线方程为:$Y_{(16\ ℃)} = 96.332X^2 - 253.33X + 166.32$,该曲线方程用于溶液组成(环己烷的物质的量分数)换算,计算结果列于表 5-3、表 5-4 中"Y(环)"和"X(环)"栏。

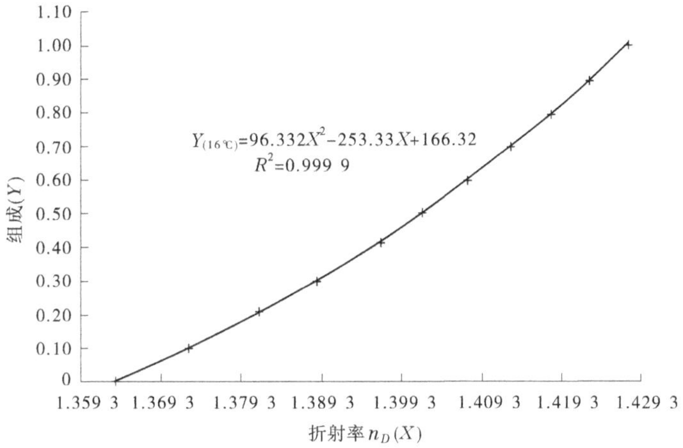

图 5-6　乙醇-环己烷折射率-组成关系曲线

(二)乙醇-环己烷双液系沸点测定

在环境压力下测出系列溶液沸点及平衡气液两相组成。表 5-3 和表 5-4 中 $T_{实测}$为溶液实测沸点值，$T_{校正}$为沸点校正值；n_D(g,室温)和n_D(l,室温)分别为平衡气、液相折射率；Y(环)和 X(环)分别表示气相和液相中环己烷的摩尔分数。

表 5-4　乙醇-环己烷系统气液相平衡数据(环己烷侧)

乙醇加入量/mL	溶液沸点		气相冷凝液折射率与组成		液相折射率与组成	
	实验值$T_{实测}$/℃	校正值$T_{校正}$/℃	n_D(g,室温)	Y(环)	n_D(l,室温)	X(环)
0	79.2	80.52	1.427 8	0.999	1.427 8	0.999
0.4	75.95	77.25	1.416 3	0.762	1.427 4	0.990
0.6	68.8	70.08	1.409 0	0.624	1.425 3	0.945
2.5	64.05	65.31	1.406 3	0.576	1.418 2	0.799
7.5	63.55	64.81	1.404 0	0.536	1.408 0	0.532
8.0	63.6	64.86	1.402 9	0.517	1.394 0	0.374

注：室温：16 ℃；环境压力：97.54 kPa。

(三)溶液沸点温度校正

液体的沸点与外压有关，在标准压力下测得的沸点为正常沸点，外压不等于 101.325 kPa 时要对实测值进行压力校正。由 Trouton 规则及 Clausius-Clapeyron 方程得出：

$$\Delta t = \frac{(273.15 + T_{实测})}{10} \times \frac{(101\ 325 - p)}{101\ 325}$$

式中：$T_{实测}$(℃)为实测环境压力为 p(Pa)时液体的沸点，校正后体系正常沸点为 $T_{校正}$($T_{校正} = T_{实测} + \Delta t$)。实测环境压力为 97.54 kPa，则逐一校正不同组成溶液沸点 $T_{校正}$，结果见表 5-3 和表 5-4 中“沸点校正值 $T_{校正}$”栏。

(四) 乙醇-环己烷溶液 T-X 相图绘制

利用表 5-3 和表 5-4 中测定结果绘制 1 atm 时乙醇-环己烷体系 T-X 图,求最低恒沸温度和组成。用 Excel 软件完成数据处理,过程如下。

1. 输入实验数据

打开 Excel 2017,在表中输入数据n_D(g,室温)和 n_D(1,室温)及溶液沸点值$T_{实测}$,算出校正值$T_{校正}$,将折射率代入曲线方程算出环己烷组成 Y (环)和 X (环),如图 5-7 所示。

	A	B	C	D	E	F
1	n_D	组成	n_D	组成	实验值	校正值
2	(g,室温)	Y(环)	(l,室温)	X(环)	$T_{实验}$/℃	$T_{校正}$/℃
3	1.363 7	0.000	1.363 7	0.000	77	78.31
4	1.386 9	0.270	1.368 1	0.044	70	71.28
5	1.398 8	0.449	1.377 2	0.145	65.8	67.07
6	1.402 8	0.515	1.392 1	0.345	63.85	65.11
7	1.404 5	0.544	1.402 8	0.515	63.6	64.86
8	1.401 0	0.536	1.404 0	0.536	63.55	64.81
9	1.404 0	0.536	1.438 0	0.532	63.55	64.81
10	1.406 3	0.576	1.418 2	0.799	64.05	65.31
11	1.409 0	0.624	1.425 3	0.945	68.8	70.08
12	1.416 3	0.762	1.427 4	0.990	75.95	77.25
13	1.427 8	0.999	1.427 8	0.999	79.2	80.52

图 5-7 实验数据

2. 添加液相数据

选取 D3:D13 和 F3:F13 区域,点击“插入”选项中“散点图”下拉菜单中“带平滑线和数据标记的散点图”,在生成图中添加纵横坐标标题,液相线绘制完成,如图 5-8 所示。

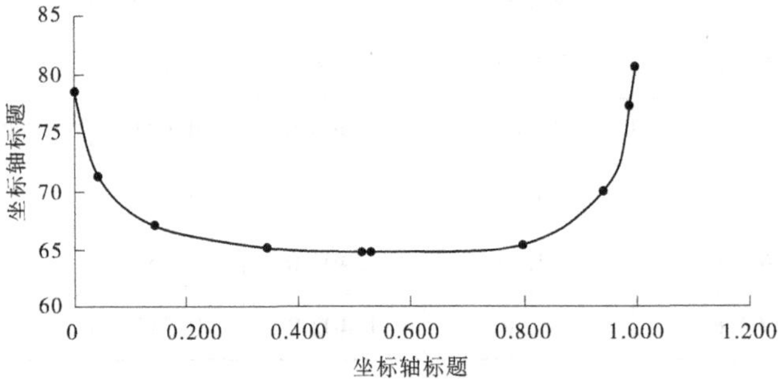

图 5-8 散点图

3. 添加气相数据

通过选择数据,完成气相线绘制。经过完善和修饰气液相图,得乙醇侧相图如图 5-9 所示。

图 5-9 为乙醇-环己烷体系 T-X 图,在 1 atm 时最低恒沸温度和混合物组成为 64.81 ℃和 0.54,与文献中最低恒沸温度(64.8~64.9 ℃)和组成(0.545~0.57)接近,相对误差小。利用 Excel 软件进行相图绘制,过程简单方便,相图清晰直观。

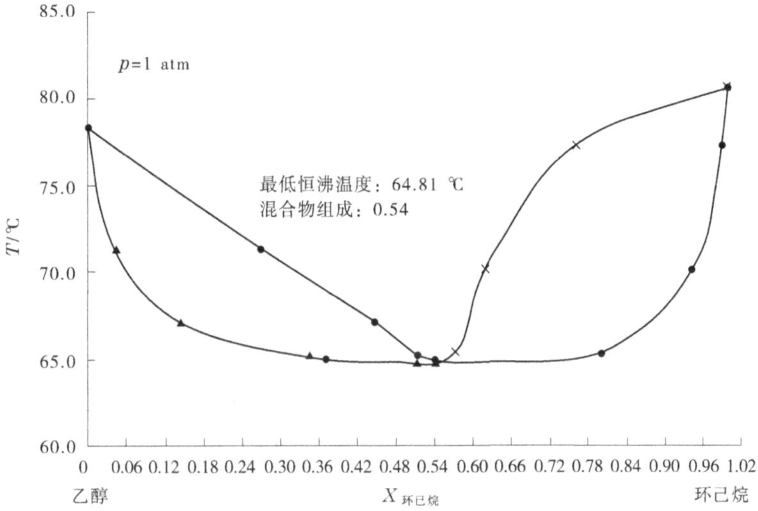

图 5-9　乙醇-环己烷双液系乙醇侧相图

(五)讨论

绘制相图时,在小组合并两侧数据时要相互核对最低恒沸物组成和沸点,如果两侧数据合并后最低恒沸点和混合物组成有偏差,则根据乙醇和环己烷的沸点判断对沸点仪温度计读数作校正。在测定系列溶液折射率时,液相折射率平行测 3 次后若滴管中有多余溶液要滴回蒸馏瓶中,弃之会影响相图准确度。实验用滴加法测定系列溶液沸点,与配制法相比试剂用量小、浪费少。

在实验测定方案中,从乙醇侧(见图 5-10)相图看出,环已环滴加 18 mL 和 4 mL 结果中相点基本重合,则可合并两步中环已烷体积为 22 mL 用一次测定完成。环已烷侧当乙醇加 8 mL 步骤时,相图中环已烷组成已明显越过最低恒沸点组成(见图 5-11),可考虑精简该测定步骤,优化实验测定步骤,乙醇侧抽出时间可用于实验数据处理。

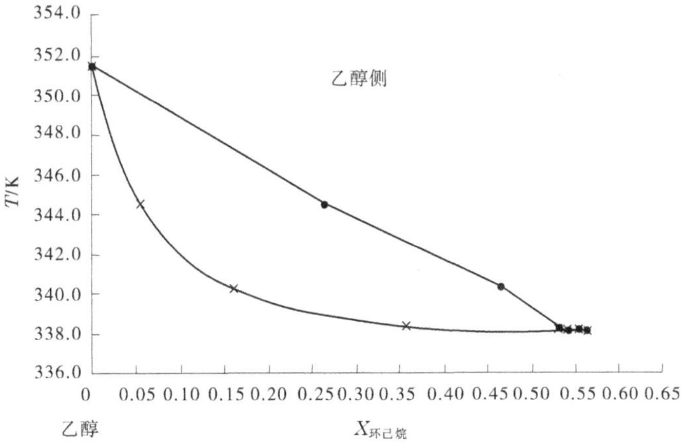

图 5-10　乙醇-环己烷双液系乙醇侧相图

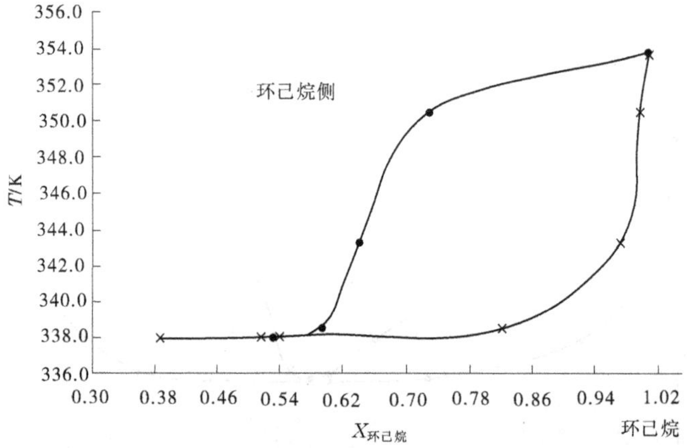

图 5-11　乙醇-环己烷双液系环己烷侧相图

（六）优化实验方案

将数值软件用于数据处理，在不增加实验课时的情况下优化实验步骤，用抽出的部分时间给学生指导数据处理方法及过程，本实验系列溶液沸点测定优化方案如表 5-5 所示，优化方案所绘相图准确度较高（见图 5-12）。改进实验方法、优化方案能使学生在有限学时内绘出完整相图，熟练掌握 Excel 处理数据的同时提高了实验教学效果。

表 5-5　实验优化方案及相关数据

优化方案	乙醇侧（首次加 20 mL 乙醇）					环己烷侧（首次加 25 mL 乙醇）					最低恒沸点/℃		恒沸混合物组成（环己烷摩尔分数）	
	依次滴加环己烷 V/mL					依次滴加乙醇 V/mL					文献值	实测值	文献值	实测值
	0	3	5	12	22	0	0.4	0.6	2.5	7.5	64.8~64.9	64~64.9	0.54~0.57	0.535~0.56

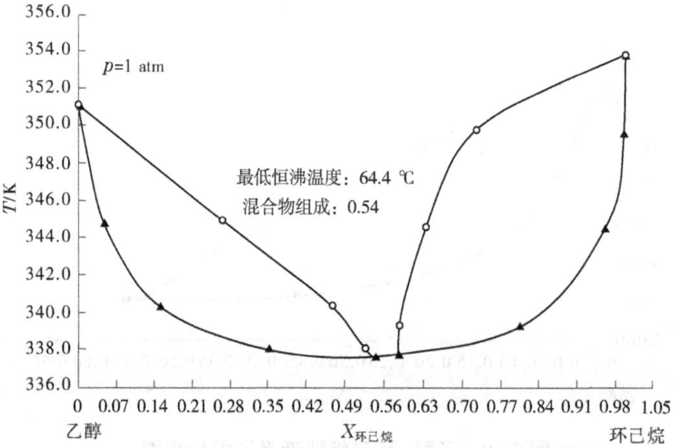

图 5-12　优化方案绘制相图

四、结论

在化学热力学基础实验中，完全互溶双液系平衡相图绘制实验中数据处理工作量较大，数值软件的使用能避免手工处理数据的复杂性，减少人为误差，能方便得到统计数据和拟合参数，提高了数据准确性。实验中工作曲线利用数值软件进行非线性拟合，用多项式拟合组成与折射率关系能更好地体现出原始数据点的变化趋势，避免数据处理过程中产生的误差，能准确地得到实验结果，曲线拟合过程有助于提高学生解析数据的能力和学生的综合能力。实验中系列溶液沸点测定用滴加法进行，操作简便，实验误差小。利用Excel软件完成数据处理及相图绘制，Excel软件界面友好，不借用其他软件就能完成所有数据统计等，对所绘相图进行格式等修饰较为直接和方便，学生能熟练地掌握并能在学习过程中发现该软件用于数据处理中的更多优势。

随着现代信息技术的快速发展，用计算机处理实验数据已成必然趋势，在实验中要求学生用计算机处理数据，使数据处理软件化，有助于提升学生对数值软件的运用能力，在提高实验教学效果的同时有利于实验课程的改革与创新。

第八节　Java Applet在化学热力学教学中的应用

化学热力学是物理化学的开篇内容和难点部分，学生在学习该部分内容的过程中，对热力学的一些基本概念如焓（H）、熵（S）以及它们的使用经常难以理解和想象。教学实践表明，利用Java小程序对热力学的一些概念和过程进行模拟或计算，可以将抽象的事物形象化，通过类似于“实验”的一些操作弥补单纯理论教学的不足，为热力学状态和相应热力学函数之间的关系提供一些实例。以理想气体状态变化、卡诺循环、盖斯定律、Gibbs自由能等4个例子来说明Java小程序在化学热力学教学中的应用。在课堂教学过程中引入Java小程序，能提高学生的学习兴趣，深化对一些概念的理解，取得良好的教学效果。

化学热力学是物理化学中最早发展起来的一个分支学科，是构成物理化学的三大理论支柱之一。化学热力学是物理化学的开篇内容，是建立在一些非常抽象的概念如焓（H）、熵（S）、吉布斯自由能（G）等的基础上，具有公式多、推导烦琐、关系复杂、概念抽象等特点，属于物理化学当中最难掌握的部分。学生一接触物理化学，就碰到最难的部分，这对学生学习来说是一件很困难的事，多数学生会感到物理化学难学、难懂和难掌握。如果教学方法和对学生的引导不当，学生很容易产生畏难情绪，甚至产生放弃学习这门课程的想法。因此，很多文章都在探讨如何教授好物理化学这门课程，尤其是化学热力学这部分的内容。

Java小程序是一种在Web环境下，运行于客户端的Java程序组件。通常，每个Applet的功能都比较单一（例如仅用于显示一个舞动的Logo），因此它被称作“小应用程序”。Java小程序可以将抽象的概念可视化、直观化，且可通过人机互动来完成特定的功能。目前，已有文献报道将各种计算机软件应用于有关课程的教学，但是将Java小程序应用于化学热力学的教学中还未见有文献报道。结合教学实践,选用理想气体状态变化、卡诺循环、盖斯定律、Cibbs 自由能等 4 个例子来说明 Java 小程序在化学热力学教学中的应用。实践表明,课堂教学中引入 Java 小程序对相关概念和内容进行模拟或运算,提高了学生的学习兴趣,帮助学生深化了对一些概念的理解,取得了良好的教学效果。

一、理想气体状态变化模拟

理想气体状态变化的过程可以用 Java 小程序来进行模拟。理想气体的等压(Isobaric)、等容(Isochoric)、等温(Isothermal)和绝热(Adiabatic)4 种状态变化过程,均可以用曲线模拟出来。理想气体的始态压力和体积 p_0、V_0 的值可以设定,p_0、V_0 的初始值也可设定。p_0、V_0 的值一旦确定,温度 T 的值随压力和体积初始值的变化而自动改变。理想气体的末态体积 V_1 亦要提前设定好。各数值设定好以后,在状态变化类型(Type of State Change)下面点选所要进行模拟的变化状态,然后开始进行曲线模拟。在曲线模拟的过程中,直观反映出体积的变化方向。T 的值也会根据实际情况变化。通过对理想气体 4 种不同状态变化进行选择模拟,各状态变化的动态过程可以直观地观察到。

二、卡诺循环模拟

卡诺热机循环包括 4 个阶段:①绝热压缩;②高温 T_2 等温膨胀;③绝热膨胀;④低温 T_1 等温压缩。4 个阶段进行完后,完成一个循环过程,然后重复下一个循环。当 $p-V$ 区域移动鼠标时,会显示 $p-V$ 区域下方活塞的位置以及相关的 p、V、pV/nR 及热机效率的数值信息。点击鼠标即可设定 p、V 初始值。在设定初始值前,还可以通过拖曳 $p-V$ 区域的水平线改变最大的压力值。初始值设定后,再在 $p-V$ 区域移动鼠标并点击以确定等温压缩的起点,之后点开始(Start)键,启动卡诺循环模拟。除在 $p-V$ 区域内显示卡诺循环的 4 个阶段曲线外,在 $p-V$ 区域下方有一个活塞模型随着卡诺循环各阶段的变化而变化。点击"+"可以加快循环速度,点击"-"可以减缓循环速度。点击鼠标右键可以使循环暂停,再次点击右键循环继续。此外,C_p/C_V 可以任意设定(>1 为合理数值)。当重新设置 C_p/C_V 值后,点击重置(Reset)键,再点击开始键,启动新的卡诺循环。在整个循环过程中,会观察到有一小黑点沿卡诺循环的 4 个阶段依次前行。

三、盖斯定律的应用

1840 年,瑞士化学家盖斯(G. H. Hess,1802—1850)通过大量实验证明,不管化学反应是一步完成还是分几步完成,其反应热是相同的。换句话说,化学反应的反应热只与反应体系的始态和末态有关,而与反应的途径无关,这就是盖斯定律。盖斯定律表明反应热效应取决于体系变化的始末态而与过程无关。因此,热化学方程式之间可以进行代数变换等数学处理。盖斯定律的应用价值在于可以根据已准确测定的反应热来求知实验难测或根本无法测定的反应热,可以利用已知的反应热计算未知的反应热。

Java 小程序里面包含有若干物质,可以利用程序对盖斯定律进行直观的展示,并计算它们的焓变。首先,在说明(Instructions)栏中选定所要计算焓变的物质,Java 小程序会自动生成一个总的反应方程式，然后在测试反应（Testreactions）栏中，从反应物1（Reactant 1）和反应物2（Reactant 2）两个下拉选框中选择反应物，再从产物（Possible Products）栏中选择可能的反应产物，之后点击“添加反应到列表”（Add Reaction to List）按钮，将该反应添加到反应列表中。重复此操作，待各分步反应确定后，会自动生成一个总的反应方程。这时对总反应方程与目标方程的一致性进行对比，若两个反应方程一致，则进入下一步；反之，则对所选分步反应进行修正，直至其与目标方程一致。Java 小程序的操作，能使学生直观、深刻地理解盖斯定律的意涵。

四、吉布斯自由能的运算

Java 小程序可以通过定性和定量两种方式查看吉布斯自由能方程中 ΔG 与温度 T 之间的关系，可以通过拖曳图中曲线的末端或者在右侧文本框里键入 ΔS 和 ΔH 的值来改变 $\Delta G\text{-}T$ 的关系曲线。在定量模式下，将 ΔH 和 ΔS 的值分别设置为 630. 8 kJ/mol 和 458 J/(mol · K)，按回车键，会生成曲线，可以直观地显出，在设定的 ΔH 和 ΔS 数值下，T = 1 380 K 时，$\Delta G=0$；$T<1$ 380 K 时，$\Delta G>0$；$T>1$ 380 K 时，$\Delta G<0$。根据吉布斯焓变判据，当 $\Delta G=0$ 时，反应处于平衡态；当 $\Delta G>0$ 时，反应不能自发进行；当 $\Delta G<0$ 时，反应可以自发进行。在给定 ΔH 和 ΔS 值的情况下，当 $T>1$ 380 K 时，反应可以自发进行。Gibbs 自由能的计算的图示形式，对帮助学生理解相关概念具有较好的促进作用。

Java 小程序的应用，可将复杂、抽象的化学热力学概念形象化、具体化。既提高了学生的学习兴趣，也有助于学生对一些抽象概念的理解，提高了学习效率和课堂教学质量。除介绍的几个实例外，化学平衡、化学动力学等很多热力学内容均可找到相应的 Java 小程序。很多程序可以直接从网络上获得并免费使用，它们覆盖了主要的化学热力学知识点，基本上可以满足教学的需要。有 Java 编程基础的老师亦可以根据需要，自己开发一些具有特定功能的程序。Java 小程序可以成为化学热力学多媒体教学的一个重要内容和组成部分。同时，Java 相关资源的开放性和易操作性，使得学生也可以很方便地获取并操作有关程序，有利于在课外预习和复习热力学的有关知识点，以加深对相关内容的理解和印象。

第九节　Matlab 软件在化学热力学膨胀功教学中的应用

化学热力学是无机化学中的难点和重要内容，学生在学习该部分内容的过程中，对热力学中的一些抽象概念难以理解。利用数学软件 Matlab 编程，实现人机互动，形象直观地展示理想气体膨胀做功的大小。课堂中引入易学易用的数学软件 Matlab，能提高学生的学习兴趣，深化对一些概念的理解，取得良好的教学效果。

化学热力学是物理化学中最早发展起来的分支学科，也是无机化学中最重要的基础内容之一。对于大一的学生来说，学好化学热力学，可以为高年级学习物理化学打下坚实的基础。在化学热力学教学过程中，公式多、推导烦琐、概念抽象，如热、功（膨胀功）、焓、熵、吉布斯自由能等。学生大一学习无机化学就遇到化学热力学，觉得和自己本身建立的化学概念完全不同,在他们的认知世界里,很多都认为化学就是元素化学,而热力学与学生的认知世界发生了冲突。如果教学方法和对学生的引导不当,学生很容易产生畏难情绪,将计算机多媒体技术引入化学教学可以帮助学生更好地理解和掌握化学基础知识,把 Matlab、Math-ematica 等数学软件应用于教学领域,教师和学者们已做了大量的研究。Matlab 有着高效的数值计算及符号计算功能;具备完善的图形处理功能,实现计算结果和编程的可视化;友好的用户界面及接近数学表达式的自然化语言更易于学习和掌握;丰富的应用工具箱,为使用者提供了大量方便使用的处理工具。

在热力学教学过程中发现,4 种不同情形下理想气体膨胀做功的大小学生较难理解。而气体膨胀功对掌握热力学有重要意义,有必要预先讨论清楚。利用 Matlab 程序可以将抽象的概念直观化、可视化,且可通过人机互动来完成特定的功能。利用 Matlab 软件编程给出理想气体膨胀做功大小图形来说明 Matlab 在化学热力学中的应用。实践表明,在课堂中引入 Matlab 程序对相关概念和内容进行模拟和运算,提高了学生的学习兴趣,帮助学生深化了对一些概念的理解,取得了较好的教学效果。

一、理想气体膨胀做功的情形

假设一带活塞的容器里装有温度为 T、体积为 $V_{始态}$、压力为 $p_{始态}$,物质的量为 n 的气体,在不同外压条件下发生等压膨胀,达到同一终态——体积为 $V_{终态}$,压力为 $p_{终态}$,温度和物质的量仍为 T 和 n,假设活塞自身无重量,活塞移动无摩擦力,不消耗能量,来讨论理想气体膨胀做功的 4 种情形。

第一种情形:膨胀是在恒定的外压,也就是等压膨胀,则气体膨胀功 $W=-p\Delta V$,$\Delta V = V_{终态} - V_{始态}$,若 $\Delta V > 0$,气体向外膨胀,$W < 0$,表明系统向环境做功;反之 $\Delta V < 0$,$W>0$,表明环境向系统做功。

第二种情形:气体向真空膨胀,也就是自由膨胀,活塞承受的外压 $p = 0$,则气体膨胀功 $W = 0$。

第三种情形:膨胀分次进行,如 n 次,外压一次比一次小,$p_1 > p_2 > p_3 > p_4 > \cdots > p_n$,到最后一次则等于终态的内压,这是分次膨胀,做的总功是每次做功之和。

$$
\begin{aligned}
W &= [-p_1(\Delta V)_1] + [-p_2(\Delta V)_2] + [-p_3(\Delta V)_3] + \cdots + [-p_n(\Delta V)_n] \\
&= -\sum p_i(\Delta V)_i \quad (i = n)
\end{aligned}
$$

第四种情形:膨胀分无限多次连续不断地进行,第一次膨胀时外压比 p 始态小一个无限量,随后每次膨胀时的外压总比上一次小一个无限量,直到最后一次,外压只比 $P_{始态}$ 大一个无限小量,这就是可逆膨胀。可逆膨胀所做的功就相当于分次膨胀的次数无限地增多,用积分求和得到:$W = -nRT\ln\left(\frac{V_{终态}}{V_{始态}}\right)$。

理想气体膨胀做功的 4 种情形见表 5-6。

表 5-6 理想气体膨胀做功的 4 种情形

外压	膨胀方式	膨胀功
$p = p_{始态}$	(一次)等压膨胀	$W = -p\Delta V$
$p = 0$	自由膨胀	$W = 0$
$p_1, p_2, \cdots, p_n = p_{终}$	多次等压膨胀	$W = -\sum p_i(\Delta V)_i (i = n)$
由 $p = p_{始}$ 连续减小至 $p = p_{终}$	可逆膨胀	$W = -nRT\ln(V_{终态}/V_{始态})$

二、用 Matlab 编程给出理想气体做功的大小

从以上讨论可以知道,在这些不同的膨胀方式中,功的绝对值最小的是自由膨胀,而其他 3 种方式的膨胀做功可以用数学方式证明其大小。但如果用 Matlab 编程得出图形可以非常形象地看出气体膨胀方式不同,做功的大小不同。运行以下程序可以得到图 5-13。

```
x=1:0.002:1.5;
y=4*ones(1,251);
bar(x,y,'k');
hold on
x=1.5:0.002:2.5;
y=3*ones(1,501);
bar(x,y);
hold on
x=2.5:0.002:5;
y=ones(1,1251);
bar(x,y);
hold on
bar(x,y);
axis([0,5.5,0,4]);
ylabel('p/p^\theta');
set(gca,'ytick',[1,2,3,4]);
set(gca,'xtick',西,[0,1,1.5,2.5,5]);
gtext('V_1')
gtext('\DeltaV_1')
gtext('\DeltaV_2')
gtext('\DeltaV_i')
gtext('V_2')
```

图 5-13 中阴影部分的大小相当于多次膨胀所做体积功的大小。图 5-14 中的阴影部

分是一次等压膨胀所做体积功的大小，只需要 x 的值从 1 到 5，在这里程序不列入。如果改变上述程序中的 x 值的范围和 y 的方阵数，再加上循环语句就可以，也就是膨胀的次数 $n\to\Box$ 时，即可逆膨胀，在这个程序的基础上进行修改后就可以得到图 5-15，图 5-15 中带阴影部分的面积在数值上等于气体膨胀所做功的大小。

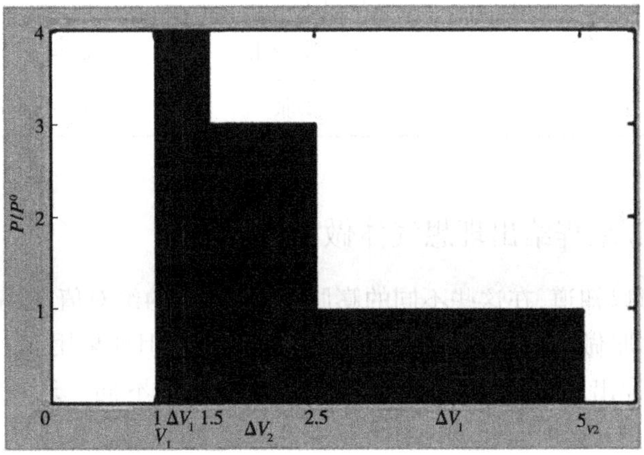

图 5-13　气体多次等压膨胀做功的大小

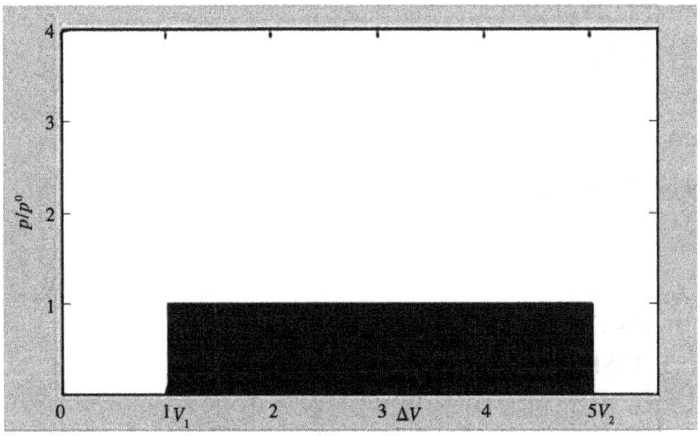

图 5-14　气体一次等压膨胀做功的大小

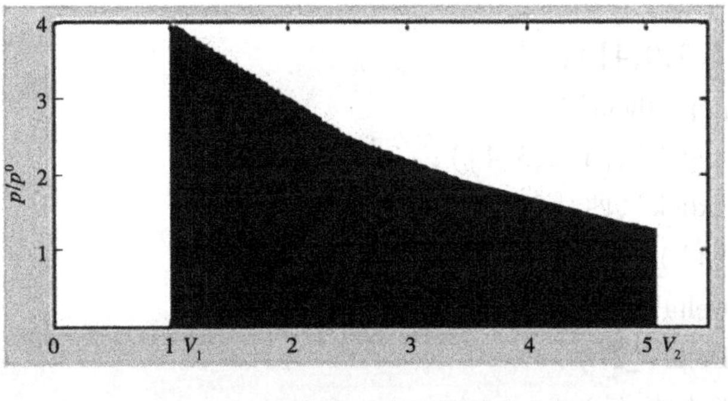

图 5-15　可逆等压膨胀做功的大小

从图 5-13～图 5-15 中可以非常直观地看出，理想气体膨胀做功，在这些不同的膨胀方式中，可逆膨胀的膨胀功最大，可以改变程序中多次等压膨胀的次数，可以灵活地改变做功的大小，当多次等压膨胀中的膨胀变成无限多次，也就是 $n \to$ □时，那就是可逆膨胀，做功达到最大值。这样在教学中学生可以清晰直观地看出理想气体膨胀功大小的改变，可以更好地掌握化学热力学的基本概念。

本书介绍了用一种易学易用的数学软件 Matlab 在化学热力学理想气体膨胀功教学中的应用。该类程序的应用可将抽象复杂的热力学概念形象化、具体化，利用一些简单的数学软件对热力学中的一些抽象概念进行教学，改变传统课堂教学方式。既提高了学生的学习兴趣，也有助于学生对一些抽象概念的理解，提高了学习效率和课堂教学质量。利用 Matlab 编程可以成为化学热力学多媒体教学的一个重要内容和组成部分，也可以拓展学生课外学习的内容。

附录　一些物质的 $\Delta_f H_m^\ominus$、$\Delta_f G_m^\ominus$ 和 $S_m^\ominus$(298.15 K)

物质	$\Delta_f H_m^\ominus$/(kJ/mol)	$\Delta_f G_m^\ominus$/(kJ/mol)	$S_m^\ominus$/[J/(K·mol)]
Ag(s)	0	0	42.6
Ag^+(aq)	105.4	76.98	72.8
AgCl(s)	-127.1	-110.0	96.2
AgBr(s)	-100.0	-97.1	107.0
AgI(s)	-61.9	-66.1	116.0
$AgNO_2$(s)	-45.1	19.1	128.0
$AgNO_3$(s)	-124.4	-33.5	141.0
Ag_2O(s)	-31.0	-31.0	-31.0
Al(s)	0	0	28.3
Al_2O_3(s,刚玉)	-1 676.0	-1 582.0	50.9
Al^{3+}(aq)	-531.0	-485.0	-322.0
AsH_3(g)	66.4	68.9	222.7
AsF_3(l)	-821.3	-774.0	181.2
As_4O_6(s,单斜)	-1 313.9	-1 154.0	214.2
Au(s)	0	0	47.3
Au_2O_3(s)	80.8	163.0	126.0
B(s)	0	0	5.8
B_2H_6(g)	35.6	86.6	232.0
B_2O_3(s)	-1 272.8	-1 193.7	54.0
$B(OH)_4^-$(aq)	-1 343.9	-1 153.1	102.5
H_3BO_3(g)	-1 094.5	-969.0	88.8
Ba(s)	0	0	62.8
Ba^{2+}(aq)	-537.6	-560.7	9.6
BaO(s)	-553.5	-525.1	70.4
$BaCO_3$(s)	-1 216.0	-1 138.0	112.1
$BaSO_4$(s)	-1 473.0	-1 362.0	132.0

续表

物质	$\Delta_f H_m^\ominus$/(kJ/mol)	$\Delta_f G_m^\ominus$/(kJ/mol)	$S_m^\ominus$/[J/(K · mol)]
Br_2(g)	30.9	3.1	245.4
Br_2(l)	0	0	152.2
Br^-(aq)	-121.0	-104.0	82.4
HBr(g)	-36.4	-53.6	198.7
$HBrO_3$(aq)	-67.1	-18.0	161.5
C(s,金刚石)	1.9	2.9	2.4
C(s,石墨)	0	0	5.7
CH_4(g)	-74.8	-50.8	186.2
C_2H_4(g)	52.3	68.2	219.4
C_2H_6(g)	-84.68	-32.9	229.5
C_2H_2(g)	226.8	209.2	200.8
CH_2O(g)	-108.6	-110.0	218.7
CH_3OH(g)	-201.2	-161.9	238.0
CH_3OH(l)	-238.7	-166.4	127.0
CH_3CHO(g)	-166.4	-133.7	266.0
C_2H_5OH(g)	-235.3	-168.6	282.0
C_2H_5OH(l)	-277.6	-174.9	161.0
CH_3COOH(l)	-484.5	-390.0	160.0
$C_6H_{12}O_6$(s)	-1 274.4	-910.5	212.0
CO(g)	-110.5	-137.2	197.6
CO_2(g)	-393.5	-394.4	213.6
Ca(s)	0	0	41.4
Ca^{2+}(aq)	-542.7	-535.5	-53.1
CaO(s)	-635.1	-604.2	39.7
$CaCO_3$(s,方解石)	-1 206.9	-1 128.8	92.9
CaC_2O_4(s)	-1 360.6	—	—
$Ca(OH)_2$(s)	-986.1	-896.8	83.4
$CaSO_4$(s)	-1 434.1	-1 321.9	107.0

续表

物质	$\Delta_f H_m^{\ominus}$/(kJ/mol)	$\Delta_f G_m^{\ominus}$/(kJ/mol)	$S_m^{\ominus}$/[J/(K·mol)]
$CaSO_4 \cdot 1/2H_2O(s)$	-1 577.0	-1 437.0	130.5
$CaSO_4 \cdot 2H_2O(s)$	-2 023.0	-1 797.0	194.1
$Ce^{3+}(aq)$	-700.4	-676.0	-205.0
$CeO_2(s)$	-1 083.0	-1 025.0	62.3
$Cl_2(g)$	0	0	223.0
$Cl^-(aq)$	-167.2	-131.3	56.5
$ClO^-(aq)$	-107.1	-36.8	41.8
HCl(g)	-92.5	-95.4	186.6
HClO(aq,非解离)	-121.0	-79.9	142.0
$HClO_3(aq)$	104.0	-8.0	162.0
$HClO_4(aq)$	-9.7	—	—
Co(s)	0	0	30.0
$Co^{2+}(aq)$	-58.2	-54.3	-113.0
$CoCl_2(s)$	-312.5	-270.0	109.2
$CoCl_2 \cdot 6H_2O(s)$	-2 115.0	-1 725.0	343.0
Cr(s)	0	0	23.8
$CrO_4^{2-}(aq)$	-881.1	-728.0	50.2
$Cr_2O_7^{2-}(aq)$	-1 490.0	-1 301.0	262.0
$Cr_2O_3(s)$	-1 140.0	-1 058.0	81.2
$CrO_3(s)$	-589.5	-506.3	—
$(NH_4)_2Cr_2O_7(s)$	-1 807.0	—	—
Cu(s)	0	0	33.0
$Cu^+(aq)$	71.5	50.2	41.0
$Cu^{2+}(aq)$	64.8	65.5	-99.6
$Cu_2O(s)$	-169.0	146.0	93.3
CuO(s)	-157.0	-130.0	42.7
$CuSO_4(s)$	-771.5	-661.9	109.0
$CuSO_4 \cdot 5H_2O(s)$	-2 321.0	-1 880.0	300.0

续表

物质	$\Delta_f H_m^\ominus$/(kJ/mol)	$\Delta_f G_m^\ominus$/(kJ/mol)	$S_m^\ominus$/[J/(K · mol)]
F_2(g)	0	0	202.7
F^-(aq)	-333.0	-279.0	-14.0
HF(g)	-271.0	-273.0	174.0
Fe(s)	0	0	27.3
Fe^{2+}(aq)	-89.1	-78.6	-138.0
Fe^{3+}(aq)	-48.5	-4.6	-316.0
FeO(s)	-272.0	—	—
Fe_2O_3(s)	-824.0	-742.2	87.4
Fe_3O_4(s)	-1 184.0	-1 015.0	146.0
$Fe(OH)_2$(s)	-569.0	-486.6	88.0
$Fe(OH)_3$(s)	-823.0	-696.6	107.0
H_2(g)	0	0	130.0
H^+(aq)	0	0	0
H_2O(g)	-241.8	-228.6	188.7
H_2O(l)	-285.8	-237.2	69.9
H_2O_2(l)	-187.8	-120.4	109.6
OH^-(aq)	-230.0	-157.3	-10.8
Hg(l)	0	0	76.1
Hg^{2+}(aq)	171.0	164.0	-32.0
Hg_2^{2+}(aq)	172.0	153.0	84.5
HgO(s,红色)	-90.8	-58.6	70.3
HgO(s,黄色)	-90.4	-58.4	71.1
HgI_2(s,红色)	-105.0	-102.0	180.0
HgS(s,红色)	-58.1	-50.6	82.4
I_2(s)	0	0	116.0
I_2(g)	62.4	19.4	261.0
I^-(aq)	-55.2	-51.6	111.0
HI(g)	26.5	1.7	207.0

续表

物质	$\Delta_f H_m^\ominus$/(kJ/mol)	$\Delta_f G_m^\ominus$/(kJ/mol)	$S_m^\ominus$/[J/(K·mol)]
HIO_3(s)	-230.0	—	—
K(s)	0	0	64.7
K^+(aq)	-252.4	-283.0	102.0
KCl(s)	-436.8	-409.2	82.6
K_2O(s)	-361.0	—	—
K_2O_2(s)	-494.1	-425.1	102.0
Li^+(aq)	-278.5	-293.3	13.0
Li_2O(s)	-597.9	-561.1	37.6
Mg(s)	0	0	32.7
Mg^{2+}(aq)	-466.9	-454.8	-138.0
$MgCl_2$(s)	-641.3	-591.8	89.6
MgO(s)	-601.7	-569.4	26.9
$MgCO_3$(s)	-1 096.0	-1 012.0	65.7
Mn(s,α)	0	0	32.0
Mn^{2+}(aq)	-220.7	-228.0	-73.6
MnO_2(s)	-520.1	-465.3	53.1
N_2(g)	0	0	192.0
NH_3(g)	-46.1	-16.5	192.3
$NH_3 \cdot H_2O$(aq,非解离)	-366.1	-263.8	181.0
N_2H_4(l)	50.6	149.2	121.0
NH_4Cl(s)	-315.0	203.0	94.6
NH_4NO_3(s)	-366.0	-184.0	151.0
$(NH_4)_2SO_4$(s)	-1 180.9	-901.7	220.1
NO(g)	90.4	86.6	210.0
NO_2(g)	33.2	51.5	240.0
N_2O(g)	81.6	103.6	220.0
N_2O_4(g)	9.2	97.8	304.0
HNO_3(l)	-174.0	-80.8	156.0

续表

物质	$\Delta_f H_m^{\ominus}$/(kJ/mol)	$\Delta_f G_m^{\ominus}$/(kJ/mol)	$S_m^{\ominus}$/[J/(K · mol)]
Na(s)	0	0	51.2
Na^+(aq)	-240.0	-262.0	59.0
NaCl(s)	-411.2	-348.2	72.1
$Na_2B_4O_7$(s)	-3 291.0	-3 096.0	189.5
$NaBO_2$(s)	-977.0	-920.7	73.5
Na_2CO_3(s)	-1 130.7	-1 044.5	135.0
$NaHCO_3$(s)	-950.8	-851.0	102.0
$NaNO_2$(s)	-358.7	-284.6	104.0
$NaNO_3$(s)	-467.9	-367.1	116.5
Na_2O(s)	-414.0	-375.5	75.1
Na_2O_2(s)	-510.9	-447.7	93.3
NaOH(s)	-425.6	-379.5	64.4
O_2(g)	0	0	205.0
O_3(g)	143.0	163.0	238.8
P(s,白)	0	0	41.1
PCl_3(g)	-287.0	-268.0	311.7
PCl_5(g)	-374.9	-305.4	364.6
P_4O_{10}(s,六方)	-2 984.0	-2 698.0	228.9
Pb(s)	0	0	64.9
Pb^{2+}(aq)	-1.7	-24.4	10.0
PbO(s,黄色)	-215.0	-188.0	68.6
PbO(s,红色)	-219.0	-189.0	66.5
Pb_3O_4(s)	-718.4	-601.2	211.0
PbO_2(s)	-277.0	-217.0	68.6
PbS(s)	-100.0	-98.7	91.2
S(s,斜方)	0	0	31.8
S^{2-}(aq)	33.1	85.8	-14.6
H_2S(g)	-20.6	-33.6	206.0

续表

物质	$\Delta_f H_m^{\ominus}$/(kJ/mol)	$\Delta_f G_m^{\ominus}$/(kJ/mol)	$S_m^{\ominus}$/[J/(K · mol)]
SO_2(g)	-296.8	-300.2	248.0
SO_3(g)	-395.7	-371.1	256.6
SO_3^{2-}(aq)	-635.5	-486.6	-29.0
SO_4^{2-}(aq)	-909.3	-744.63	20.0
SiO_2(s,石英)	-910.9	-856.7	41.8
SiF_4(g)	-1 614.9	-1 572.7	282.4
$SiCl_4$(l)	-687.0	-619.9	239.7
Sn(s,白色)	0	0	51.6
Sn(s,灰色)	-2.1	0.1	44.1
Sn^{2+}(aq)	-8.8	-27.2	-16.7
SnO(s)	-280.7	-251.9	56.5
SnO_2(s)	-580.7	-519.6	52.3
Sr^{2+}(aq)	-545.8	-559.4	-32.6
SrO(s)	-592.0	-561.9	54.4
$SrCO_3$(s)	-1 220.0	-1 140.0	97.1
Ti(s)	0	0	30.6
TiO_2(s,金红石)	-944.7	-889.5	50.3
$TiCl_4$(l)	-804.2	-737.2	252.3
V_2O_5(s)	-1 551.0	-1 420.0	131.0
WO_3(s)	-842.9	-764.1	75.9
Zn(s)	0	0	41.6
Zn^{2+}(aq)	-153.9	-147.0	-112
ZnO(s)	-348.3	-318.3	43.6
ZnS(s,闪锌矿)	-206.0	-210.3	57.7

说明:数据主要摘自 West R. C. CRC Handbook of Chemistry and Physics,66th ed.,(1985—1986)。

参考文献

[1] 慕慧. 基础化学[M]. 北京:科学出版社,2001.
[2] 曲保中,朱炳林,周伟红. 新大学化学[M]. 北京:科学出版社,2002.
[3] 胡常伟,周歌. 新大学化学[M]. 2 版. 北京:化学工业出版社,2013.
[4] 贾建华,李莲云,李淑君,等. “三因一选”模式:新时代大学化学实验教学改革探索[J]. 大学化学,2020,35(12):132-137.
[5] 许元栋,张玉军. Java Applet 在化学热力学教学中的应用[J]. 化工高等教育,2011(3),132-137.
[6] 金将伟. 创新教育在大学化学教学中的实践[J]. 科技风,2019:(7)75.
[7] 程承,魏成振,杜卫民,等. 大学化学教学方法的探讨[J]. 化工设计通讯,2016,42(12):92.
[8] 熊健. 大学化学教学与课程思政的研究[J]. 山东化工,2020,49:186-188.
[9] 孔粉英,王文娟,王忠霞,等. 大学化学教学中网络教学模式的应用分析[J]. 科教导刊,2020,(30):131-132.
[10] 李文旭,张立珠,肖鑫礼,等. 大学化学课程的混合式教学实施与探索[J]. 大学化学,2015,30(3):18-21.
[11] 刘志刚,唐冬雁,周育红,等. 大学化学实验数字化建设的研究与实践[J]. 当代化工研究,2021,(16):125-127.
[12] 王彦沙,刘松艳. 翻转课堂教学模式在大学化学实验教学中的应用[J]. 大学化学,2016,31(4),17-21.
[13] 吴爱兵. 翻转课堂应用于物理化学热力学教学的思考[J]. 山东化工,2019,48(6):203-204.
[14] 朱玉军,王磊. 国外大学化学教育研究的元分析[J]. 中国大学教学,2016,(6):90-96.
[15] 王元星,侯文华. 化学热力学的建立与发展概略[J]. 大学化学,2011,26(4):87-92.
[16] 傅杨武,陈明君,牟新利,等. 化学热力学教学的思考与实践[J]. 教育与人才,2009,8(23):95-96.
[17] 方华,王又容,周晓荣,等. 混合式教学在物理化学热力学教学中的应用[J]. 互联网+教育,2020(15):178.
[18] 马海凤,刘斌,芦昌盛,等. 基于课立方系统的大学化学实验教学模式改革实践[J]. 大学化学,2019,34(6):5-10.
[19] 曹慧群,曹博,张平玉,等. 基于雨课堂的大学化学混合式教学模式的探索[J]. 广州化工,2021,49(1):109-110.
[20] 鹿现永,杜洋. 角色代入法在“大学化学”教学中的实践[J]. 化学教育,2021,42(6):38-41.
[21] 蒲烨焜,李艳灵,刘敬华. 近 10 年大学化学教师教学研究现状的统计分析:以《大学化学》刊文为例[J]. 大学化学,2021,36(2):40-46.
[22] 杨青林,刘克松. 思维导图法在大学化学热力学教学中的应用[J]. 化学教育,2019,40(10):30-33.
[23] 强荣,喻红芹,郭正,等. 提升大学化学教学效果的思考[J]. 广州化工,2021,49(13):192-202.
[24] 黄紫洋,吴华婷,林深. 现代教育技术在大学化学教学中的应用[J]. 大学化学,2011,26(2):8-12.
[25] 汪宝堆,雷新有. 新时期创新教育在大学化学教学中的实践[J]. 教育教学论坛,2020(18):270-271.
[26] 吴爱兵. 以应用为主旨的地方本科院校物理化学热力学教学探讨[J]. 广东化工,2015,42(19):210-211.

[27] 李兆,曹静,王永锋,等. 应用型本科院校大学化学教学改革研究[J]. 广东化工,2018,45(21):119-121.

[28] 周淑晶,郝铭伟,栾芳,等. 在大学化学教学中培养学生自主学习能力的研究[J]. 化工时刊,2019,33(12):45-48.

[29] 刘瑞泉,张金萍.《化学热力学》理论教学方法浅谈[J]. 乌鲁木齐成人教学院学报,1997(2):54-55.

[30] 许元栋,张玉军. Java Applet 在化学热力学教学中的应用[J]. 化工高等教育,2011(3):74-77.

[31] 周颖华,何妮,吕瑞芳. Matlab 软件在化学热力学膨胀功教学中的应用[J]. 成都师范学院学报,2016,32(1):121-124.

[32] 薛斌. 大学化学多维度教学模式探索[J]. 大学化学,2019,34(7):1-5.

[33] 王平华. 化学热力学教学中贯彻"少而精"原则的探索[J]. 高等农业教育,1995(1):30-32.

[34] 粟智. 化学热力学与现代教育[J]. 高等理科教育,2006(3):116-118.

[35] 聂耀光. 逻辑演绎在化学热力学教学中的应用[J]. 川北教育学院学报,1994(4):53-56.

[36] 高锦红,王秋亚. 数值软件在物理化学热力学基础实验中的应用[J]. 2021(2):88-93.

[37] 熊健,李伟,何峰,等."三全育人"背景下课程思政与大学化学教学[J]. 广州化工,2021,49(22):129-131.

[38] 荆海龙. 基于慕课教育的大学化学教学改进研究[J]. 湖北开放职业学院学报,2021, 34(8):136-137.

[39] 鹿现永,杜洋. 角色代入法在"大学化学"教学中的实践[J]. 化学教育,2021,42(6):38-41.